THE
UPSIDE OF
IRRATIONALITY

怪诞行为学 2
非理性的积极力量

[美]丹·艾瑞里 / 著
（Dan Ariely）

赵德亮 / 译

The Unexpected
Benefits
of Defying Logic
at Work and
at Home

中信出版集团·北京

图书在版编目（CIP）数据

怪诞行为学.2：非理性的积极力量／（美）丹·艾瑞里著；赵德亮译．--2版．--北京：中信出版社，2017.12 (2021.6重印)

书名原文：The Upside of Irrationality: The Unexpected Benefits of Defying Logic at Work and at Home

ISBN 978-7-5086-8143-6

I.①怪… II.①丹… ②赵… III.①行为经济学—通俗读物 IV.① F069.9-49

中国版本图书馆 CIP 数据核字（2017）第 221765 号

The Upside of Irrationality: The Unexpected Benefits of Defying Logic at Work and at Home by Dan Ariely
Copyright © 2010 by Dan Ariely
Published by arrangement with author c/o Levine Greenberg Literary Agency, Inc.
Simplified Chinese translation copyright © 2017 by CITIC Press Corporation
ALL RIGHTS RESERVED
本书仅限在中国大陆地区发行销售

怪诞行为学 2：非理性的积极力量

著　　者：[美] 丹·艾瑞里
译　　者：赵德亮
出版发行：中信出版集团股份有限公司
　　　　　（北京市朝阳区惠新东街甲 4 号富盛大厦 2 座　邮编　100029）
承　印　者：北京诚信伟业印刷有限公司

开　　本：880mm×1230mm　1/32　　印　张：8.5　　字　数：226 千字
版　　次：2017 年 12 月第 2 版　　印　次：2021 年 6 月第 20 次印刷
京权图字：01-2015-6583
书　　号：ISBN 978-7-5086-8143-6
定　　价：45.00 元

版权所有·侵权必究
如有印刷、装订问题，本公司负责调换。
服务热线：400-600-8099
投稿邮箱：author@citicpub.com

目 录

导 言 // VII

| 第一部分 |
以匪夷所思的方式彻底颠覆职场中的既定逻辑

第一章　金钱的诱惑
为什么巨额奖金带不来高业绩？

奖金鸿运 // 006

结果：请击鼓…… // 014

激增的动机 // 016

想与做 // 018

那些"特别的人" // 021

社会压力下的表现失常 // 025

金钱的压力与心无旁骛的剑侠 // 029

隐藏在小决策和大决策背后的非理性 // 031

第二章　工作的意义
　　　　　我们可以从乐高游戏中学到什么？

找到工作的意义 // 037

为食物而工作 // 039

"意义"的激励作用不可小觑 // 045

组装生化勇士 // 047

劳动分工与劳动的意义 // 057

给工作赋予意义 // 060

第三章　宜家效应
　　　　　为什么我们会高估自己的劳动成果？

烤炉里的诀窍 // 064

我爱自己折的千纸鹤 // 069

定制、劳动与爱 // 073

理解估价过高的原因 // 075

结果的重要性 // 078

爱与付出 // 083

第四章　不在这里发现的偏见
　　　　　为什么"我"的点子比"你"的要好？

任何方案都可以，只要，它是我提出来的！ // 087

爱迪生手中的"牙刷" // 093

非理性既是天使，也是魔鬼 // 096

第五章　报复的本能
为什么我们要寻求公平正义

惩罚的快感 // 100
向银行家扔烂西红柿 // 103
消费者的报复：我的故事，第一部分 // 106
别接那个电话 // 110
特别差的旅馆和另一些故事 // 114
代理与主体 // 118
消费者的报复：我的故事，第二部分 // 121
"对不起"三个字的魔力 // 123
如果你禁不住诱惑…… // 125
有用的报复 // 127

| 第二部分 |
以出人意料的方式挑战生活中的常规

第六章　适应的法则
为什么我们能适应一些事（但不是所有事，也不是一直如此）

疼痛如何教会我们适应 // 133
享乐适应 // 139
快乐水车 // 145
克服享乐适应 // 147
适应：下一道边界 // 151
善用适应性，提高生活的幸福感 // 154

第七章　好不好？
适应、伴侣和美丽市场

是否有女孩愿意与我约会？ // 160
心灵与肉体 // 161
郎才女貌与适应性择偶 // 163
好不好？ // 168
适应与闪电约会的艺术 // 172
每个人都有得到幸福的机会 // 176

第八章　市场的失灵
一个有关在线约会的案例

进入在线约会 // 182
在线约会的扭曲：斯科特的故事 // 187
虚拟约会实验 // 189
为霍默·辛普森设计的网页 // 194

第九章　感情的偏好
为什么我们选择帮助某个人，却漠视许多人的痛苦？

可识别受害者效应：你会把钱捐给谁？ // 201
密切度、生动感与"杯水车薪"效应 // 203
理性思维让我们缺乏爱心 // 207
钱应该花在哪里？ // 209
如何解决统计受害人问题 // 212

第十章 短期情绪的长期效应
为什么我们常常感情用事？

情绪与决定 // 220
最后通牒游戏 // 224
自我羊群效应 // 228
不要跨越他 // 232
你能划独木舟吗？ // 233

第十一章 非理性的教训
为什么一切决策都需要检验？

专家与政策的非理性 // 243

致　谢 // 249

导　言

拖延和医学副作用的教训

你怎么样我不清楚，但是直到今天，我还没碰到一个从不拖沓的人。遇见麻烦就往后拖，"明日复明日"的现象随处可见——无论我们怎样痛下决心、自我克制，一次又一次痛心疾首地矢志自新，但是克服拖沓恶习实在太难，难得无法想象。

我想通过我的一段亲身经历，与大家分享怎样才能战胜拖沓恶习。我18岁那年，遭遇了一次可怕的事故。一颗镁光照明弹在我身边突然爆炸，造成我全身70%的皮肤三度烧伤（我曾把事件经过写进《怪诞经济学》一书中[①]）。更倒霉的是，住院三个星期后，我在输血时染上了肝炎。无论什么时候，肝脏染上

[①] 读过《怪诞经济学》一书的读者，如果记性好的话，应该能记得。

恶性病毒都不是好事，况且我当时的身体已经非常虚弱，这对我来说无疑是雪上加霜。肝炎增加了手术并发症的风险，耽误了我的烧伤治疗，我全身很大一部分的移植皮肤都发生了排异反应。更糟糕的是，医生无法确诊我患的是哪一种肝炎。他们只知道我患的既不是甲型肝炎也不是乙型肝炎，后来，我的肝炎病情勉强得到控制，但依然时好时坏，不时发作，给我的身体机能造成巨大损伤，因而延长了身体痊愈的时间。

8年以后我读研究生时，肝炎复发，病情危急。我到学生医疗中心检查，经过多次抽血化验，医生给出了诊断：我患的是丙型肝炎，这是不久前刚从已有类型中分离鉴别出来的。虽然我浑身难受，却仍把它当成好消息。第一，我终于知道我患的是什么病了；第二，我知道当时还处在试验阶段的一种新药——干扰素，对治疗丙型肝炎可能有很好的疗效。医生问我是否愿意作为志愿者参加干扰素疗法的实验研究。面对肝纤维化和肝硬化的危险，以及丙型肝炎可能引起的早逝，尽管新药实验有风险，两害相权取其轻，对我来说，志愿参加该药的临床实验明显利大于弊。

治疗的第一阶段需要每星期自我注射三次干扰素。医生警告我注射后会有副作用，会出现感冒一类的症状，包括发烧、恶心、头疼，还有呕吐——不久后，我发现他的判断非常准确。不过我已经下定决心根治肝炎，在此之后一年半的时间里，我每个星期一、三、五的晚上，给自己规定并实行了"雷打不动"的操作规程：回到宿舍以后，从药品柜里取出注射器，打开冰箱，按规定剂量抽进干扰素，把针头扎进大腿。然后，我就躺进大吊床——这是我在那间阁楼一般的学生宿舍里拥有的唯一好玩的家具，躺在上面我可以正对电视机屏幕。我在吊床下面放了一个可以随手拿到的桶，因为过一会儿我准会呕吐，我还预备了一条毯子以便发烧感觉冷时盖上。大约一个小时以后，恶心、发烧、发抖、头疼等症状一一出现，再过一会儿，我就睡着了。到了第二天中午，我觉得多少好一些了，再回学校继续研究项目。

我和参加实验的其他病人一样，不仅需要长时间地与药物副作用做斗争，还要艰难地面对自己的拖沓恶习和自我控制问题。注射干扰素那天就是我的受难日。我需要经受注射后16个小时副作用的种种折磨，同时又希望有朝一日，这种药物能根治我的病。用心理学家的术语来说，我为了"正面长远效应"必须忍受"负面即时效应"。这种问题我们经常遇到，有些事情尽管从长远来看对人们有利，大家却往往不会去做。尽管我们的良知激励我们采取行动，多数人却宁愿逃避那些目前不尽愉快的事情（参加锻炼、从事令人厌恶的工作、打扫车库），尽管将来会有好的结果（有益健康、获得晋升、得到配偶的赞许）。

苦熬了18个月，医生告诉我，我是参加实验的志愿者中唯一自始至终严格按治疗规定注射干扰素的人。其他人都不同程度地多次未按规定进行注射——考虑到严重的副作用，这并不令人感到奇怪（实际上，不按照规定进行治疗是个非常普遍的问题）。

我是怎样才经受住了十几个月的痛苦折磨？难道我真的有钢铁一般的意志力吗？其实我和芸芸众生一样，在自我控制方面也存在很多问题，每到注射干扰素的那一天，我都巴不得能逃过去。但是我有个小诀窍，能够让这一治疗过程变得不那么难以忍受，那就是看电影。我酷爱看电影，如果有时间，我天天看也看不够。医生告诉我注射后可能出现的副作用以后，我就决定用电影作为激励手段。由于注射干扰素的副作用确实存在，因此，我其实也没有什么别的好办法。

每到注射的那一天，我就会先到上学路上的那家音像店挑几部我喜欢的电影录像带。整整一天的时间，我想的都是电影会有多精彩，急切盼望放学后放给自己看。放学回去后，我先注射干扰素，然后一跃跳进吊床躺好，把身体调整到最佳观看角度，接着按一下遥控器的播放键——我的小小电影节开始了。这样，我把前面的注射与后来欣赏一部精彩电影的体验就联系了起来。最后，注射的副作用开始发作，此时电影带给我的好心情会有所减弱。尽管如此，这样的安排仍然使注射的痛苦与观赏电影的愉悦之间建立了更紧密的联系，在某种程度上抵消了副作用带来的痛苦，也使我最终把治疗过程坚持下来。（在上面的例子里，我很幸运，因为记忆有误，有些电影我反复看了好几遍。）

这个故事让我们得出什么结论？我们都有重要的事情要做，特别是在户外风和日丽、景色迷人的时候。我们都不喜欢填写报税单、核对那些乏味的单据、打扫后院、坚持节食、准备报考研究生，或者像我一样接受痛苦的治疗。当然，如果我们都是理性的，拖沓问题就不难解决。我们会计算长远目标的价值，又会与眼前的短期享受加以比较，明白我们只要忍受眼前的一点儿痛苦便可以换取更多的长远利益。只要做到这一点，我们就能将注意力集中在利益攸关的事情上，工作时就能想到工作完成后的满足感和成就感；就能把腰带不断地往里缩，坚持锻炼增强体格；就能严格遵守医生制订的医疗方案，希望有一天能从医生那里听到："你体内的病毒已经完全消失了。"

可悲的是，我们多数人宁可享受即时满足而放弃长远目标。[1] 每天的行为表明我们似乎相信，在不远的未来，我们会有更多时间、感觉更好、更有钱、精力更充沛、感觉不到压力。"未来"的时光似乎无比美妙，生活中所有令人厌烦的事情到那时都能解决，尽管到头来我们还得费力地清理杂草丛生的院子、缴纳报税滞纳金、忍受病痛。我们毫不费力就能认识到人类经常不肯为了长远目标而做出短期牺牲。

上面说的这些与本书的内容有什么关系呢？总的来说，密切相关。

按照理性的观点，我们的一切决策都应该符合我们的最大利益（"应该"一词是关键所在）。我们应该辨别各种选择并准确计算其价值（不仅是眼前的价值，同时还有长远的价值），做出符合我们最大利益的选择。如果遇到互相矛盾的两难境地，我们应该不带任何偏见全面判断形势，我们应该像选择不同型号的笔记本电脑那样客观地权衡利弊。如果我们生病了，并且有痊愈的愿望，就应该严格按照医生的指示去做。如果我们体重超标，就应该认认真真，每天步行几公里，只吃烤鱼和蔬菜，只喝白水。如果我们抽烟，就应该毫不拖延、毫无保留地坚决戒掉。

如果我们能非常理性、非常清醒地做到这些"应该"，那真的就再好不过了。不幸的是，我们做不到。否则就不会出现数以百万计的人办了健身俱乐部会员卡却几乎没用过，有人不顾自己和别人的生命安全，一边开车一边发手机短信，还有（你有更好的例子，请补

---

[1] 如果你不相信，可以问问你的另一半或者好朋友，是否愿意牺牲长远利益换取眼前的享受。毫无疑问，他们会给你举出几个例子来。

充)……你怎样解释这些现象?

　　行为经济学正是把这些案例作为研究起点。在行为经济学中,我们并不把人都假定为感觉灵敏、善于计算的机器。相反,我们观察人们实际上怎样去做,这些观察得出的结论常常是人们并非如我们想象的那样理性。

　　肯定地说,我们可以从理性经济学中学到很多,但是它的一些假定——人们总是会做出正确决策,只要事关巨额的金钱就不大可能出错,市场本身具有自我纠正的功能,很明显会招致灾难性的后果。眼光敏锐的英国小说家乔治·艾略特在19世纪就看到了理性经济学的问题。她在一篇文章中描述了理性经济学对于人类经济问题的奇特解释,甚至暗示了行为经济学在一个多世纪以后所采取的方法。"现代归纳演绎法征服了一切,由此创建出一种倾向。"她写道,"它相信一切社会问题都会被经济学融合,邻居间的矛盾可以用代数方程式来解决……这些形形色色的错误,与对人类的真正了解,对人类的习惯、思想和动机的彻底研究迥隔霄壤,不可同日而语。"

　　为了弄清楚艾略特到底说的是什么(她的话无论在当时或现在都同样适用),我们以开车举例。交通运输和金融市场一样,都是人类制造的制度体系,我们只要睁开眼睛就能看到人类所犯的悲惨、可怕、代价高昂的错误(这也符合我们另一种带有偏见的世界观,认识自己的错误需要费点儿力气)。汽车制造商和道路设计者一般都懂得人们在开车时会出现判断失误,他们制造汽车、修建道路时会注意到驾驶者和乘客的安全。汽车设计者和技术人员会在车上安装安全带、防抱死刹车、后视镜、气囊、卤素车灯、测距仪等来弥补人类自身能力的不足。同样,道路设计人员在高速公路两侧修建安全边道,有的边道上还加了限速带，车轮经过就会发出警告声响。尽管采取了这些安全措施，人们在开车时仍然不断地犯各种错误（包括酒后开车，边开车边收发手机短信等），结果造成事故和伤亡。

想想2008年华尔街爆发的金融危机，以及它对整个经济造成的冲击。面对人类易于犯错的倾向，我们凭什么以为不需要设置外部措施防止或干预金融市场上出现的可怕的判断失误？为什么不设置一些安全措施帮助那些管理数十亿美元资金的人，对这些投资进行调控，以防止出现代价无比沉重的错误？

科学技术的发展原则上应该有助于解决人类的一些基本错误，但实际上，它却加重了这些问题，使人们更难以按照真正有利于自己的方式行动。我们以手机举例。这个小玩意儿操作简便，不但可以打电话，还可以给朋友编写和发送短信。如果你一边走路一边编写短信，眼睛只盯着手机屏幕而忽略了人行道上的情况，就很有可能撞上电线杆或行人。这当然令人尴尬，但一般没有生命危险。走路时注意力不集中倒无大碍，但是，如果你在开车时这样做，那你就是在制造灾难。

同样，再想一想农业和科技发展是如何使我们陷入流行肥胖症的旋涡的。几千年前，原始人类在平原上、树林中打猎觅食需要消耗很多热量，为了保持体力，他们必须储存任何一盎司的能量。只要遇到含糖、含脂肪的食物，他们就必须停下来尽力填满肚子。此外，大自然赋予了人类一种灵敏的机能：在摄入足够热量与感觉吃饱之间有约20分钟的时间间隔。这就使得人类可以积蓄一小部分脂肪，这样，即使不能及时俘获一头鹿，人的体内也有养分供他们消耗。

然而几千年后，在工业化国家中，人们除了睡觉，大部分时间都是坐在椅子上，盯着电脑屏幕，不再追着野兽奔跑。人们无须耕种和收割农作物，这一切康尼格拉公司都能替他们做。食品生产商把玉米制成含糖和脂肪的食品，我们再从快餐店和超级市场将它们买回家。在当今这个充斥邓肯甜甜圈的世界里，我们酷爱甜食和含脂肪类的食品，不知不觉就摄入了数千卡路里的热量。在我们狼吞虎咽地吃下一份芝士火腿蛋夹面包圈的早餐以后，摄入的热量已经足够，饱腹感还没来得及出现，我们又喝下一杯加糖咖啡，吃了半打糖皮面包圈，又增加了一些热量。

从本质上来说，人类早期进化所形成的身体机能在远古时代是有意义的。但面对科学技术发展与人类进化速度两者的极端不匹配，在人类的身体机能保持不变的情况下，原来对我们有帮助的，现在反而成了我们的障碍。不良的决策行为在几个世纪前可能只是带来不便，现在却会对我们的生活产生严重，甚至致命的影响。

现代的科学设计者没有充分了解我们易于犯错误的本质，他们设计出新的和"改良的"股票市场、保险、教育、农业，以及医疗制度体系，却没有把我们的局限考虑在内（我把这一切称为"科技与人类不兼容"，现在这种情况随处可见）。结果是，我们不可避免地犯下各种错误，有时甚至造成巨大损失。

从表面上看，我们这样评价人类本质似乎有点儿令人沮丧，因为事实未必如此。行为经济学家想通过理解人类的弱点找出更人性化、更现实、更有效的方法来抵御诱惑，增强自制能力，以最终实现各自的长远目标。理解我们找不到正确方法来克服自己错误的原因，对于整个社会都将是非常有益的。如果我们能对行为背后的动因和误入歧途的缘由有所理解（从企业奖金与激励机制如何决策，到有关个人生活各个方面，诸如约会与幸福），我们就能更好地把握金钱、人际关系、各种资源、安全和健康，无论是对个人还是对社会，都是如此。

行为经济学的真正目标就是：努力了解我们到底如何运作，更充分地观察我们的偏见，这些偏见如何影响我们，然后才有希望帮助人们更好地做决策。我似乎很清楚人们的决策永远不会100%理性，但我坚信更好地理解影响我们行为的各种非理性力量是改善决策的第一步。而且，我们能做的不限于此。发明家、企业管理者、政策制定者可以进一步设计我们的生活环境，使之从本质上更具包容性，无论我们能做到的，还是做不到的都要考虑。

归根结底，这就是行为经济学所要做的——找出存在于不同领域行为和决策背后的各种力量，针对影响我们个人、企业，以及公共生活的普遍问题，找出解决方法。

接着往下读，你可以看到，本书的每一章都是基于我和一些才华横溢的同事多年来的实验。我一直在试图阐明各个领域可能给我们的决策带来困扰的偏见，不管是工作场所还是个人幸福。

你可能会问，我和我的同事们为什么会投入这么多时间、金钱和精力进行实验？对社会科学家来说，实验就好比显微镜和镁光灯，可以把那些影响我们生活的复杂多样的各种力量放大、照亮。实验可以把人类行为，分解成一个一个的镜头，把每种力量单独提取出来，放大开来，做更加详尽和细致的观察，让我们明确无误地检测我们行为的原动力，更深入地理解我们自身偏见所具有的不同特点和细微差别。[①]

[①] 有时实验得出的结果与人们的直觉相反，这很令人惊讶；有时实验又证实了我们多数人的直觉是正确的。但是，人的直觉不等于证据；只有进行认真仔细的实验才能发现我们对于人类某一弱点的直觉正确与否。

我还想强调一点。如果实验结果受到具体环境的局限，其价值也会有局限性。不过，我希望你能这样看待这些实验，即它们对我们的思想和决定进行了深入洞察——不仅是在某一特定的实验环境下，而且通过推断，能够洞察到生活中其他多种环境。我希望你一旦了解了人性所展现的方式，就可以决定你在职业生涯和个人生活中该怎样处理它。

在每一章里，我还试图把实验结果向日常生活、商业活动，以及公共政策等方面做出可能的推演——集中关注我们怎样才能克服那些非理性盲点。当然，我对推演的概述还是极其有限的。要从本书乃至整个社会科学中获得真正的价值，重要的是你应该花一点儿时间进行思考，想一想如何把人类行为的一般原则应用到你的实际生活中。既然你对人性有了新的认识，就应该考虑怎样改变自己的行为。我们真正要探索的也就在这里。

熟悉《怪诞行为学：可预测的非理性》的读者可能想知道本书与它有什么不同。在《怪诞行为学：可预测的非理性》中，我们详细分析了那些引导我们（特别是作为消费者）做出不明智决策的形形色色的偏见。《怪诞行为学：可预测的非理性》与本书有三个方面的不同。

第一，也是最明显的——书名不同。本书和《怪诞行为学：可预测的非理性》一样，也是基于检验我们如何决策的实验写成的，但是对待非理性的角度有所不同。在大多数情况下，"非理性"一词带有贬义，轻则指错误，重则为愚蠢，甚至有疯狂的含义。假如我们负责设计人类，我们可能会尽一切努力把非理性从设计方案中删除；在《怪诞行为学：可预测的非理性》中，我探讨了人类偏见的负面表现。但是非理性还有另一面，实际上，它也是相当正面的。有些时候我们很幸运，因为非理性能力可以让我们适应新的环境，信任别人，乐于不断努力，热爱自己的孩子。这些力量是我们美妙、奇异、天赋的（尽管是非理性的）人性的基本组成部分（的确，如果人们缺乏适应、信任或者热爱工作的能力，就不会幸福）。这些非理性的力量能帮助我们实现伟大的目标，在社会结构中很好地生活。本书的写作目的就是试图抓住非理性有益的一面——假如我们是人性的设计师，想要保留或舍弃的部分。我相信重要的是要了解我们身上有益的和不利的各种怪癖，只有这样做，我们才能改正缺点，发扬优点。

第二，本书分为截然不同的两个部分。在第一部分，我们近距离地观察人们在工作环境中的行为，我们把相当多的时间花在了工作上。我们会探讨各种关系——不仅包括与他人的关系，还有与环境以及与我们自身的关系。我们与工资、老板、产品、理想，是什么样的关系？我们受到委屈时，与自己的感受是什么样的关系？真正激励我们提高业绩的是什么？什么能使我们觉得有意义？为什么"孩子是自己的好"的偏见在工作场所总是有立足之地？为什么我们受到不公正或不公平的对待时会有激烈反应？

在本书的第二部分，我们将越过工作环境，深入检验我们在人际关系中的行为。我们与周围环境和与自己的身体是什么关系？我们与萍水相逢的人如何相处？怎样对待需要我们帮助的亲友及陌生人？如何对待自己的情绪？我们将对如何适应新情况、新环境、新恋人，如何让在线约会行得通（哪些地方有问题），以及迫使我们做出反应的悲剧力量和我们在特定时间的情绪反应对未来在行为模式方面可能造成的长期影响进行研究。

第三，本书与《怪诞行为学：可预测的非理性》不同，还因为它与我的个人经历的关系更加密切。尽管我和同事们在实验的进行和分析过程中尽力保持客观，但本书在相当大的程度上（特别是第二部分）是来自我本人作为一个烧伤病人的痛苦经历。我的烧伤，和其他严重伤害一样，对我来说是巨大损失，但它也很快地改变了我对生活各个方面的观察角度。我的人生历程给我提供了对于人类行为的独特视角。它给我提出了一些问题，在通常情况下，我根本不会想到，我的特殊遭遇竟成了我生活的重心和研究的焦点。比这更深远，而且可能更重要的是，这一经历引导我深入研究自己的偏见。对自己的经历和偏见进行描述，我希望阐明引发我的特别兴趣和观点的思维过程，并且描述我们共同人性的一些基本成分——这些成分你有，我也有。

下面，"书归正传"。

| 第一部分 |

The Upside of Irrationality

以匪夷所思的方式
彻底颠覆职场中的既定逻辑

第一章

金钱的诱惑
为什么巨额奖金带不来高业绩？

假想你是只心宽体胖的实验白鼠，住在一个箱子里，那里已经成为你温馨舒适的家。一天，箱子打开了，伸进来一只戴手套的手，轻轻把你取出来，放进另一个箱子，这里不如你原来住的地方舒服，里面有迷宫一样复杂的通道。你天性好奇，于是晃动着胡须，摸索着往里走。你很快发现，有一部分通道的墙壁是黑色的，另一部分是白色的。你一边用鼻子嗅，一边进入白色通道，里面没有什么异常。然后你左转进入黑色通道，刚一进去，就立刻感到有一股强烈的电流正通过你的爪子向全身袭来。

此后的一个星期，你每天被放进不同的迷宫之中。每个迷宫通道墙壁的颜色都不一样，危险和安全的区域标记以及电击的强度也各不相同：在红色通道里，电击强度很轻微；带圆点的通道，电击强度非常强烈；还有的安全区，地面上覆盖着黑白棋盘格子。日复一日，你的任务就是学着如何选择最安全的通道穿过迷宫，同时要躲避电击（你安全穿过迷宫得到的奖励就是逃过电击）。你做得怎么样呢？

一个多世纪以前，心理学家罗伯特·亚尔克斯和约翰·多德森对上述基本课题做了不同形式的实验，以求得出关于实验白鼠行为的两个答案：第一，它们的学习能有多快；第二，更重要的是，电击能在多大程度上激励它们加快学习的速度。我们很容易就能推断，随着电击强度的提高，实验白鼠受到的学习激励也相应提高。当电击程度非常轻微时，白鼠不过是慢慢走开，偶尔一次小小的电击不会造成痛感，也不会产生激励作用。但是随着电击强度和痛感的加强，科学家们认为，实验白鼠能感到它们正处在敌人的火力攻击之下，因此会受到激励，加快学习速度。亚尔克斯和多德森进一步推断，如果实验白鼠企图躲避最强的电击，学习的速度也必然最快。

我们通常很容易推断激励强弱与表现能力之间存在关联。要取得成功，人们受到的激励越强，工作的热情就越高，而人们越努力就越容易接近最终目标，这种推论似乎很有道理。归根结底，这就是金融机构向证券公司高级主管发放天价工资和奖金背后的一部分理由——支付巨额奖金就会激励人们努力工作，取得非凡业绩。

有时候，我们对于激励与表现（广泛含义是人们的行为）相关的直觉是准确的，但在另外一些情况下，现实与直觉并不合拍。在亚尔克斯和多德森的实验中，有些结果与我们多数人的预期相同，有些却和人们想的不一样。当电击非常微弱时，实验白鼠几乎没有受到激励，结果是学习的速度很慢。当电击达到中等强度，对实验白鼠的激励作用显现，它们立刻开始做出努力，想弄清楚鼠笼的规律，而且学习的速度也很快。实验到这里，得出的结论与我们有关激励与表现之间关系的直觉是一致的。

但是实验的意外收获是：当电击非常强的时候，实验白鼠的表现很差！我们承认，要弄清实验白鼠的思维很困难，但是当电击强度达到最高值的时候，实验白鼠除了对电流的恐惧之外，似乎不能集中精神关注其他任何事情。它们惊恐万分，根本就记不住笼子里哪一部分是安全的，哪一部分是带电的，根本搞不清周围环境的结构。

第一章　金钱的诱惑

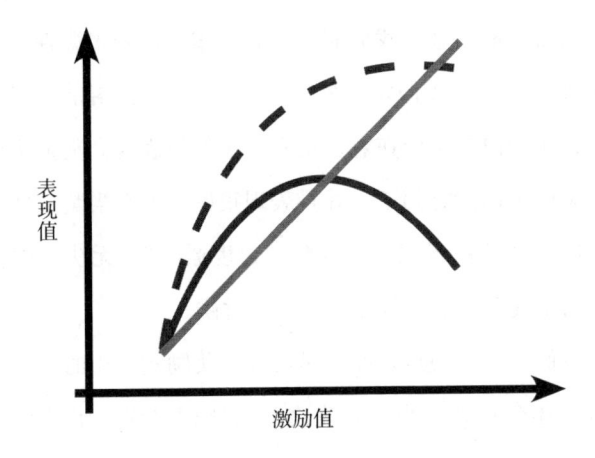

[图：纵轴为"表现值"，横轴为"激励值"的示意图]

示意图说明激励（薪酬，电击）与表现之间可能存在的关系。浅灰色实线代表激励与表现值对应增强的简单关系。灰色虚线代表激励与表现回报递减的关系。

深色实线代表亚尔克斯和多德森的实验结果：激励较低时，加强刺激可以提高表现值。而当激励基数提高时，进一步加大激励就会事与愿违，降低表现值——在图中表现为心理学家所说的"倒 U 形关系"。

亚尔克斯和多德森的实验结果应该促使我们认真考虑劳动力市场上薪酬、奖金与业绩之间真正的关系。说到底，他们的实验清楚地表明激励可能是一把双刃剑。在到达某一点之前，激励可以促使人们更好地学习和表现。但是超过这一点，激励的压力就会变得非常高，它会分散人们的注意力，使他们不能专注于手里的工作——这种结果大家都不愿意看到。

当然了，电击不会成为市场上常见的激励机制，但激励与表现的这种关系有可能适用于其他形式的激励——不论它的表现是逃过电击，还是获得巨额奖金。我们假设当时亚尔克斯和多德森在实验中用的是奖金而不是电击（假定实验白鼠也需要钱），结果会怎么样呢？奖金太少，实验白鼠不会在意，也不会更好地表现。奖金增加到中等程度，实验白鼠们注意到了，并且表现很好。但是当奖金增加到非常高的水平时，实验白鼠们就会受到"过度激励"，无法集中精力，结果，它们的表现反而不如奖金低一些的时候。

如果我们实验用的是人而不是白鼠，奖励刺激用的是金钱而不是电击，是否还会看到激励与表现之间的这种"倒 U 形关系"呢？或者换一个更加务实的角度思考，为了使人们表现得更好而拼命提高奖金，经济效益到底是会更高，还是更低？

奖金鸿运

在得知 2008 年金融危机以后，应该为此承担责任的那些企业高管仍继续拿着奖金，人们对此非常愤怒，很多人想不通奖金对企业高管和华尔街经理们究竟起到了什么作用。公司董事会一般都认为，以业绩为基础的高额奖金会激励高管们在工作中倾注更多的心血，这些辛苦努力会换来高质量的回报。[1] 但是，事实真的是这样吗？我们来

---

[1] 当然很多人企图解释为什么向高管们支付高额工资是理性的，其中有一种说法我觉得很有意思，但并没有说服力。这一理论是：给高管们支付高额薪酬不是因为大家觉得他们值这么多钱，而是这样做可以激励其他人努力工作，希望有一天也能拿到与高管们同样的超高薪酬。这种理论的可笑之处在于，如果你按照它的逻辑得出结论，那么你不仅要给高管们支付莫名其妙的高额工资，还必须逼迫他们与亲朋好友常常团聚，为他们提供豪华奢侈的假期，为他们的美好生活锦上添花——因为只有这样才能够激励更多的人争当高管。

看一看实验得出的证据是什么样的。

用金钱作为激励手段来提高业绩，效果到底如何？我和尼娜·马萨尔（多伦多大学教授）、尤里·格尼茨（加州大学圣迭戈分校教授），还有乔治·列文斯坦（卡内基–梅隆大学教授）设计了一个实验。成绩良好的参与者可以得到奖金，但我们对奖金水平做了不同设置，用来考察不同奖金水平对参与者的激励作用有什么变化。我们尤其想搞清楚巨额奖金是会像人们所预期的那样提高成绩，还是像亚尔克斯和多德森关于白鼠的实验，反而降低成绩。

我们决定向一部分参与者许诺比较低的奖金（大概相当于他们一天的正常工资）；还有一部分许诺比较高的奖金（大概相当于他们两个星期的工资）；另外一小部分很幸运，他们是验证我们实验目的最重要的参与者，我们许诺向他们提供特别高的奖金，大概相当于他们5个月的正常工资。我们希望通过对这三组参与者的表现进行比较，更好地了解奖金对于提高业绩到底有多大的效力。

我知道你想问："我到哪里去申请参加这样的实验？"你先别忙着估算这样的实验预算到底会高到什么程度，我来告诉你，我们和当今世界上的众多公司一样，采取外包的方式，到印度去进行实验，在印度，每月人均消费大约是500卢比（大概相当于11美元）。这样一来，我们就可以出得起特别高的奖金，又不至于惹得我们学校的会计部门惊诧莫名，勃然大怒。

决定了实验的地点，我们还要列举实验的具体内容和方法。我们想到了一些基于纯体力方面的工作，例如跑步、蹲起运动，或者举重，但企业高管和股票经纪人并不靠这一类劳动挣钱，因此我们决定集中选择需要创造力、注意力、记忆力，以及解决问题能力的游戏。

我们先把这些游戏放到我们自己身上，并且找了一些学生进行尝试，然后从中选定了6种游戏：

（1）拼木楔：这是一项空间智力游戏，参与者要把9块1/4圆形的木楔装入一个正方形容器中。放进8块很简单，但要把9块都放进去几乎不可能。

（2）赛门：20世纪80年代人们玩过的一种普通电子记忆游戏，键盘上不断出现醒目的数字，数字越来越多，要求人们准确无误地按照顺序记住这些数字串。

（3）复述最后3个数字：游戏主持人会随便读出一连串的数字（例如23、7、65、4等），随时可能停下，参与者必须复述出最后读出的三个数字。

（4）拉比林特斯迷宫：游戏平面上有一条迷宫通道，通道上充满陷阱，游戏参与者需要操纵两根杠杆不断调整平面的倾斜度，让通道里的小球躲开陷阱向前滚动。这是6种游戏中最可能让参与者情绪出现波动的一个。

（5）飞球：和飞镖游戏近似，把包着维克罗搭扣的网球投向远处的靶子，靶心能把网球粘住。

（6）爬坡：参与者需要操纵一左一右两个把柄把小球推上坡，推得越高越好。

选定了这些游戏，我们把每种游戏的用具分别包装了6套，再装入一个大箱子运往印度。出于某种神秘的理由，印度海关人员认为带电池的赛门游戏用具有问题，不愿放行。我们付了250%的进口关税才得以清关，终于万事俱备，马上可以着手实验了。

拼木楔　　　　　　赛门　　　　　　复述最后 3 个数字

拉比林特斯迷宫　　飞球　　　　　　爬坡

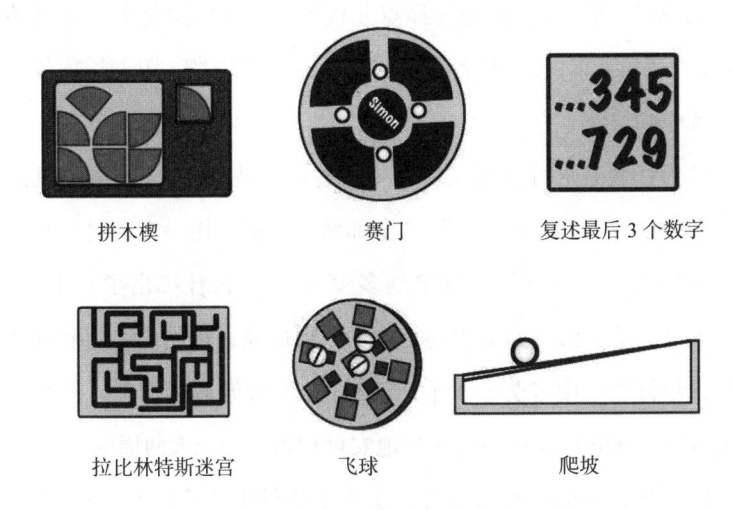

在印度实验中使用的 6 种游戏示意图

我们到印度南部马杜赖市的纳拉亚南学院雇了 5 名经济学研究生，让他们到附近的几个村子里寻找实验场地。他们需要在每个地方找一处公共活动中心，例如小型医院或者会议室，在那里设一个办公室，招募实验参与者。

公共活动中心的一角是个社区中心，二年级硕士生拉梅什在这里工作。这个社区中心还没有完全竣工，地面还没铺瓷砖，墙壁也没有粉刷，尽管这样它完全能用，最重要的是它能够遮风避雨，抵挡酷热。

拉梅什把 6 种游戏的设备在房间里安顿好，然后出去招呼第一个参与者。很快就过来了一个人，拉梅什立即上前劝他参加实验。"我们这里有几种好玩的游戏。"拉梅什想把这个人拉进来，"你愿意进来参加我们的实验吗？"这个人听了，怀疑这是政府赞助的什么活动，没有什么特别，他摇了摇头，继续走他的路。不过拉梅什还是穷追不舍，又说："你参加实验还能挣点儿钱呢，这个实验是大学赞助的。"于是，我们的第一位参与者，他叫尼汀，转过身来，跟着拉梅什走进了社区中心。

拉梅什领着尼汀参观了房间里所有的游戏设备。"这就是我们今天要做的游戏。"他对尼汀说，"全部做完大概要用一个小时。开始之前，我们先决定一下你可以拿到多少钱。"拉梅什掷出了一个骰子。骰子落下，朝上的一面显示的是"4"，根据我们预先设定的随机选择规则，尼汀属于中等奖金水平，就是说，6种游戏玩下来，他的最高奖金可能有240卢比——这在当地农村相当于一个人两周的工资。

接下来，拉梅什给尼汀解释了奖金的具体计算标准。"一共6种游戏。"他说，"每种游戏我们都有两个成绩计算标准，一个是中等水平——良好，优于它的水平就是优。每一种游戏，你要是达到良好水平，就可以拿到20卢比，你要是能达到优的水平，就可以拿到40卢比。如果你连良好的水平也达不到，那么一个卢比也没有。这就是说，根据你的成绩，你最多能挣到240卢比，也可能连一个卢比都挣不到。"

尼汀点了点头，拉梅什顺手拿起赛门游戏。这个游戏，4个按键中的一个先亮起来，并且响起单音阶的乐声。尼汀需要按动这个亮过的键，这个键再次亮起来，接着另一个键也跟着亮了，但颜色不同。尼汀必须根据这两个键亮起的顺序分别再次按动这两个键。然后第三个不同颜色的键又亮了，依此类推。尼汀只要根据各键点亮的顺序依次按键，游戏就可以一直进行下去，依次亮起的键也会越来越多。一旦按键的顺序出错，这一局就结束，持续时间最长的一次将作为尼汀本局的成绩。赛门游戏中，尼汀可以玩10局，最终成绩按得分最高的一局计算。

"现在我再说明一下良好和优的标准。"拉梅什接着说,"10局当中,你有一局能够连续按对6个键,就算是良好水平,可以拿到20卢比。如果你能连续按对8个键,就达到优的水平,可以拿到40卢比。这10局游戏结束,我们再开始下一个游戏。游戏规则和奖金计算方法你都明白了吗?"

尼汀非常兴奋,他几乎看到自己要挣到多少钱了。"我们开始吧。"他说道。他们立即进入游戏。

首先亮的是蓝键,尼汀把它按了一下。接着亮的是黄键,尼汀先按蓝键,再按黄键。一点儿都不难。下一个绿键亮时,他也按对了。但第4个键亮的时候,他不幸按错了。下一局,他更加努力,但结果也不行。第5局,他按对了7个,第6局,他尽了最大努力,记住了8个。总的来说,他的成绩不错,达到了优的水平,口袋里多了40卢比。

下一个游戏是拼木楔,依次下去是复述最后3个数字、拉比林特斯迷宫、飞球,最后是爬坡。一个小时下来,尼汀有两个游戏达到了优的水平,两个达到了良好水平,另外两个游戏连良好水平也没达到。算起来,他挣了120卢比,比他一周的工资多一点儿,于是,尼汀兴高采烈地走出了社区中心。

下一个参与者是阿波夫,他是个30多岁有点儿秃顶的男人,喜欢体育运动,家里有一对令他感到骄傲的双胞胎。他掷的骰子是1,按我们事先设置的规则,他的奖金属于较低水平。这就是说,他把6种游戏玩下来,最多只能拿到24卢比的奖金,大概相当于他一天的工资。

阿波夫首先玩的是复述最后3个数字,下面依次是爬坡、拼木楔、拉比林特斯迷宫、赛门,最后是飞球。总的来看,阿波夫的成绩不错。他有3个游戏达到良好水平，有一个获得优的水平。这样，他的总成绩和尼汀差不多，但由于掷骰子时不走运，最后阿波夫只拿到10卢比。不过，一个小时的游戏能赚到这些钱，他也很开心。

拉梅什为第三个参与者阿努朋掷骰子，结果是5。根据我们的规则，他的奖金属于最高水平的一个。拉梅什向阿努朋解释，如果阿努朋在每一种游戏中都能达到良好水平，就可以得到200卢比的奖金，如果他达到优的水平，就可以拿到400卢比奖金。阿努朋马上算了一下，一个游戏400卢比，6个游戏就是2 400卢比——不小的一笔财富，大概相当于5个月的工资。阿努朋简直不敢相信财神就这样落到了自己的头上。

阿努朋随机选中的第一个游戏是拉比林特斯迷宫①。拉梅什让阿努朋把一个小钢球放到游戏盘标有"起点"的位置上，并且让他操纵两个球形把手向前移动钢球，使钢球在迷宫的通道上向前滚动，同时还要避开通道上突然出现的陷阱。"这个游戏你可以玩10局。"拉梅什说，"如果你能在任何一局里让小球躲过7个陷阱，就能达到良好水平，拿到200卢比奖金。如果小球能躲过9个陷阱，那就是优的水平，可以拿到400卢比。这个游戏做完了，我们接着做下一个。明白了吗？"

阿努朋急不可耐地点点头。他抓住控制游戏盘平面和迷宫通道斜度的两个球形把手，紧盯住放在起点位置上的小钢球，好像老虎盯住了猎物。"千万沉住气，这太重要了。"他暗自提醒自己，"无论如何，我一定要成功。"

他开始让小球向前滚动；几乎同一时间，小球掉进了第一个陷

---

① 每个参与者的游戏顺序随机确定，但是游戏的顺序不影响成绩计算。

阱。"我还有 9 次。"他自言自语地大声给自己打气。他感受到了巨大的压力，两只手开始发抖，好像不听使唤，无法精确地进行操控，他试一次失败一次，10 局迷宫游戏玩下来一无所获。刚进来时的那种幸运感觉一点一点地开始消失。

下一个游戏是飞球。阿努朋站在离靶子 6 米远的地方，把球投向贴有维克罗搭扣的靶心。他把球一个接一个地投出去，有的像垒球罚球那样从腋下扔出，有的像打板球那样从肩上方掷出，有的从身体的一侧撇出去。他一共投了 20 个球，尽管有几个差一点儿就打中了，但没有一个球能击中靶心。

拼木楔游戏把阿努朋搞得垂头丧气。要想拿到 400 卢比，阿努朋必须在短短的两分钟内把 9 块木楔拼入方框里（如果他得用 4 分钟才能完成，就只能拿到 200 卢比）。随着时钟滴答滴答计时，拉梅什每半分钟读一次计时表："90 秒！ 60 秒！ 30 秒！"阿努朋手忙脚乱，拼命地加快速度，憋足劲儿一次又一次地把 9 块楔子往方框里硬塞，结果只是徒劳一场。

4 分钟过去，阿努朋放弃了拼木楔游戏。他和拉梅什来到赛门游戏前面。阿努朋感到有些沮丧，但是他强打精神，竭力把全部注意力集中到当前的游戏上。

赛门游戏的第一局，他只按对了两个键——这可相差太大了。不过第二局，他努力记住了 6 个。他的脸上绽放出笑容，他知道 200 卢比已经到手了，下面还有 8 局，加把劲儿争取拿到 400 卢比。他感到自己最终能更上一层楼，于是更加集中精力，努力使自己的记忆力再上一个台阶。在剩下的 8 局里，他成功地记住了六七个键，但没有一次达到 8 个。

还剩两个游戏，阿努朋决定暂停一下。他深深地吸入一口气，再慢慢吐出来。非常可惜，爬坡和复述最后3个数字都没得分。他带着200卢比离开社区中心时，说不出是一种什么心情，玩了几局游戏，收获不算小，不过他紧锁的眉头还是道出了心中的沮丧：多好的机会，怎么就是没抓住呢？

结果：请击鼓……

几个星期以后，拉梅什和另外4个研究生完成了他们在好多个村庄实验数据的记录汇总，把结果用电子邮件发给了我。我急不可耐地想先睹为快。我们在印度的实验花费了这么多的时间和精力，值得吗？不同水平的奖金与参与者的成绩相吻合吗？被许诺可能获得最高奖金的那些人成绩怎么样？是更好还是更差？

对我来说，能第一个看到实验数据是科研工作中令人兴奋无比的事情，虽然比不上在超声波屏幕上第一眼看到自己孩子时那样欣喜若狂，但也和打开生日礼物包装时同样激动人心。事实上，我观察第一组实验数据的统计分析简直就像举行虔诚的仪式。刚开始从事研究的时候，我会把几个星期，甚至几个月采集到的各种数据逐一输入存储器，进行格式化处理和数据分析。数周、数月的努力终于要转化为实验成果，我要保持清醒头脑为自己庆祝。我先倒上一杯酒或者泡上一杯茶，让心情稍微平静一下。然后坐下来，看着眼前的实验结果，困惑已久的谜团终于解开，正式庆祝这一妙不可言的时刻。

那一段时间，我经常能够享受这种神秘的时刻。现在我已经不是学生了，我的日程被安排得满满的，不再有时间自己动手分析实验数据。在一般情况下，都是由我的学生首先进行数据分析，并享受实验成果带来的收获喜悦。但是当我收到印度的实验数据时，心里又开始发痒，想再次享受这种美妙的体验。于是我和尼娜商量，恳求她把数据存储器直接给我，并且让她保证在我没处理完毕之前，她不会去看。尼娜答应了，于是我又重操旧业，像当年那样按照既定的仪式，亲手输入数据，进行处理……最后举杯庆祝。

我不告诉你，你先猜一下三组参与者的成绩怎么样？你认为中等奖金一组的成绩会比较低奖金一组的成绩好吗？最高奖金那一组的成绩会高于中等奖金的那一组吗？结果我们发现，较低奖金（相当于一天工资）那一组的成绩与中等奖金（相当于两周工资）那一组的成绩不相上下。我们的结论是：即使是较低水平的奖金也足以调动相当多的游戏参与者，可能已经最大限度地发挥了激励作用。那么，人们在面对非常高的奖金（相当于他们5个月的正常工资）时会怎么样呢？看过下页的图示，你就会知道，实验数据显示，特别是在这个实验中，人和白鼠的表现几乎一样。有机会获得最高奖金的人，结果表现最差，与较低或中等奖金的那两组相比，最高奖金一组的参与者的成绩达到"良好"或"优"的水平的人数还不到前两组的1/3。实验结果肯定会使面对高额奖金的人感到紧张，他们面临着令人难以喘息的压力，其实和亚尔克斯和多德森实验中的白鼠没有多大区别。

此图总体上显示了三组不同奖金水平的人在6种游戏中的表现。标有"优"的线条表示每种奖金水平组里达到该水平人数占该组总人数的百分比。标有"实得奖金"的线条表示该组实际得到奖金总数与该组可能得到最高数额奖金之比。

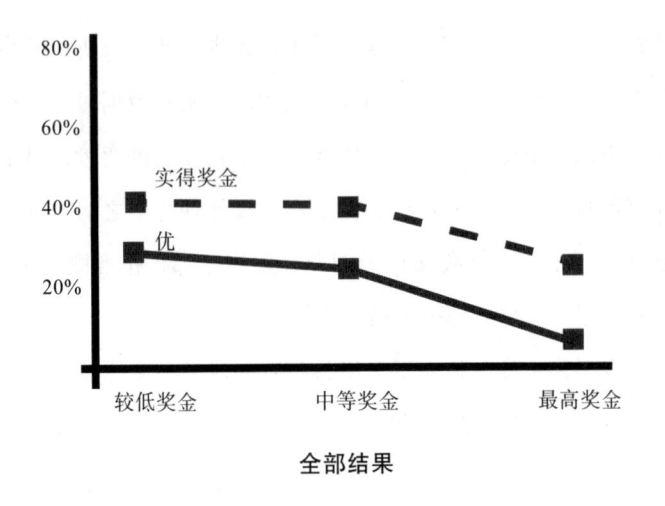

```
80%

60%
                    实得奖金
40%  ┅┅┅┅┅┅┅┅┅┅┅┅┅┅
     优
20%

        较低奖金        中等奖金        最高奖金
```

全部结果

激增的动机

我现在似乎应该告诉你,我们一开始并没有按上面的方式进行实验。最初,我们打算给参与者施加一些额外的压力。因为科研项目的预算有限,我们原来想在预算许可的条件下创造一种最强的激励手段。我们选择了在实验条件里混入"损失厌恶"[①]这一因素。损失厌恶是一个简单的概念,认为人们在失去自认为是属于自己的东西时会产生痛苦,比如钱,而这一痛苦要大于得到同样数量的钱所产生的愉悦感。例如,如果有一天因你投资的巧合,你买的理财产品多赚了5%,你非常高兴。而如果有一天同样是因为偶然因素,你的理财产品收益损失了5%,你就会觉得异常痛苦。如果损失引发的痛苦大于收获所带来的愉悦,就证明你有"损失厌恶"的倾向(无须担心,我

[①] "损失厌恶"是丹尼尔·卡尼曼和阿莫斯·特沃斯基引入的一个非常有力的概念,现已为许多领域应用。

们多数人都是如此）。

为了在实验中引入损失厌恶因素，我们在较低奖金一组中给每个参与者预付了 24 卢比（6×4）。中等奖金一组是 240 卢比（6×40），而最高奖金一组是 2 400 卢比（6×400）。我们告诉参与者，如果他们的成绩能达到"优"，他们在游戏中赢到的奖金就可以全部拿走；如果他们达到"良好"，我们就会扣掉该游戏奖金的 1/2；如果他们连"良好"也达不到，我们就会把该游戏的预付奖金收回来。我们认为避免损失同样会成为激励因素，这样参与者实际受到的激励影响就比只赚不赔要大。

拉梅什在另外一个村子找了两个参与者进行这种实验。但他无法继续实验，因为这种实验方式给我们带来一个很大的困难。第一个参与者来到社区中心，我们把他可能赢到的奖金预付给他——一共 2 400 卢比，大约相当于他 5 个月的工资。他没有尽力取得最好成绩，非常遗憾，他只得把钱退给我们。实验到了这一步，我们想确定一下接下来的参与者是否会和他一样。万万没料到，第二个参与者的成绩也一样差劲。这个倒霉蛋，面对这么多钱根本就无法集中精力。但游戏结束，第二个参与者却不遵守我们事先谈好的条件，利令智昏，拿起我们的钱就跑。拉梅什狠不下心去追他（这真的不能怪这个参与者，他太穷了）。这件事让我们意识到，我们在实验里加入损失厌恶行不通，我们只好改用先实验后付钱的方式。

我们把奖金预付给参与者，还出于另外一个考虑。我们以为这样做可能有利于了解市场上专业人员获得奖金时的心理活动。我们觉得预先付款与很多专业人士对每年奖金的预期情况相仿。他们习以为常地认为这一部分额外收入已经基本在手，因为他们把奖金当作收入的标准补偿，他们甚至对奖金的数额有具体的概念。这些钱怎么花他们都做了打算：可能瞄上了一幢新房子，单凭工资买不起，但加上奖金付首付款就够了；或者可以安排一次环球旅游。一旦这样的念头出现在脑子里，我猜他们的心理状况十有八九就和那些拿到预付奖金的实验者一样了。

想与做

我们认为，高额奖金对成绩的负面作用是有限的——不管怎么说，高额奖金似乎不可能在任何情况下降低成绩。于是，我们很自然地想到一种限制因素（心理学家称为"调节因素"），会根据工作所需的脑力劳动的程度不同而发挥作用。对于认知能力要求越高的工作，我们认为，高额奖金产生反作用的可能性越大；而对于非认知乃至机械性的工作，奖金越高可能成绩就越高。例如，你蹦跳一下我就给你多少钱，让你24小时不停地跳会怎么样？你是不是会尽最大力量来跳，而且给的钱越多跳的时间越长？如果奖金非常高而你还有力气，你会放慢速度甚至停下来不跳吗？这不可能。对于从事很简单的机械性工作的人来说，我们很难想象高额奖金会产生反作用。

我们的实验项目包括差别很大的各种游戏，令我们惊讶的是，所有游戏里奖金最高的一组成绩最差，和我们的上述推理完全一致。我们原以为认知性较强的游戏，例如赛门和复述最后3个数字会和我们猜测的一样，而没有预料到像飞球和爬坡这样机械性的游戏也不例外。这是怎么回事？有一种可能，就是我们对于机械性工作的直觉是错误的，即使对这一类工作来说，高额奖金也会降低成绩。另一种可

第一章　金钱的诱惑

能是，我们所认为的认知要求较低的游戏（飞球和爬坡）仍然需要某些脑力因素，我们需要在实验中引入纯粹机械性的游戏。

考虑到这一问题，我们下一步把实验分成两种情况进行对比，一种需要认知能力（简单的数学题运算），另一种只需要简单操作（快速敲击键盘上的两个键）。我们想在麻省理工学院的学生中进行实验，检验纯粹机械性劳动中奖金与成绩的关系，并与脑力工作中的情形相对照。限于项目预算，我们无法给出与印度实验相对应的高奖金，因此只能等到学期快结束，学生们的钱包都瘪了的时候再说。这时，大约20分钟的任务，我们给出660美元的奖金——这些钱足够他们举办几次派对了。

我们把实验设计成4个部分，每个参与者必须全部参加（这种安排被社会科学工作者称作"被试内实验设计"）。我们要求学生们完成两次认知任务（简单的数学题）：有一次给出较低奖金，另一次给出较高奖金。另外，还要他们进行两次机械性操作（敲击键盘）：一次奖金较低，一次奖金较高。

这个实验向我们说明了什么？不出所料，我们发现较高激励对两类不同工作产生的作用不同。如果手头的工作仅仅是敲击键盘，奖金越高成绩也越高。但是，一旦工作需要基本的认知能力（计算简单数学题），高额奖金就会对成绩造成负面效果，就和我们在印度实验中所看到的一样。

结论很清楚。发放高额奖金有利于提高简单机械操作类工作的业绩，但如果需要人们动脑子则可能适得其反——而企业通常选择向从事脑力工作的高管发放巨额奖金。如果高级副总裁的任务是砌砖，用高额奖金激励他们情有可原。但如果他们的激励基础是奖金，从事的

019

是筹划兼并和收购，或者创造五花八门的金融工具的工作，奖金的效用就可能比我们预想的要差很多——甚至可能带来负面效果。

总而言之，金钱对人的激励可能成为双刃剑。对于需要认知能力的工作，将业绩与较低或中等数额的奖金挂钩会起作用。但如果奖金金额太高，则会使人过度关注奖励，从而分散他们的精力，造成压力，到头来反而可能降低他们的业绩。

谈到这里，理性经济学家可能会争辩说实验的结果对企业管理人员并不适用。他可能会说："在现实世界中，薪酬过高的问题绝对不存在，雇主和董事会都会考虑业绩下降的问题，这些人不会采取无效的激励措施。""说到底，"理性经济学家会坚持认为，"雇主是完全理性的，他们很清楚什么样的激励方式能提高雇员的业绩，而什么方式不能。"[1]

他这样说非常有道理。不错，人们可能对高额奖金的负面作用有直接认识，因此绝对不会有意发放过高奖金。另一方面，就像我们多数人所具有的其他非理性本质一样，我们可能不了解各种力量，包括奖金如何影响我们。

为了检验并找出人们对于高额奖金的直觉，我们把在印度做的实验向斯坦福大学的一大批工商管理研究生做了详细介绍，并要求他们对较低、中等以及非常高的奖金条件下人们的成绩进行预测。因为我们没有告诉这些研究生实验结果，这些"事后预言家"（事情发生后做预测）预测，成绩与奖金水平同步提高，他们这种预测对于较低和中等奖金的激励作用是正确的。但是到了预测高额奖金的效果时，他

---

[1] 我相信那些完全相信企业理性的经济学家除了搞学术以外，没在企业里待过一天。

们的结论与实际情况就大相径庭了，他们全都认为高额奖金一定会导致更好的成绩。

学生们的回答表明，高额奖金的负面效应仅凭人们的直觉是不会自然而然地被认识到的。它还表明薪酬问题需要深入研究和严格验证，不能仅仅依赖直觉推理。不过，企业和董事会能屏弃自己的直觉而采用验证过的数据来决定工资吗？我表示怀疑。事实上，每当我有机会向企业高管陈述我们的实验成果时，我都感到非常惊讶，他们对现行薪酬制度的功效知之甚少，而且对如何改进丝毫不感兴趣。[1]

那些"特别的人"

几年前，那时还没有发生 2008 年金融危机，我应邀给麻省理工学院的一些杰出校友做报告。报告在纽约一家很大的投资公司的多功能会议厅举行。会场里美酒飘香，食品丰盛，凭窗俯瞰景色非常壮观。我和他们谈及我最近从事的研究项目，包括在印度和麻省理工学院做的关于高额奖金的实验。对于高额奖金可能带来负面效应的理论，他们都点头表示同意，直到后来我推测说这些心理效应对在座的各位也适用时，他们才有所回击。很明显，我这样说把他们得罪了。他们一致断言，"高额奖金会对他们的业绩水平产生负面效应"这种理论是十分荒谬的。

我换了一种方式，从听众里找出一位志愿者，让他描述一下年底时公司工作气氛的变化。"到了 11 月和 12 月，"他说，"完成工作

---

[1] 那些坚信自己直觉的人也有他们的道理，因为薪酬与业绩之间的关联确实不容易弄清楚。

的人不多。人们最在意的是奖金，以及发了奖金能买些什么。"面对这个例子，我请当时在座的人都认真地考虑了一下，把问题集中在即将到手的奖金是否会对业绩产生负面影响方面，但是他们对此充耳不闻。也可能是酒喝得太多了，但是我怀疑这些人根本就不想承认他们的奖金可能大大地超过了实际的业绩。（正如多产作家、记者厄普顿·辛克莱尔曾经说过的："如果一个人就是靠不理解某些事情才能挣钱，那么让他理解这些事情是非常困难的。"）

当我把这些实验结果讲给银行经理听的时候，他们的反应倒不那么令我吃惊——他们很显然认为自己与"多数人"不同，因而坚持声称压力能够提高他们的业绩。我看不出他们与别人到底有什么两样，姑且承认他们说得对，然后邀请他们到实验室来，让我们通过实验来搞清楚这个情况吧。但是我们知道银行经理日理万机，薪酬丰厚，把他们请来参加我们的实验实在是强人所难，而且我们也出不起让他们值得一来的奖金。

既然找银行经理不行，我和拉凯利·巴坎（以色列本古里安大学教授）决定设法寻找其他方面的数据，以了解专业要求和薪酬都很高的人在巨大压力下的表现和成绩。我在篮球方面是门外汉，但拉凯利是这方面的专家，她建议我们观察那些"决胜杀手"球员（简称"杀手球员"）——终场哨声响起的同时能把制胜一球投入对方篮筐的篮球明星。杀手球员的薪金比别的球员高很多，人们认为他们在终场前几分钟，甚至几秒钟内（比赛达到关键时刻而球员又感到最大压力时），能够超常发挥。

在杜克大学男子篮球队主教练迈克·谢尔斯基的帮助下，我们找到了一些专业篮球队的教练，请他们挑选出 NBA（美国男子职业篮球联赛）中的"决胜杀手"（对于球员是不是"决胜杀手"，这些教练在很大程度上，意见可以达成一致）。接下来，我们调看了整个赛季最关键的20场球的录像（所谓关键球赛，我们指的是双方胜负比分不超过3分的比赛），以了解了这些杀手球员的全部资料。每一场比赛，我们都详细地统计了上半场最后5分钟（压力相对较小）杀手球员的得分情况。然后把这一数字与下半场最后5分钟（比赛胜负悬于一线），球员压力达到顶峰时的命中数加以比较。同时，我们也计算了其他非杀手球员在同一场球赛中的得分情况。

我们发现，非杀手球员在较小压力和较高压力时段进球数差别不大，但是杀手球员最后5分钟进球数明显更多。看到这里，数据对杀手球员有利——对银行家也同样有利，从事实来看，似乎一些高素质的人能在压力下有更好的表现。

但是，我知道你料定会有一个"但是"，比赛最后5分钟要想多进球有两种方式：提高命中率（这表明水平有明显提高）或者命中率不变，增加投球次数（这表明技术水平没有提高，只不过尝试基数加大而已）。于是，我们分别计算了杀手球员的命中率和投球次数。事实表明，杀手球员的命中率并没有提高，他们只是频繁地增加了投球次数，他们最后5分钟的实战命中百分比也并没有提高。

说到这一点，你可能会认为比赛到了最后时段，杀手球员都被对方紧紧地盯着，他们无法像人们预期中那样更好地发挥。为了弄清是否真的如此，我们计算了对方防守队员犯规和杀手球员的罚球次数。结果和上面说的一样。杀手球员处在对方的严密防守之下，对方防守队员犯规多，他们得到的罚球机会也多，他们罚球时无人阻挡，但命中率也没有提高。当然了，杀手球员都是非常棒的球星，但是我们的分析结果与人们一般的共同信念相反，他们在球赛最后的关键时刻，并没有异乎寻常的表现。

很明显，NBA球员并不是银行经理。NBA对球员的选拔比金融业要严格得多，能有资格进入职业篮球比赛的球员屈指可数，而专业银行经理却多如牛毛。正如我们所看到的，相对于需要认知能力的工作，高额奖金对体力工作更容易产生正面效应。这两种能力NBA球员都需要，但打篮球对体力的要求大于对脑力的要求（起码相对于银行经理是这样）。对银行经理来说，他们的工作对体力要求相对较少，而对脑细胞的要求则很高，让他们表现出"决胜"能力更加困难。还有，既然篮球运动员在压力之下的成绩没有提高，那么，让银行经理在巨大压力下提高业绩则就更是缘木求鱼了。

对巨额奖金的合理性质疑

在纽约皇宫酒店举行的《美国银行家》杂志2004年度颁奖宴会上，一位美国国会议员公开质疑巨额奖金是否合乎情理。马萨诸塞州民主党众议员巴尼·弗兰克，当时是美国金融服务委员会民主党的资深成员（2010年时，他是该委员会主席），他可不是那种请他吃饭，他就能言不由衷奉承你的人。他一上来就开门见山地问道："在座的有不少是开银行的，你们的工资水平已经够高了，为什么还必须拿奖金才肯好好干活儿？"会场里鸦雀无声，没人回答。于是他接着说："本来就是分内的工作，难道我们必须再付钱给你们，你们才去干吗？这个道理我弄不明白。想想你们对普通员工是怎么说的？你们是整个金融系统最重要的人物，身居高

> 位，你们光拿工资还不够，还必须有额外的奖励才能做好工作。"
>
> 你可能已经猜到听他讲完话以后发生的事，或者不发生也罢。第一，没有人回答他的问题；第二，没有人为他起立鼓掌。归根结底，奖金是投资人和股东的钱，这些昂贵的薪酬方案真正效果如何，人们还不是那么清楚。

社会压力下的表现失常

事实上，我们所有人在大多数情况下，都会为一些关系重大的事情奋发努力，即使遭受失败。回想一下你的统考成绩，例如 SAT（美国学术能力评估测试）。你平时的考试成绩与 SAT 成绩有差距吗？如果你和大多数人一样，你平时的考试成绩很可能要更好一些——这说明你一心想考好反而成了压力，你的分数也因此更低。

这一规律同样适用于当众讲话。人们为发表演说做准备，多数人在自己办公室里私下排练时讲得不错，但一站到众人面前，原先的计划就行不通了。我们想打动别人，这个超强的激励因素却使我们的舌头不听使唤。言语恐惧症（glossophobia，害怕当众演说）与蜘蛛恐惧症（arachnophobia），这两个症状的英语单词看上去差不多，给人造成的惧怕感也不相上下，这并不是巧合。

身为教授，我对这种形式的超强激励有着切身体会。刚开始学术生涯的时候，当众讲话对我而言简直就是一种折磨。最初在一个学术会议上给一些教过我的教授做报告时，我紧张得全身发抖，每当我想要拿起激光杆指示投影中图表上的某一行内容时,就发现越紧张就越找不到,小光标在图表上到处游荡。于是,事情变得更糟,我干脆丢下激光杆,凑合着讲下去。经过长时间历练,我的公众演说能力有了提高,现在的我已经不再害怕当众讲话了。

尽管几年来,我在公众演说方面没遇到什么问题,最近却在一个大型会议上当着我很多同事的面(因为巨大的社会压力),把我的发言搞得一团糟。在佛罗里达州奥兰多举行的一次会议上,我和三位同事准备展示我们最近关于适应性的一项研究成果,也就是人们对于新环境的适应过程(你会在第六章读到有关这一问题的更多叙述)。我在这个领域已经进行过一些研究,但我当时没打算讨论我的研究成果,而是要进行一个15分钟的发言,讲一讲我的个人经历,一个年轻人如何逐步适应自己受伤的现实,以及我从这一经历中得到的教训。我把讲话内容练习了几遍,记住了我要讲的要点。这个话题除了比其他学术讲座的内容与我本人的关系更紧密之外,我感到这个报告与近几年我做的其他报告并没有什么区别。到头来,我的计划与现实根本就不是一回事。

讲座开始,我平静地阐明了演说的主旨,但使我恐惧的是,当我叙述到住院的经历时,泪水涌入了我的眼睛,再往下,我就连话都说不出来了。我极力避免直视在座观众的眼睛,在房间里来回走了大约一分钟,尽量使自己平静下来。然后我想接着讲,但还是说不出话来。我又来回走了一阵,再次试着讲,但仍然无济于事,一开口就不由自主地哭了起来。

我很清楚,对着这么多人讲述过去的事,对我的痛苦回忆起了放大作用。于是我决定换一个不带感情色彩的话题,转而讨论我近来的研究工作。这样做很有用,我终于把演讲完成了。但是这件事给我留下了很深的印象,处于压力之下,我无法预测情绪对于我的表现到底有多大影响。

考虑到我在公开演说中出现的问题,我和尼娜、尤里还有乔治又对实验的形式做了改变。这一次,我们想弄清楚在实验条件中加入社会压力的成分,结果会怎么样。

我们付费给 8 个芝加哥大学的学生,让他们解答 13 道题,每一道题包括三组字母,要求把它们分别组成单词。和我们进行的其他实验一样,参与者只有答对了才能拿到钱。举一个例子,把下面三组无意义的字母重新排列,组成有意义的单词(没做完先别看脚注里的答案):

1. SUHOE

答案:＿＿＿＿＿＿＿＿＿

2. TAUDI

答案:＿＿＿＿＿＿＿＿＿

3. GANMAAR

答案:＿＿＿＿＿＿＿＿＿①

每个人有 13 道题,其中有 8 道我们让参与者在办公室的小隔间里单独做。另外 5 道题,我们让参与者逐一站起来,走到房间一端的大黑板前,当着其他参与者的面,在黑板上写出来。当众答题,能否回答正确显得很重要,答对了,不仅可以拿到奖金(这一点与单独做相同),同时还会当众收获社会奖赏——受到同伴们的羡慕(或者当众出丑)。他们是在公共场合(成绩好坏尤其重要)答对的题多呢,

---

① 答案分别是:HOUSE(房子),AUDIT(审计),还有 ANAGRAM(由颠倒字母顺序而构成的字)。

还是单独在小隔间里，在没有社会激励因素的条件下的成绩更好？你可能猜到了，参与者们在小隔间里独自答题的正确率大约是当众答题的两倍。

集中营幸存者、心理学家维克多·弗兰克尔描述了一个有关社会压力使人窒息的例子。在《追寻生命的意义》(*Man's Search for Meaning*)一书中，弗兰克尔描写了一个病人，有口吃的毛病，无论他怎样努力，就是改不掉这个毛病。这个倒霉蛋唯一一次说话没有出现口吃是他12岁那年，有一次他乘电车逃票被售票员抓住。他想用说话口吃的毛病引起售票员的同情心，把他放了。他想结巴地说话——但是，原来他说话口吃不需要激励因素，现在突然有了激励因素，他反而不口吃了！另一个相关的例子，弗兰克尔描述了一个害怕出汗的病人："一旦他预料到自己马上要出汗，这种先期出现的焦虑就足以导致他出更多汗。"换句话说，这个病人害怕出汗，拼命阻止出汗成为强烈的社会动因，反而导致他出汗更多，在经济学上，这种现象被称作效能降低。

如果你还觉得不清楚，我可以告诉你，社会压力窒息现象不仅限于人类。人们对多种动物也进行过类似实验，包括大家讨厌的蟑螂，它在一项有趣的实验里成了"明星"。1969年，罗伯特·扎乔克、亚历山大·海因高德纳，还有爱德华·赫尔曼想比较蟑螂在两种条件下完成不同任务的速度（一种是单独行动，另一种是有"观众"，即有另一只蟑螂在场）。在"社会"状态下，两只蟑螂可以透过有机玻璃窗看到对方，闻到彼此的气味，但是不会直接碰到对方。

蟑螂的任务之一相对简单：沿着一条笔直的通道向前跑。另一个任务难一些，让蟑螂穿过比较复杂的迷宫通道。结果与你猜测的一样

（假如你能对蟑螂进行猜测的话），在有另一只同伴在场的情况下，蟑螂沿着笔直通道跑的速度更快。有另一只蟑螂在场的情况加强了激励因素，实验蟑螂表现得更好。但是，在比较复杂的迷宫通道里，同样是在有同伴在场的情况下，即使实验蟑螂费尽力气地挣扎前进也远远赶不上独自穿越时的速度。

我并不认为了解社会压力窒息现象会让你喜欢上蟑螂，但它确实说明了自我表现的强烈激励可能引起相反作用（它同时指出了人类与蟑螂的某些重要相似之处）。事实证明，引发自我表现的过度激励可能来自电击、高额薪酬或者社会压力，在所有的状况下，人类与非人类在事关根本利益力求超常表现时的实际表现似乎都比没有压力时表现得差。

金钱的压力与心无旁骛的剑侠

这些实验成果向我们揭示出想弄清楚激励的最理想作用水平并不容易。如果考虑到每个人处理压力的具体能力、任务的难易程度、不同的学习效果等，问题就会变得更加复杂。我确实认为亚尔克斯和多德森最初提出的倒 U 形在一般情况下是正确的，但影响表现结果的还有其他力量。这包括任务的特质（任务的难易程度），人类的个体特点（最终结果在个人心目中的重要程度，比如是否容易紧张），还有相关人对该任务经验的特点（在该任务上有多少经验，或者得心应手的程度）。从正反两方面来看，我们有两个发现：一个是激励人的最佳机制非常难以建立，另一个是加强激励并不一定导致最佳的成绩和表现。

我想明确指出，我们的研究成果并不意味着我们应该停止向人们的工作和贡献支付报酬，但它确实意味着我们支付报酬的方式可能会导致我们想不到的严重后果。企业的人力资源部设计薪酬方案，一般有两个目标：吸引合格的人才，激励他们发挥最大效力。这两个目标都很重要，而且工资（还有福利、自豪感、工作的意义等——这些问题我们在以后的章节要进行讨论）对实现这两个目标起着重要作用，这一点毋庸置疑。问题在于人们获得薪酬的方式，其中某一些，例如高额奖金能够造成压力，因为它使人过度关注报酬，反而降低了工作的能力和业绩。

我们来做个思考实验，让你从直觉上感受一下高额工资是如何改变你的行为，影响你的表现能力的。如果我出一大笔钱，比如说10万美元，请你用72个小时给我的研究项目出一个非常有创意的点子，结果会怎么样？你会采取什么打破常规的做法？你可能会停下一些日常活动对时间另做安排。你不再为电子邮件操心，你会上网查阅Facebook（脸书），你会把休闲杂志放到一边。你可能会多喝咖啡提神，熬到深夜，甚至通宵在办公室里奋战（我经常这样）。这就是说，你在努力延长工作时间，但是你做的上述一切真的会提高你的创新能力吗？

现在，暂且不说你夜以继日工作的这个行为，我们先来考虑一下在这利益攸关的72个小时里，你是怎样进行思考的。你会怎样提高自己的创新能力和工作效率？把眼睛闭得紧一些？成功已经在望？不停地使劲咬嘴唇？深呼吸？苦思冥想？你会更容易捕捉到一闪而过的思想火花吗？你打字的速度会提高吗？思考得更深入？上述一切真的会提高你的表现能力，带来更好的成绩吗？

这只不过是个思考实验而已,我只是希望通过它来说明,一大笔钱很可能使你尽力延长工作时间(高额报酬对简单机械工作的作用非常大),但不大可能提高创造力。实际上,这有可能适得其反,因为金钱激励对于头脑创造力所起的作用不是单一的和不变的。我们在多大程度上(特别是在巨大压力之下竭力争取最好成绩的状态),能够直接控制自己的思维活动,直到现在还没有搞清楚。

我们再假想你需要进行一个复杂的,而且性命攸关的手术。你认为给你的手术人员一笔天价奖金就可以让他们做到最好?你真的想让主刀医生和麻醉师一边做手术一边盘算拿到奖金后如何买一艘游艇吗?这样做确实会激励他们拿奖金,但是你能保证他们的手术质量吗?难道你不想让他们集中精力、全心全意地做好手头的工作吗?如果处于被心理学家米哈里·契克森米哈赖称作"心无旁骛,得心应手"的状态下,手术人员会有多么高的效率?我不知道你会怎么样,但是医生的工作需要开动脑筋、集中精力,具有认知能力,不论哪一天,当我需要医生的时候,我都希望他处在"心无旁骛"的状态下。

隐藏在小决策和大决策背后的非理性

总的来说,人们喜欢我进行以实验室为平台的实验。这些实验多数只关系到短时间内利害关系相对较小的简单决策。因为传统经济学家一般不喜欢我们从实验室里得出的答案,他们经常抱怨说我们的实验结果在现实世界里行不通。他们说:"如果是重大决策,利益攸关,一切都会改变,人们会竭尽全力。"但对我而言,这就好像是在说人们只要来到急诊就能接受最好的治疗一样,因为那里做出的一切决策通常都是生死攸关的。我觉得没有多少人会认为事实果真如此。如果缺乏经得起验证的正反两方面证据,那么存在这种批评就是有道理的。对一切实验结果持健康的怀疑主义是有益的,包括那些在实验室里进行的相对简单的实验。尽管如此,我还是不太明白,构成我们简单决策和行为的心理机制与那些构成复杂重要的决策和行为的心理机制,到底有什么不同。

注意力是把双刃剑

1995年上映的《剑侠风流》是由肖恩·康纳利和李察·基尔主演的一部不错的电影。电影展示了如何对待激励是影响表现的一种极端方式,起码在影片中是如此。李察·基尔扮演的角色兰斯洛爵士是个武艺高强,靠决斗抵债的浪荡剑客。影片开头,他在村子里开了家小剑术馆,村民付钱和他比剑,以衡量自己剑术的高低,兰斯洛则用生动幽默的语言指导他们提高剑术。一次,兰斯洛说,周围的人中肯定有人比他强,并问那个人是否愿意站出来和他比剑,他把袋子里的金币摇得叮当作响,声称谁赢了他,金币就归谁。

最后,一个金发的大块头马克站出来向他挑战。他们开始激战,但不一会儿,兰斯洛就把马克的剑打掉了。马克感到疑惑,问兰斯洛是怎样打败他的,是否耍了什么花招?兰斯洛笑着说,他一向就是这样打的,没使用什么花招(不过,他用的是心理上的招数,我们后面会看到)。马克向兰斯洛请教剑术,兰斯洛停了一会儿才教他。兰斯洛向马克传授了三条秘诀。第一,仔细观察

> 对手，注意他的动作和思路。第二，在相持中等待关键时刻，果断出手。马克一边听一边高兴地点头，当然，这两点他都能学会。但是，兰斯洛的第三条秘诀他却听不太懂。他对心情急切的学生说，必须把生死置之度外。马克盯着老师的脸，惊呆了。兰斯洛凄然一笑，就像欧洲中世纪的牛仔一样迎着落日走去。
>
> 根据这一点来判断，兰斯洛似乎天下无敌，因为他可以人为地把环境压力降低到零。他只要能做到不在乎生死，那就没有什么能影响他能力的发挥。他只要不担心战斗结束后自己是否还能活着，就没有任何东西能干扰他的头脑，影响他的能力——他就能百分之百地集中精力，随机应变。

从这一角度出发，本章里展示的实验结果显示，我们非理性行为倾向的不良方式可能随着决策的重要程度而加强。以我们在印度进行的实验为例，当奖金相对较低时，参与者们的表现与传统经济学理论的预测相同。但是当实验条件变得重要，奖金达到最高水平时，他们的行为就与传统经济学理论所预测的不一样了。

上述内容是不是说有时人们越努力，实际行为就越不理性？如果是这样，怎样才能正确发放报酬，而不会给人们增加压力？解决办法之一是保持较低奖金——这样做，我碰到的那些银行经理可能不喜欢。另一个办法是对雇员实行单纯薪金制，但这样做也可能产生不利的影响，一方面会消除过度激励的后果，另一方面也失掉了业绩与薪酬挂钩的某些好处。更好的办法是既保持业绩与薪酬挂钩制度的激励成分，又去掉它某些可能影响生产率的压力。要做到这一点，我们可以采取折中做法，比如每次发给雇员的奖金少一些，但发放次数多一些。另一种折中做法是按照某一段时间的平均值——比如，过去 5 年的平均值，而不是仅仅按上一年度的水平确定奖金。这样做，雇员们在第 5 年就能预先知道他们将得到 80% 的奖金（按照前 4 年的水平计算），这样，前一年的业绩对奖金的直接影响就小得多了。

无论用哪一种方式提高业绩，都必须更好地了解薪酬与业绩的关联性，考虑到我们的怪癖和非理性特质，这一点我们必须明白。

我谨将本章献给在银行工作的各位朋友，他们反复地"欣然"聆听我关于他们薪金的意见，而且仍然愿意和我继续交谈。

第二章

工作的意义
我们可以从乐高游戏中学到什么?

最近有一次从加利福尼亚州乘飞机出差,我身边坐的是一个30多岁的男子,看样子是位专业人士。我坐下来以后,他朝我笑了笑,我们的共同话题就是抱怨飞机上的座位越来越小,乘飞机越来越不舒服等。我们都检查了自己苹果智能手机上的邮件,然后关闭了手机电源。飞机进入正常飞行状态后,我们开始闲聊起来。交谈是这样进行的:

他:你觉得苹果手机好用吗?

我:挺方便的,不过也有问题,有了它我老是想查邮件,甚至在等红灯、坐电梯时都忍不住要去看手机。

他:你说得不错,自从有了它,我花在邮件上的时间比过去多得多了。

我:新科技产品为的是提高生产率,但我在用上这些东西以后,工作效率是高了还是低了,还真说不清楚。

他:你是做什么工作的?

我在飞机上和邻座的人闲聊时,常常是还没有互通姓名也没谈及各自的生活状况,就会先互相询问对方的职业或者主动介绍自己是干什么的。可能在美国,这一现象比其他地方更为普遍,但是根据我在各地对旅客们的观察，起码对互相交谈的那些人而言，他们首先谈及的往往都是自己从事的职业，而不是业余爱好、亲人，或者政治立场和意识形态。

邻座旅客告诉了我他的职业，他是思爱普公司的销售经理，这是一家大型商用办公管理软件公司，其产品被很多公司使用（我对这种软件产品有所了解，自从麻省理工学院改用这种软件系统后，我的助手便不得不从头学起，搞得焦头烂额）。我对讨论思爱普公司产品的优越性以及它所引起的质疑不太感兴趣，但邻座人的热情使我感动。他似乎真的很热爱他的工作。我能感觉到，工作对他来说就是自我价值的中心，或者说，比他生活中的很多东西都更重要。

从直观层面上看，多数人都了解自我价值与工作之间的深刻联系。孩子们在谈及理想时往往会说将来要干什么（消防队员、老师、医生、行为经济学家，或者你小时候还想过干什么），而不是说要挣多少钱。在美国成年人之间，"你从事什么职业"已经成为初次见面时的问候语，取代了过时的"您好"，也就是说，我们的职业已经成为个人识别标记中不可缺少的组成部分，而不像从前那样，仅仅是安家谋生，养家糊口的手段。很多人，起码我在飞机上交谈过的那些，似乎都对自己的工作感到自豪，并从中感悟到了人生的意义。

与上面说的劳动和自我价值关系相对照，传统经济学关于劳动的模式总体上是把员工与迷宫里的白鼠同等对待：假定工作是痛苦的，所有白鼠（人）都不得不用劳动换取食物，但都想干的活儿越少越好，吃饱肚子以后的闲暇时间越长越好。但是，如果劳动能给我们带来生活的意义，人们需要工作，这又说明了什么？生产力与工作积极性、人生意义之间到底有什么关系？

找到工作的意义

2005年，我正在麻省理工学院的办公室里处理一篇论文评论，有人敲门。我抬头一看，是一张熟悉的年轻面孔，面容微胖，棕色头发，下巴上的山羊胡子显得有点儿滑稽。我觉得面熟，但一时记不起来什么时候见过他，于是我就客气地请他进来。过了一会儿，我想起来了，他叫戴维，几年前听过我的课，是个善于思考且很有独立见解的学生。再次见到他，我很高兴。

我们坐下来，每人手中端一杯咖啡，我问戴维这次回麻省理工学院是做什么的。"我回来招聘。"他说，"我们需要新鲜血液。"戴维接着和我讲了他毕业这几年的经历。他在纽约一家投资银行找到了一份令人兴奋的工作。他的工资很高，还享受各种各样的福利，连衣服都有专人洗，他非常喜欢繁华喧嚷的大都市生活。他交了个女朋友，根据他的描述，她似乎是神力女超人和玛莎·斯图尔特的结合体，虽然他承认他们才刚交往两个星期。

"我还想告诉你，"他说，"我遇到一件事，这让我想起了你给我们上的行为经济学课。"

他接着讲了那年早些时候，他是如何花10个星期用PowerPoint（演示文稿）软件为公司的并购案准备了一份提案文件。他花费了很多心血分析各种数据，连图表的波纹线一类细节都处理得非常美观，并对文件中的投影幻灯图片做了精心选择，他经常在办公室忙到下半夜，对提案进行完善和润色。（在微软的PowerPoint发明之前，银行家和咨询师是怎么干活儿的呢？）他非常得意地把最后一稿提案文件用电子邮件发给老板，老板计划把它拿到那个至关重要的并购会议上进行正式陈述展示。(当时,戴维在公司里的级别还太低,没有资格参加这个会议。)

过了几个小时,老板给他回了封邮件。"抱歉,戴维,我们昨天刚接到通知,并购案取消了。不过你的提案我看过了,写得非常深刻而且很有文采,的确很不错。"戴维知道他准备的提案已经胎死腹中,永远不会面世了,但这和老板以及他本人都没有关系。他知道自己的提案文件是得意之作,因为他们老板从不轻易表扬人。尽管得到老板的肯定,但他还是难以释怀。他呕心沥血的杰作无果而终,这让他对工作产生了深深的厌倦。突然间,他对自己辛勤投入了这么长时间的项目失去了热情。他还发现自己对手头的其他项目也不像过去那样热心了。事实上,这一"徒劳无果"的经历似乎改变了戴维对自己工作的根本看法和对银行的态度。他原来因为自己的工作而感到幸福,觉得有价值,现在却变得耿耿于怀,感到自己的努力都是徒劳白费的。

"你知道我为什么感到别扭吗?"戴维说,"我费心费力,完成了一个高质量的项目,很明显,老板对我和我的工作感到满意。我相信我在这个项目中的努力会得到公司的好评,年底还可能加薪。从现实观点出发,我应该高兴。尽管这样,我还是觉得毫无意义,而且无法摆脱这种情绪。如果我手头正在进行的项目到了实施的前一天也被取消了,我的努力再次付诸东流,那我到时该怎么办?"

他接着建议我做个思考实验。"我们假想,"他低声说,声音有点儿忧伤,"你在为某个公司工作,你的任务就是用 PowerPoint 制作幻灯片。你每完成一套,就有人给你移走、删除。在这段时间里,你拿着很高的工资,还能享受很多的福利,甚至还有人给你洗衣服,但是,你在这样的单位工作会感到幸福吗?"

我为戴维感到难过,想安慰他一下,就给他讲了德芙拉的故事。德芙拉是我的朋友,她在一所名牌大学的出版社当编辑。她最近刚编辑完一本历史书——她非常喜欢这项工作,而且是有稿费的。她把最后一稿交给出版社,三个星期以后,出版社通知她这本书不出了。这和戴维的情况一样,从经济角度看,她没有任何损失,但是这本书永远不会被读者捧在手中,想到这一点,德芙拉就感到自己花在这本书上的时间和精力都太可惜了。我想告诉戴维,有这样遭遇的人不只他一个。戴维沉默了一会儿,然后说:"你知道吗?这个问题可能有更重要的意义,可以称作无结果或者无回报的工作,你应该研究一下。"

这个主意太妙了,你往下读很快会知道我是怎么做的。不过在这之前,我先卖个小关子,带着你探讨一下鹦鹉、老鼠,还有"反寄生"倾向的问题。

为食物而工作

我16岁时加入了以色列国民自卫军,学习使用第二次世界大战时期苏式卡宾枪、设置路障,以及其他的实战技能。一旦成年男子都上了前线,我们这些青少年就要担负起保卫家园的责任。事实上,学习射击给我带来的最大好处是可以不时有借口不去上课。那时在以色列,职业高中组织野营,都要求会打枪的学生参加并且担任警卫。这给了我们这些会打枪的学生一个特权,可以因此请几天假,跟着出去徒步旅行,游山玩水。因此,只要有机会,我就报名参加,哪怕缺席考试我也要去。①

有一次，在这样的野营中我遇到一个女孩，野营结束时我已经喜欢上了她。只可惜她比我低一级，我们的课程安排不一样，我没法经常见到她，不知道她是否也对我有好感。于是，我与同龄的所有平凡男孩一样，设法打听到了她的一门选修课，然后也报名参加。

离我们住的镇子大约两公里的地方住着一个人，我们叫他"养鸟人"。童年时代，他孤苦伶仃地生活在东欧，经历了纳粹的大屠杀。为了躲避纳粹的迫害，他逃进森林，与鸟兽为伴，反而觉得更安全、舒心。后来，他经历千辛万苦来到以色列，决心尽自己最大的努力，让周围孩子的童年更加美好，不用再像他当年那样受苦。他收集世界各地各种各样的鸟类，请孩子们来体验美妙的鸟类世界。我喜欢的那个女孩经常到养鸟人的禽舍做义工，于是我也和她一起去打扫鸟笼，给鸟喂食，给参观者讲述鸟类的故事，最有意思的是，看着鸟儿孵蛋、成长，了解它们之间怎样交流。过了几个月，我终于明白，我和那个女孩不会有什么进展，但我和鸟儿却有了感情，于是我又在那里继续工作了一段时间。

几年以后，我出院了，也决定给自己买一只鹦鹉。我选了一只体形稍大一点儿的，非常聪明的亚马逊鹦鹉，并给它起了个名字叫让·保罗②。它长得很漂亮，羽毛几乎都是绿色的，只有翅根部位有点儿淡蓝色、黄色和红色羽毛，我们相处得很愉快。让·保罗很喜欢说话，无论谁走到笼子跟前，它都设法挑逗卖弄，吸引人和它玩。只要我一走近笼子，它就会马上靠过来，低下头，把脖子露给我，我一面

---

① 现在挑选的警卫都是年龄较大，更加成熟的人。
② 我也说不清当时为什么要给雌性鹦鹉起个法国男人的名字。

用手指轻轻地梳理它脖子上的羽毛，一边像哄小孩那样哄它说话。我洗澡时，它总是爱跟着我飞进洗澡间，我把水花溅到它的身上，它便会高兴地抖抖羽毛。让·保罗非常喜欢和人交往。如果让它独自在笼子里待得太久，它就会用嘴啄自己的羽毛，每当它感到无聊时就会有这类举动。我发现，鹦鹉特别需要经常进行一些脑力活动，于是我买了几种玩具专门供它玩，帮它解闷儿。其中有一个游戏叫"寻找美食"，由不同颜色的木块组成，一层比一层小，好像金字塔的形状。木块中间用绳子连起来。每一层上都有数目不等、一厘米深的"美食洞"，里面可以藏鹦鹉喜欢的食物。要想找到好吃的，让·保罗就必须掀开木块才能发现小洞，这对于鹦鹉来说并不容易。在以后的几年里，"寻找美食"和其他的类似游戏一直伴随着让·保罗，逗它开心，使它好奇，让它在这个环境里过得更有意思。

那时我并不知道，"寻找美食"游戏的背后有一个意义重大的原理。"反寄生"——这个术语是动物心理学家格伦·詹森创造的，指的是他发现的一种现象，即动物更愿意自己去寻找食物，而不愿意吃身边盘子里放着的、现成的相同食物。

为了更好地理解劳动换取食物的愉悦，让我们一起回到詹森20世纪60年代第一次关于成年白鼠劳动嗜好的实验。我们假想你是参加詹森实验的白鼠，你和你的啮齿类朋友在笼子里生活了10天，每个笼子里的白鼠（生活条件与你们的正常状态差不多）每天中午12点（你不知道究竟是几点钟，但还是慢慢学会了时间的概念）都会从一个很和气的、穿白大褂的人那里准时获得10克很好吃的实验室饼干。几天后，你便习惯了每天中午期待着食物到来，每当穿白大褂的人快出现的时候，你的肚子就会咕噜咕噜作响——詹森正是要把你们带进这种状态。

一旦适应了每天中午 12 点吃饼干的行为模式,事情马上就变了。有一天,到了你最饿的时候,那个人不来了,一直过了一个小时,他才出现,把你从笼子里取出,再放进一个"斯金纳箱"里。你简直饿坏了。这个箱子是著名心理学家伯尔赫斯·弗雷德里克·斯金纳发明的,所以他的名字也就成了箱子的名字。箱子并没有什么特别(和你住过的那个差不多),但有两个地方不同,你还不知道。一是它装有一个喂食器,每隔 30 秒就会投放一次食物。太妙了!另外就是它有一根撬杆,不知为什么放了块白铁片,好像是个暗门,把它给挡住了。

开始,你对撬杆不感兴趣,但是喂食器真是太吸引你了,你几乎一直待在它的旁边。它过一会儿就会投放一次吃的,一直到你吃完 50 个小饭团。然后又把你放回原来的笼子,再把你那一天食物不足 10 克的部分补发给你。

第二天,午饭时间过了,这个人仍然没给你喂食,下午一点过后,他又把你放进了斯金纳箱。你不但很饿而且很难受,因为这一次,喂食器不投放食物了。怎么办?你在箱子里转来转去,突然发现那块小白铁片不见了,露出下面的撬杆。你不经意地按了一下,喂食器马上投下一个饭团。太妙了。你又按了一下。啊,天哪!又出来一个饭团。你按了一下又一下,吃得兴高采烈,但是忽然灯灭了,同时喂食器也不再投放饭团了。你很快就懂得,只要灯一灭,无论你怎么按动撬杆,也按不出吃的来了。

就在这时,穿白大褂的人打开箱子顶部,放进来一个小白铁桶。你连看都不看,只希望撬杆赶快恢复正常,能按出吃的来。你按了又按,但是仍旧没有动静。只要灯不亮,按撬杆就一点儿用处也没有。你在箱子里四处转,一边低声诅咒着走到小桶旁边。"喔,天哪!"你自言自语,"里面全是饭团,得来全不费工夫!"正在你开怀大嚼的时候,灯一下子亮了。这时你意识到你有两种选择。你可以继续吃桶里的饭团,也可以回去按撬杆从喂食器里得到吃的。

你如果是这只白鼠,你该怎么办?

假定你和詹森进行实验的那 200 只白鼠中的 199 只一样,你就不会在小桶里一直吃到底。或早或晚,你终究还是会回去按撬杆找吃的。如果你和 44% 的白鼠一样,你就会按更多次撬杆,从喂食器那里获取超过食量 1/2 的饭团。还有,一旦你开始按撬杆,就不会轻易回到小桶旁边,尽管桶里满是现成的食物。

詹森发现(随后的许多实验也证实了)很多动物,包括鱼类、鸟类、沙鼠、家鼠、田鼠、猴子,以及猩猩,通常更愿意通过长时间、非直接的途径获得食物,而不愿意通过短时间、直接的方式来获得食物[①](事实上,参与实验的各种动物中唯一喜欢不劳而食的,你可能会猜到,是猫)。这就是说,只要不是难度太大,鱼类、鸟类、沙鼠、家鼠、田鼠、猴子以及猩猩等,通常愿意通过劳动获取食物。

上述内容再次把我们带回让·保罗那里。如果它是只经济上理性的鸟,并且只愿意少出力多得到食物,它就会直接从它的笼子里的食物盘里找食吃,根本不会去理会"寻找美食"游戏。而事实刚好相反,它一连几个小时地玩"寻找美食"游戏,因为游戏给了它一种有意义的方式,既能得到好吃的东西又打发了时间。它不仅非常高兴,

---

① 作为一名家长,这里说的应该能够对我们如何让孩子吃饭有所启发,不过实际效果怎样,我还说不准。

还学到了本领，从某种意义上，可以说是"挣饭"养活自己。①

传统经济学的基本观点是一切生物都力图用最小的努力追求最大的奖赏，"反寄生"的概念与此相左（唯一值得一提的理性动物似乎是猫）。根据传统经济学观点，一切花费，包括能量，都应视为成本，这样说来，鱼类、鸟类、沙鼠、家鼠、田鼠、猴子以及猩猩等的表现，就都是毫无道理的。它们既然可以不费力气地得到同样，甚至更多的食物，为什么还要工作（觅食）呢？

我把"反寄生"现象讲给一位理性经济学界的朋友（不错，我还有几个这样的朋友）听，他立即向我解释詹森的实验结果实际上与传统经济学理论并不矛盾。他耐心地向我讲解为什么詹森的实验与经济学问题无关。"你看，"他说，就像对小孩子说话一样，"经济学理论研究的是人类的行为，而不是老鼠或者鹦鹉的行为。老鼠的大脑很小，几乎不存在新皮层②，因此毫不奇怪，这些动物意识不到它们可以白白得到食物。它们弄不清楚。"

"不管怎么说，"他接着说，"我确信如果找正常人来重新进行詹森的实验，你就不会发现这种'反寄生'效果。我百分之百地肯定，如果你用经济学家来进行实验，就会看到他们绝对不会白出一点儿力气！"

最后一句他算说对了。我一方面感觉，把我们关于动物的研究结果代入人类与工作的关系之中是可行的，另一方面，我也明白，对成年人的"反寄生"现象进行实验同样是可行的（我还明白，我们无法

---

① 我做烹调实验时也和让·保罗一样。实事求是地说，从任何一家饭店买的菜都比我做的强，但我觉得自己动手做菜确实更有意义，心情更愉快。

② 新大脑皮层是大脑进化的最新部分，是人类大脑与其他哺乳动物最本质的区别之一。

拿经济学家进行这一实验。归根结底,我们无法把对经济学家的实验结果放到非经济学家身上)。

你怎样认为?人类总的来看是会表现出"反寄生"的特点,还是更加理性?你呢?

"意义"的激励作用不可小觑

戴维走了以后,我开始思考他和德芙拉的失望现象。工作成果是否有机会被人们看到和欣赏(即激励),对他们的积极性有着巨大的影响。我想弄明白,除了薪金,还有什么东西能赋予工作意义?是集中参与产生的微小满足吗?事实上,我们和让·保罗一样,不管从事什么工作都能较好地完成,即使有困难。我们喜欢的或许就是这种挑战的感觉(这种感觉产生的意义比较小,可以称作一般的意义)?或者只有重大的事情才会使我们觉得有意义,我们可能希望别人,特别是我们比较看重的人,能对我们的努力成果给予高度评价?可能我们需要幻想我们的工作将来某一天会影响很多人,它会在更广阔的环境里具有价值(我们是否可以将它称作重要意义,或者意义)?这些因素非常可能存在。但是从根本上说,我认为即使普通意义也足以刺激我们的行为。只要事关自我形象,就能够激励我们付出更多的努力。

我们举一个写作的例子:很久以前,我写学术论文是为了晋升。但我也希望,现在仍然希望,我的论文能在世界上产生一定影响。如果我在写论文时就知道根本不会有人看,我还会费神费力地写吗?(阅读学术论文的人确实不多,但教授总是希望除了学生外,还会有其他人读。)如果我明明知道这本书根本没有人读,那会怎么样呢?

我还会写它吗?

我是真的非常喜欢自己所从事的研究工作,我认为它非常有意思。亲爱的读者,一提及我这 20 多年的研究生活,我就感到非常兴奋。我肯定,我的母亲一定会阅读这本书①,但我还是希望至少另外一些人也会想要读它。不过,要是我明知道不会有人读,会怎么样?如果克莱尔·瓦赫特尔(哈珀-柯林斯出版社负责我这本书的编辑)决定把我的这本书塞进抽屉,不出版了,然后把稿费付给我,会怎么样?我还会在灯下忙到深夜,赶着写这一章吗?绝不可能。生活中我做的很多事情,包括写博客、写文章,还有你正在读的这本书,都受到自我激励的驱动,它把我的努力与某种意义联系在一起,我希望读者能从我的字里行间找到它。没有读者,我不可能有目前这样的工作积极性。

博客的魅力

现在我们来看博客。博客的数量实在惊人,好像人人都有博客或者都打算开博客。为什么博客会这么流行?不仅是因为很多人有写作的欲望,毕竟,早在博客出现之前人们就在写作了。但是博客与其他形式的写作相比有两大显著的特点。第一,人们有了一种希望或者错觉,一个人的博客总会有人看到。通常来说,只要博主点击"发表",世界上所有的人就都能看到,那么多的人都在网上,总有人,起码有几个人,会不经意地点开这篇博客。

---

① 我很清楚地记得,有一次母亲主动当听众,让我试讲主客观可能性的问题。结果我刚讲了 10 分钟,她就已经进入梦乡,真是令我灰心。

> 的确,博客的"点击率"在博客世界是个巨大的激励因素,因为博主可以确切地看到有多少人读了他的帖子。博客还让读者能够发表意见和提出评论,使博主有了确切的读者,使读者成为作者,双方都感到满足。多数博文的阅读量都很少,可能只有博主的母亲或者最好的朋友才会读,但即使只有一个读者,与根本没人看相比,似乎也能促使千千万万的人写博客。

组装生化勇士

和戴维见面的几个星期后,我和埃米尔·卡梅尼查(芝加哥大学教授),还有卓瑞森·普雷勒克(麻省理工学院教授)在学校附近的咖啡馆见面。我们讨论了几个项目的可行性,最后决定研究工作积极性减退的问题。我们原本可以探讨更具重要意义的研究,比如说测试从事癌症的治疗、帮助穷人、建造桥梁,以及其他担负人类存亡重要任务的人对自己工作意义的评价。但是,我们还是决定(可能我们都是大学教授的缘故)按照普通意义的效应(我所认为的日常生活与工作中的常见现象)来设计我们的实验方案。我们想探讨较小的变化是如何对工作人员,例如银行经理戴维和编辑德芙拉的工作欲望产生影响的。我们想到一个主意,用一件本来意义就不大的工作进行实验,通过逐步降低该工作的意义来检测人们的反应。

波士顿的这一天并没有什么特别,一个叫乔的机械工程专业高个子学生来到哈佛大学的学生会。他的脸上长了不少青春痘,但这掩盖不住他意气风发的神情。很多人挤在布告栏前面，上面贴着各种宣传单——音乐会、讲座、政治活动，以及房屋合租信息等，乔的眼光落到一张告示上："有偿装配乐高玩具！"

乔生来就有志于从事工程机械行业，酷爱设计制造。他对任何动手装配的东西都感兴趣，他的童年与乐高玩具相伴始终。6岁那年，他就拆开了父亲的电脑，过了一年，他又把起居室里的立体声音响"大卸八块"。到了15岁，他随意拆装的嗜好已经给家里造成了几千美元的损失。幸运的是，他读大学时为自己的热情找到了发挥的途径，现在终于有了机会，可以尽情地装配乐高玩具，而且还能挣钱。

几天以后，乔按照约好的时间，来到我们进行实验的地方。而且很巧，他被分派进"有意义"的那一组。乔一走进房间，助理研究员肖恩就上前与他打招呼，把他带到一把椅子旁边，给他讲解工作的程序。肖恩先拿一个乐高生化勇士给乔看，对他说他的任务就是装配与此完全相同的玩具——小机器人战士，它由40个部件组成，必须严格按规定组装。然后，肖恩向乔讲解了薪酬的规则。"薪酬的基本规定，"肖恩说，"就是你的计件工资单价随装配数量递减。你装配的第一个机器人，工资是2美元。第一个装完了，我会问你是否愿意装下一个，第二个要减少11美分，你能拿到1.89美元。如果你同意，我就让你装第二个。以此类推，你每多装一个，工资就会减少11美分，一直装到你不想干了为止。这时我们会计算你一共装了多少个机器人，按上面说的规定，付给你应得的工资。时间上没有限制，你可以一直干到认为不合算为止。"

乔点点头，想马上动手干。"最后，还有一件事。"肖恩预先声明，"这些玩具部件供所有参与者使用，因此，在你工作的过程中，我可能会把你装好的机器人拆掉，放回零件盒，重新拿给下一个参与者使用。你都听明白了吗？"

乔很快打开第一个装着塑料部件的盒子，浏览了一遍安装说明书，开始装配第一个生化勇士。很显然，他喜欢手里的工作，看着一个个的部件在自己手中逐步成为形状奇特的机器人。装好了第一个，乔把机器人调到战斗的姿势，向肖恩要下一个。肖恩提醒他第二个机器人的工资（1.89美元），并把第二个盛着部件的盒子拿给他。乔开始装配第二个乐高战士，肖恩则把乔刚装好的机器人放进桌子下面的一个盒子里，准备拆掉给下一个参与者使用。

乔好像在担负一项使命，他一个接一个不停地装配乐高战士，肖恩则把它们一个一个地放进桌子下的盒子里。装完10个以后，乔对肖恩说他已经完成任务，领到了应得的15.05美元。乔离开之前，肖恩请他回答了几个问题：他对乐高玩具总的评价怎样，是否喜欢刚才的装配工作。乔回答说他是个乐高玩具的爱好者，也非常喜欢刚才的工作，他还准备把这项工作推荐给自己的朋友们。

下一个来的是一个叫乍得的年轻人，精力充沛，或者说有些过度兴奋，是个医学预科生。和乔不同，乍得被分在我们内部喜欢称作"西西弗斯"（徒劳无功）的一组。我们想集中观察的就是这一组。

西西弗斯的秘密

"西西弗斯"这个词语源自希腊神话中西西弗斯国王的故事，他因为贪欲和欺骗受到众神的惩罚。西西弗斯不但杀害行人和旅客，诱奸自己的侄女，篡夺哥哥的王位，甚至还捉弄众神。

西西弗斯临终以前,知道自己肯定会下地狱,便偷偷地嘱咐妻子让她答应不举行丧礼安葬他的遗体。到了冥界以后,他又说动好心的冥后帕尔塞福涅,允许他回人间一趟,责问妻子为什么不尽妇道地安葬他的遗体。帕尔塞福涅当然不知道不举办丧礼正是西西弗斯一手安排的,就同意了他的请求,西西弗斯诡计得逞,离开冥界一去不回。但是他最终还是被抓了回来,众神震怒,决定严加惩处,罚他在有生之年,把一块巨石从陡峭的山坡推到山顶,这本身是一项非常艰巨的苦差事。他每次快把石头推到山顶时,巨石就会掉下来,于是他又不得不从头再来。

当然,我们的参与者没犯什么错误,不应该受到惩罚,我们不过是用这个词语指代他们中间那些运气较差的人,因为他们被分到了实验条件比较差的一组。

第二章 工作的意义

肖恩给乍得讲解了实验的要求和酬劳的计算方式，内容与他对乔说的完全一样。乍得抓起了一个盒子，把它打开，拿出乐高勇士装配说明书，从头到尾仔细地阅读了一遍，然后决定动手。他先把不同部件分门别类放好，需要哪一件就可以顺手拿到。然后他开始装配，装完一部分再很快地装另一部分。他干得非常轻松，神情愉快，没过几分钟就完成了第一个乐高勇士的装配工作，并按规定交给了肖恩。"这一个是2美元。"肖恩说，"你要不要再装下一个，1.89美元？"乍得热情很高，点了点头，用同样的方式开始装第二个机器人。

肖恩接下来做的完全出乎乍得的预料。乍得正在把第二个乐高勇士的部件分类摆放（注意，下面就是两个组实验条件的不同之处），肖恩把刚装好的机器人一块一块慢慢地拆开，把部件放进原来的盒子里。

"你为什么要拆掉它？"乍得问道，他感到迷惑不解，还有点儿沮丧。

"这是我们已经讲过的工作程序。"肖恩解释说，"我们需要把它拆开，因为在装下一个乐高勇士时可能会用得到。"

乍得把注意力转向他手中正在组装的机器人，不过他组装的积极性明显低了。第二个装完以后，他犹豫了一下。他还要不要组装第三个？过了几秒钟，他说再装一个。

肖恩把原来的那个盒子（里面是乍得已经装好，又被肖恩拆掉的部件）递给他，乍得开始组装。这一次，他干得好像更快了一些，他没有再用刚才的方式，或许他觉得没有必要再那么有条不紊地组装，又或许他觉得分门别类地摆放部件有些多余。

同时，肖恩慢慢地拆掉乍得刚装好的第二个乐高勇士，并把部

051

件放进第二个盒子里。乍得装好了第三个机器人,看了一下,交给肖恩。"现在你挣到了 5.67 美元。"肖恩说,"你还要装下一个吗?"

乍得拿出手机看了看时间,又考虑了一下。"好吧。"他说,"我还有点儿时间,可以再装一个。"

肖恩把第二个乐高勇士的部件盒再一次地递给乍得,乍得开始装配(乍得这一组的参与者都是反复装配两个机器人,一直到他们表示不干了为止)。乍得勉强把每个乐高勇士装了两次,一共组装了 4 个,他拿到了 7.34 美元。

把钱交给乍得以后,肖恩向他提出了和向其他所有参与者提出的相同的问题,问他是否喜欢乐高玩具及这个实验。

"嗯,我喜欢乐高玩具,但不怎么喜欢这个实验。"乍得耸了耸肩回答说。他把钱塞进钱包,马上离开了房间。

实验结果表明了什么呢?乔和"有意义"一组的其他参与者平均每人装配了 10.6 个乐高勇士,作为耗费时间的补偿,每人平均拿到 14.40 美元的回报。尽管随着数量的增加,他们装配每个机器人的报酬降到了原来的一半以下,但他们中 65% 的人还是选择继续干。与此相对,"西西弗斯"那一组的人很快就停工了。平均来看,这一组每人装配了 7.2 个机器人(相当于另外一组的 68%),拿到了 11.52 美元。"西西弗斯"一组的参与者中只有 20% 的人装到了该组平均数的 1/2 以上。

除了比较两组参与者装配乐高勇士的数量以外,我们还想看看每个人对乐高玩具的喜爱程度,及其对持续工作时间的影响。总的来看,人们普遍认为,越喜欢乐高玩具的人,装配玩具机器人的数量就越多(我们通过对比上面两组数字的相互关系来衡量)。事实的确如此。但我们同时发现，两个组里，喜爱游戏程度与持续工作时间的关系却不相同。在"有意义"一组，二者的相关程度很高；而在西西弗斯一组，相关程度几乎等于零。

上面的分析告诉我们，如果你找的是喜欢某一事物的人（说到底，这些报名的实验参与者之所以愿意参与实验主要是因为实验任务是组装乐高玩具），并把他们放在有意义的工作条件下，那么他们从这个活动中得到的快乐就会成为影响他们努力程度的主要动力。相反，如果你把有同样热情和欲望的人放到无意义的工作条件下，就非常容易扼杀这项活动在他们心中可能引发的快乐。

假想你是个咨询师，参观了两个乐高生化勇士工厂，第一家工厂的工作条件与"西西弗斯"的条件（很可悲，这与许多工作单位的区别不大）非常相似。你在观察了工人的行为之后，很可能会得出这样的结论：工人们不太喜欢乐高玩具（或许还有些厌烦）。要让他们继续从事令自己厌倦的工作就必须要有金钱的激励，而且一旦工资下降到某一水平之下，他们马上就不干了。你把这一结果用PowerPoint制成报告向公司董事会成员汇报，你想告诉他们每一件产品工资单价的下降，都会严重损害雇员的工作积极性。你由此进一步得出结论，工厂如果要提高生产率，就必须大幅提高工资。

你接着参观了第二家乐高勇士工厂，这个厂的建构与实验中的"有意义"一组更加相似。你可以想象，对于工作的繁重性质、工作的快乐、持续工作所需要的报酬水平，你得出的结论与第一个工厂相比会有什么不同。

这项"咨询"实验其实我们已经做了。我们请实验参与者预测过两个工厂的生产率有何不同。他们的预测基本上是正确的，即"有意义"条件下的产量比"西西弗斯"条件下的要大。但是他们对于两者的差别程度估计不足。他们以为,"有意义"一组每人最多能多装一两个机器人,但事实上是平均多装 3.5 个。这一结果表示我们能够认识到意义的作用,即使它表现得不是很明显,也能对积极性产生影响,只是我们对它的力量估计远远不足。

从这个角度,我们把乐高玩具实验的结果当作现实工作来考虑一下。乔和乍得同样喜爱乐高玩具,报酬也一样。他们都知道装配的成品不会长期存在。唯一的不同在于乔可以保持一种幻觉,以为他的劳动是有意义的,因此就能高高兴兴地继续装配玩具。乍得则相反,眼看着自己装好的机器人被一块一块地拆掉,让他认识到自己的工作毫无意义。① 即使与乍得一组的参与者也明白自己做的这一切纯属无聊(他们不过是拿乐高部件组装东西,而不是设计拦河大坝、抢险救人,或者发明新药),目睹自己的产品被拆掉对积极性也是极大的一种伤害。首先,它把参与者从装配乐高玩具中得到的快乐扼杀得一干二净。实验得出的结论与戴维和德芙拉的遭遇一致。如何把愉悦转化成工作的意愿,在很大程度上取决于我们对于自己劳动意义的认识。

我们既然已经打碎了 1/2 参与者的童年回忆,下面就让我们来进行同一实验的另一种形式。这一次的实验多少是按照戴维的情况设计的。我们又在学生中心设了个实验区,但是,给他们做的是另一项工作,而且将其分成了三种不同条件。

我们制作了一种试卷,由任意顺序排列的字母组成,我们要求参

---

① 我猜"鸭子测试法"(如果它长得像鸭子,游泳像鸭子,叫起来像鸭子,那它很可能就是鸭子)是确定工作意义最好的方法。而在我们的实验中,两种条件只是意义大小的不同,而不是有与无的区别。

第二章 工作的意义

与者找出两个"s"字母相连的地方。我们告诉他们每张试卷上有 10 处,他们必须把 10 处全都找到才算答对。计算报酬的方式是:答对第一张试卷 0.55 美元,第二张 0.50 美元,以此类推(从第 12 张起没有任何报酬)。

对第一组(我们称之为"关注认可"组),我们要求学生先在卷子上写下自己的姓名,然后再开始寻找相连的"s"。他们每答完一张,就把它交给实验主持人,主持人把试卷从头到尾看一遍,点下头表示认可,然后把试卷翻过来,卷面朝下放到一沓厚厚的已经答完的试卷上面。对第二组(我们称之为"不予理睬"组)的要求与第一组基本相同,但是不要求参与者在试卷上方写自己的名字。他们答完题交上试卷,实验主持人顺手把试卷放到一沓纸上面,连看都不看。第三组叫"粉碎试卷"组,名称就不吉利,我们的做法的确更极端一些。参与者答完试卷交给实验主持人,主持人根本就不往之前参与者答好的试卷上放,不仅连看都不看一眼,而且会随手将其塞进碎纸机,当着参与者的面把它粉碎掉。

仅仅因为是否得到认可就会产生很大的不同,这对我们触动很大。基于乐高勇士实验的结果,我预料到"关注认可"组的参与者成绩会最好。不出所料,他们完成的数量比"粉碎试卷"组多得多。我们查看他们中有多少人一直做到每张试卷的报酬仅为 10 美分才停止(恰巧也是第 10 张试卷),发现"关注认可"组中大约有 1/2(49%)的人完成 10 张试卷以上,而"粉碎试卷"组的这一数字却只有 17%。一点儿也不错,寻找相同字母可能既快乐又有意思(如果你得到认可),但也可能使人痛苦(如果你的劳动成果,试卷,被粉碎)。

"不予理睬"组的参与者又怎么样呢?他们的劳动成果没有被粉

碎，但是也没有得到反馈和肯定。他们每人答了多少张试卷呢？他们这一组的成绩是与"关注认可"组的参与者相似，还是因为受到冷遇，所以成绩与"粉碎试卷"组的那些人差不多呢？抑或"不予理睬"组的这些人的成绩处于其他两个组之间？

结果表明，"关注认可"组的参与者平均完成了9.03张试卷，"粉碎试卷"组完成的是6.34张，"不予理睬"组的参与者（请击鼓致敬）平均完成6.77张（只有18%的人做完10张或更多）。这种结果说明，"不予理睬"组完成的数量与"粉碎试卷"组的非常接近，而与"关注认可"组的成绩相去甚远。

实验给我们的启迪是：无论正面还是负面，要吸取工作的意义其实非常容易。如果你是一个经理，成心想破坏雇员的积极性，只要毁掉他们的劳动成果就够了。如果你想做得巧妙一些，对他们的劳动成果不闻不问也可以。相反，如果你想调动他们的积极性，让他们和你齐心协力，那么你必须重视他们，重视他们的工作，重视他们的劳动成果。

我们还可以从另一个方面去考虑"试卷"的实验结果。"粉碎试卷"组的参与者很快会发现他们可以作弊，因为别人对他们的工作不屑一顾。事实上，根据传统经济学理论，"粉碎试卷"组的参与者只要意识到有机会作弊，他们就会这样做，而且会一直做下去，能拿到多少钱就拿多少。"关注认可"组的持续工作时间最长，而"粉碎试卷"组干得最少，这一事实进一步说明在劳动生产领域，人类的积极性是一个复杂的问题，不能把它简单地推断成"干活挣工资"这样的交换行为。相反，我们应该认识到劳动意义对工作的影响，或者更重要的是，完全去掉劳动的意义对工作的影响，这种影响的力量比我们通常预想的要大得多。

劳动分工与劳动的意义

我发现上面两个实验的结果一致,意义上的微小差别竟然会产生如此大的影响,这实在令人感到惊讶。而组装乐高玩具的"西西弗斯"一组丝毫感受不到工作的乐趣更是让我目瞪口呆。我不断地反思戴维、德芙拉和其他人的状况,突然想到了我的行政助理——杰伊。

从理论上说,杰伊的工作很简单:他负责管理我的实验账目,给参与者发放酬金,订购实验用品,以及安排我的旅行。不过,要求杰伊使用的信息技术却把他的工作变成了"西西弗斯巨石"。他使用的思爱普财务软件要求他每天在规定的电子表格中输入各种数字,并把电子表格发给另外的一些人,等他们在表格上加入一些数字后,杰伊还要把表格发给另外某个人审核确认,之后再发给下一个人,由这个人最终结账付款。本来工作的意义就不大,而可怜的杰伊在其中又只做了一小部分,所以他从来没有看到劳动的成果,也不会有任何成就感。

麻省理工学院和思爱普公司那些可敬的人为什么要设计这样的制度呢?他们为什么要把工作分成这么多的小部分,让每个人只负责一小块,不让他们看到工作的全貌和进展的情况呢?我猜这与亚当·斯密提出的效率概念有关。1776年,亚当·斯密在《国富论》中争辩说,劳动分工这种方式在生产过程中对提高生产效率能起到难以置信的作用。作为一个例子,我们可以考虑一下亚当·斯密对大头针工厂所做的观察:

"大头针制造业是极微小的,但它的分工往往能引起人们的注意。所以，我用它来举例。一个劳动者，如果没有受过专业训练（分工的结果，使大头针的制造成为一种专门的职业），又不知道怎样使用专业机械（使这种机械有发明的可能，恐怕也是分工的结果），那么纵使竭力工作，可能一天也造不出一枚大头针，要做 20 枚，简直是天方夜谭。但按照现在经营的方法，不但这种作业已经成为专门职业，而且这种职业又被分成若干环节，其中大多数也成为专门职业。一个人抽铁线，一个人拉直，一个人削尖线的一端，一个人磨另一端，以便装上圆头。要做圆头，就需要有两三种不同的操作。装圆头，涂白色，以及包装，这些都是专门的职业。这样，大头针的制造就被分为了 18 种操作。在有些工厂，这 18 种操作分由 18 个工人完成。固然，有时一人也能兼做两三种。我见过一个这种小工厂，只雇用 10 个工人，因此在这个工厂中，有几个工人兼做两三种操作。在这样一个小工厂工作的工人，虽然穷困，必要的操作机械设备也很简陋，但他们如果勤勉努力，一日也能成针 12 磅，照每磅中大约有 4 000 枚中等针计算，这 10 个工人可一日成针 48 000 枚。"

我们把工作分解成较小的部分，可以创造局部效率；每个人都可以对他所从事的一小部分工作越来越熟练。（亨利·福特和弗雷德里克·温斯洛·泰勒把劳动分工的概念扩展到生产线，发现这种方式可以减少错误，提高生产率，使大批量制造汽车和其他产品成为可能。）但是我们通常意识不到，劳动分工同时也要求人类付出代价。早在 1844 年，德国哲学家、政治经济学家、社会学家、人道主义者、政治理论家、革命家、共产主义之父卡尔·马克思就指出了"劳动异化"

问题的重要性。在马克思看来,被异化的劳动者与他自己的生产活动、劳动目标以及生产过程相分离使得工作成为非自发性的活动,因此劳动者就无法对劳动产生认同或者领略到劳动的意义。

我并不是一个马克思主义者(尽管很多人认为学术工作者全都是马克思主义者),但我认为我们不应该低估马克思关于异化的概念在劳动领域里的作用。实际上,我怀疑异化的概念在马克思的时代并不那么重要,那时的雇员即使再努力,也很难发现工作的意义;而在今天的经济中,我们的工作变得需要想象力、创造力、思想,以及一天24小时的全身心参与,马克思对异化的强调成为劳动构成中的重要成分。我还怀疑亚当·斯密对劳动分工效率的强调与他所处的时代关系更密切,因为他谈及的劳动多数以简单生产为基础,与今天的知识经济关系不大。

从这一角度出发,在我看来,劳动分工是以人工为基础的技术所带来的危险之一。现代IT(信息技术)基础架构让我们能够把工作分解成非常细小的部分,使每个人的那一小部分工作变得越来越专业和精细。这样做对公司来说是有风险的,因为这会使雇员失去顾全大局的责任心和目标感,以及成就感。如果人类是机器人,那么只要有高度的劳动分工就足够了,但若考虑到内在激励因素和意义对于积极性和生产率的重要性,高度分工这种方式就有可能起相反作用。缺少了意义,专业人员就可能会觉得自己好像电影《摩登时代》中查理·卓别林扮演的角色——一切都由工厂的齿轮控制,他们根本不会有全心全意工作的愿望。

给工作赋予意义

通过上述角度来观察劳动市场，就很容易看到一些企业（尽管并非有意）正在以各种方式压制雇员的积极性。你只要稍微想一想你所工作的地方，肯定会想出不少例子来。

这种观点有些令人沮丧，但它有时也让我们感到乐观。说到底，我们一生的很多时间都在寻求意义——无论它多么简单、多么微不足道。乐高玩具和相连"s"实验的结果已经显示出增强积极性的真正机会和摧毁贡献感的危险。如果企业真的想让工人有产出，就应该努力使他们感到工作的意义——不仅仅通过愿景规划，而且要让雇员有成就感，确信只要做好工作就会得到肯定。这些都将对雇员的满足感和生产率产生巨大的影响。

关于意义和成就感重要性的启迪来自我科研中的偶像之一——乔治·勒文斯坦。乔治发表了关于一项特别困难，并且极具挑战性的登山运动的报告。无论是珠穆朗玛峰还是乔戈里峰，攀登过程都绝非轻松愉快。他指出，登山过程"自始至终充满无穷无尽的痛苦"。但是，这一运动可以带来巨大的成就感（晚会餐桌上的绝好话题）。达成目标在人性中根深蒂固——大概与鱼类、沙鼠、田鼠、家鼠、猴子、猩猩和鹦鹉乐于自己觅食一样。乔治曾经写道：我个人猜测，朝着既定目标努力与最终达成目标的干劲是"密不可分"的。人类就像多数动物甚至植物，为一系列复杂的内部稳定机制所维持，以保持体内系统的平衡。登山运动中的艰难困苦，例如饥饿、干渴和痛苦，就显示出这种内部稳定机制，它可以激励人们为生存而奋斗……那么，对于达成目标的本能需要，可能不过是从另一侧面显示生物的这种应付困难的倾向——在本案例中，就是如何实施激励行动的问题。

经过对我所学到的这一切进行反思，我决定设法结合环境背景来让杰伊加深对工作意义的体验。我每周都会花一些时间向他解释我们从事的实验，为什么做这些实验，从实验中可以了解什么。我发现杰伊在听了实验介绍之后很兴奋，也乐于谈论实验问题，不过几个月以后，他就离开麻省理工学院攻读新闻学硕士学位去了，因此我不知道我付出的努力最终成功与否。放下杰伊不说，我一直在用同样的方法对待现在我身边的同事，包括我目前的助手梅根·霍格蒂，她真了不起，真是我的得力助手。

到头来，我们的实验结果表明，即使意义很小也足以使我们努力向前。说到底，经理人员（也包括配偶、老师和家长）最重要的可能不是加重工作的意义，而是要注意不要破坏工作的过程和环节。或许就像古希腊名医希波克拉底所说的，"要养成两种习惯——治病救人，起码不能害人"，他的教导在医学上和工作中同等重要。

第三章

宜家效应
为什么我们会高估自己的劳动成果？

每当我走进宜家，脑子里就会涌现渴望改善住房条件的想法。这个自己动手组装家具的超大型低价商店就好像成年人的巨大玩具城堡。我徜徉于琳琅满目的各种展示间，想象着如果把这些新颖的书桌、灯具或者书橱放到我的家中会是怎样一番景象。我非常喜欢仔细观赏卧室展示区里价格适中、时髦雅致的梳妆台，亲密接触一尘不染的厨房设备展区内各种厨具和摆满盘子的橱柜，这些橱柜都可以自己动手组装。我觉得一股冲动涌上心头，真想把满满一卡车的家具拉回去将房子填满——小到价格便宜、色彩鲜艳的浇水桶，大到几乎能顶到天花板的雕花大衣橱。

我并不经常光顾宜家，确有需要才会去。有一次，我在那里买了个超现代瑞典式分类储物柜，打算用它来存放家中到处乱扔的小孩玩具——需要自己安装的玩具柜。我把它带回家，打开包装箱，把安装说明书看了一遍，然后动手用各种安装螺栓把它组装到一起（我现在有了自知之明，承认自己的装配手艺不敢恭维，但还是从组装过程中感受到了乐趣——或许是出于对童年时代乐高玩具的回忆）。遗憾的是，部件的标注不如我原来想的那么清楚，而安装说明又过于简略，尤其到了那些关键的步骤之时。就像生活中的很多经历，安装过程鬼使神差，就像墨菲定律说的一样：只要是我硬着头皮按直觉安上的木板或者拧上的螺栓，结果肯定是错的。有时候我立即就能发现自己的错误，但大多数时候要过了三四步才知道，不得不拆掉重新再来。

不管怎样，我喜欢解决猜谜一类的问题，把组装宜家家具权当大型的七巧板游戏。不过，把螺栓从一个孔里反复拧进拧出打乱了我的计划，有时还让人有点儿窝火，耗费的时间也比我预计的长得多。到头来，我终于看到了我亲手装好的玩具柜。我把孩子的玩具收拾起来，仔细地放进去。我对自己的成就感到自豪，甚至过了好几个星期，我只要从它旁边经过，就会不禁露出得意的笑容。客观地看，我很清楚它在我买的家具中绝非上乘，而且我一没有参与设计，二没有测量尺寸，三没有拉锯操刨，甚至连个钉子也没敲进去。但是，我觉得仅仅因为花费了几个小时的工夫和力气，就把我和玩具柜的距离拉近了，我对它的感情比对家中其他家具的感情都深。我想，如果它有感觉，也会比其他家具更喜欢我。

烤炉里的诀窍

对自己制作和拥有的物品感到骄傲，是人类拥有的一种根深蒂固的情感。我们亲手做了一顿饭，打了一个书橱，会春风得意地自言自语，"这是我做的，真值得骄傲！"问题在于，为什么我们有时候会把某个东西看作自己的，有时候又不这样认为？我们在制作过程中要投入到什么程度才能心安理得地为它感到自豪？

如果把创造过程用标尺衡量，而其中一端是制作即食芝士通心面的话，我个人认为，这没有什么技术含量，也花费不了多少力气：认准包装，从货架上取下来，付钱给收银员，拿回家，打开盒子，把

第三章 宜家效应

水烧开，把面煮熟滤掉水，加上奶油、牛奶和橘黄色的调料，搅拌均匀，上桌。因此，这样做出来的东西很难让人把它看成自己的作品，并且为它自豪。而标尺的另一端，是从头到尾自己动手做的食物，例如，慈祥的老祖母满怀深情精心烹调的鸡汤面，用自家后院里采摘的柿子椒和苹果做的馅饼，那么在这种（少有的）情况下，我们会理所当然地认为它是自己的作品，并为此感到骄傲。

不过，更有意思的例子是什么呢？比如做饭，如果在上面那两个具有代表性的例子中进行选择会怎样？如果我们"照方配药"，使用的是买来的现成调料加上花园里的新鲜香草碎末和帕马森干酪薄片又会怎样？如果再添上点儿烤甜椒呢？从商店里买的甜椒与自家园子里种的有区别吗？简而言之，我们在制作过程中要有多大的投入，才会把它视为己出，并为它感到骄傲呢？

为了了解所有权和自豪感的基本成分，我们来回顾一下半成品的历史。自20世纪40年代后期，各种"即食"烘烤配料（馅饼脆皮、饼干粉等）一上市，就在美国得到广泛应用，从流动点心车、食品店，到家常餐桌，随处可见。不过，并非所有的配料制品都能受到同样的欢迎。家庭主妇们尤其对蛋糕配制粉持保留态度，虽然它只需要加水调和就可以入炉烤制。有的市场研究人员怀疑这些配制蛋糕粉是否太甜或者添加了太多人工色素，但是谁也无法解释为什么那些馅饼脆皮和饼干粉（其实与蛋糕粉的配方基本相同）卖得很火，而蛋糕粉却少有人问津。为什么那些家务繁重的主妇做馅饼时并不在意脆皮用的是不是配制粉，而对蛋糕那么敏感呢？

一种理论是蛋糕粉的问题恰巧说明在蛋糕制作过程中有个分界点，到了这一点，女人们就会感觉蛋糕不是她们"亲手做的"了。正

065

像美食作家劳拉·夏皮罗在她的《烤炉里的诀窍》一书中所指出的，饼干和馅饼脆皮虽然重要，但它们本身毕竟不是一道独立菜品。一位家庭主妇可以很高兴地面对别人的称赞受之无愧，尽管她的菜品里包含某些采购来的成分。不过，蛋糕却经常作为一道独立的点心被端上桌子。更重要的是，蛋糕还含有某种感情意义，它通常象征"特别纪念"。①用"只不过是"买来的配制混合粉制作生日蛋糕——我们的家庭"面点师"绝不会（或者当众承认）做出这样的事来。不但她本人会觉得丢脸和愧疚，她的客人也会感到失望，认为桌上的东西并不是特意为他们准备和制作的。

那时，有位叫欧内斯特·迪希特的研究人员猜测，如果把蛋糕粉的部分配料去掉，让主妇们可以根据各自的喜好添加配料，就可能会解决这个问题。②这一主张被人们称作"鸡蛋理论"。一点儿也不错，品食乐公司在把配方里的蛋黄去掉，让主妇们自己加入鲜鸡蛋、牛奶、食用油后，蛋糕粉的销量立即大增。对于20世纪50年代的主妇们来说，在蛋糕粉里加入鸡蛋和其他一两种配料就足以把蛋糕从"柜台货"提升为拿得上台面的家制点心，即使只是对蛋糕的配方进行了小小的改动。在餐饮方面，人们本能地希望食物是自己做的，又希望操作简便省力，你们看，美食作家贝蒂·克罗克提出的"贝蒂教你给家人烹调幸福"这个口号是多么聪明！活儿还是你干的，只不过由食品服务企业帮你节约了点儿时间而已。这没有什么可丢脸的，是吧？

一方面，人们希望事情是自己做的并为此自豪，另一方面，人

---

① 一般来说，我们经常过多地根据结尾来评价某一事件的整体。从这个角度来看，蛋糕作为一顿饭的最后一道菜品，它有着特别重要的意义。

② 这一原则对男人也适用。我这里拿主妇举例，是因为家庭主厨以女性为主。

们又想尽量减少厨房劳作,如何在两者之间取得微妙平衡?我认为,有一个人最清楚。此人就是以"半成品烹饪"而闻名的桑德拉·李,她已经发现了准确计算平衡点的公式并申请了专利:半成品烹饪"70/30黄金分割原理"。李认为,疲于奔命的厨师为了节约时间如果在烹调过程中用了70%的半成品(蛋糕粉、瓶装蒜茸、罐装海员式沙司)和30%自己别出心裁的加工(在蛋糕粉里加点儿蜂蜜和香草末,在海员式沙司里加点儿鲜罗勒),也一样能够感受到创造的快乐。普通人在看到这一原理后兴奋不已,而美食家和食客们却感到沮丧,因为她一语道破了商场采购品与个性化处理之间的准确量化关系。

我们拿桑德拉·李的"香甜巧克力松露球"食谱来举例。

用时:15分钟

难度:易

成品数量:36枚松露球

用料:

1大杯(16盎司)巧克力霜

3/4杯 绵白糖

1茶匙 香草精

1/2杯 无糖可可粉

制作方法:

取两张点心板,上面垫羊皮纸。把巧克力霜、白糖和香草精放入大碗,用手动搅拌器搅匀,之后用餐匙挖成松果大小的圆球,摆放到点心板上,再均匀地撒上一层可可粉,用纸盖好,放入冰箱,过一阵即可食用。

桑德拉·李对"鸡蛋理论"进行了完善,向"黄金分割原理"的信奉者们展示了如何投入最少的劳动把没有个人痕迹的点心做成"自己的"。她的电视节目、杂志撰文,以及不计其数的食谱书籍都为此提供了明证:在烹饪这一活动的心理过程中,厨师是否加上"专属"自己的一勺,就是成品归属的关键。

对所有权的自豪当然绝不仅限于女人和厨房。当地的汽车公司(一家比较男性化的公司)对鸡蛋理论做了进一步延展。这家小公司可以让你亲自设计,并用大约4天时间造出自己的汽车。你可以先选择基本配置,按自己的品位设计定做其他配件,还可以将当地的地域和气候特点考虑进去。当然你无须亲自动手,有一群专家会帮助你完成。当地汽车公司这一高招背后的真谛是让客户亲身经历自己汽车的"诞生",与某种宝贵的切身体验紧密相连。(想一想,有多少男人把汽车称作"我的宝贝儿"?)这真是了不起的创新策略!你在制造汽车的过程中所投入的时间和精力会让你把汽车当成你的孩子,像心肝宝贝一样去关爱呵护。

当然,有时我们觉得珍贵的东西会把我们从愉悦的依恋转化为完全不能自拔的痴迷,就像托尔金的作品《指环王》三部曲里咕噜姆的魔戒。不管是一枚魔戒、一辆倾心制造的汽车,还是一块新地毯,珍贵的物品可以把某些人的心完全抓住。如果你沉湎于对物品的过度迷恋,请跟我说:这不过是_____(自己填空:一辆车、一块地毯、一本书、一个玩具盒……)。一般而言,能够认识到珍贵物品对我们的影响是件好事,无论是愉悦的依恋,还是不能自拔的痴迷。

我爱自己折的千纸鹤

投入劳动会产生依恋,这种看法当然不是今天才有的。在过去的几十年里,有很多研究能够证明无论在哪个领域,劳动的增加都会导致价值的提高。[1] 例如,人们为了加入某一团体所做的努力,诸如,加入联谊会或者获得终身教授资格,这种努力越艰难、越痛苦、越屈辱,成员们对该团体就越珍视。另一个例子就是当地汽车公司的顾客,他们花费 50 000 美元,用了好几天的时间来设计并制造自己的汽车,他们可能会对自己说:"我为了这辆车把吃奶的劲儿都使出来了,它可真是我的无价之宝。我一定要好好地爱护它,一辈子守着它。"

我把家里那个漂亮玩具柜的故事讲给麦克·诺顿(他当时是麻省理工学院的博士后,现在是哈佛大学商学院教授)和丹尼尔·莫孔(当时是麻省理工学院博士生,现在是耶鲁大学的博士后研究员)听,最终发现我们都有类似的经历。我相信你也一定有这样的经历。比如说,你在伊娃姑妈家做客,看到她家的墙上挂着很多家庭艺术作品:装裱画框的油画、手工制作的水果、漫不经心涂抹出湖边几棵树的水彩画,还有隐约可以看出的人物素描,等等。看着这些从美学上来讲名不副实的"艺术作品",你想不通姑妈为什么要把这些作品挂到墙上。但你走近细看,发现画作底部用花体签的是姑妈的名字。你恍然大悟,姑妈不仅审美眼光怪异,而且对自己的作品也缺乏自知之明。"喔,天哪!"你朝着她脱口而出,但又马上改口,"画得真好。这真是你画的吗?真是……嗯……不可思议!"听到有人称赞她的画,伊

---

[1] 正如我们在第二章中所讨论的,甚至连动物都在以不同形式表达它们更喜欢通过自己劳动得来的食物。

娃姑妈非常得意，给你端来了她亲手做的葡萄干燕麦小点心，她的烹调手艺与绘画相比，实在是好太多了。

我和麦克、丹尼尔认为人们对自己制作的东西产生依恋这一概念值得验证，我们特别想搞清楚劳动促进喜爱的过程。于是，第一步（如同所有重要实验一样），我们先要给这种效应设定一个代号。为了纪念实验灵感的起源，我们决定把劳动引起的对价值的高估称作"宜家效应"。不过，我们的最终目的并不仅仅是记录宜家效应的实验过程。我们真正要弄明白的是宜家效应所引发的价值高估是基于情感的依恋（"尽管书橱歪七扭八不太结实，放了不多少书，但它毕竟是我装起来的"），还是基于自欺欺人（"这个书橱比创意家具店里出售的那个价值500美元的也差不到哪里去"）。

为了和上文说到的伊娃姑妈的艺术题目保持一致，我和麦克、丹尼尔去了当地一家艺术品商店寻找实验材料。考虑到油画和泥塑可能会把手和衣服弄脏，我们决定用日本折纸工艺来进行实验。几天以后，我们在哈佛大学学生活动中心设立了一个临时实验室，招募学生制作纸青蛙和纸鹤（两种作品的复杂程度相同）。我们告诉参与者，按实验规定，他们完成的作品属于我们，但事后他们有机会通过竞拍买回自己的作品。

我们告诉参与者，他们将会在电脑上进行竞拍，使用贝克尔-德古鲁特-马萨克规则拍卖方法（规则以发明人命名），然后我们简要地向他们做了介绍。简而言之，在参与者对某一件折纸作品出价后，电脑会自动给出一个任意数字，如果参与者出的价格高于这个数字，他（她）就可以按照电脑给出的价格付钱，买下这件作品，如果参与者出的价格低于这个数字，就不必出钱，也得不到作品。使用这一规

第三章 宜家效应

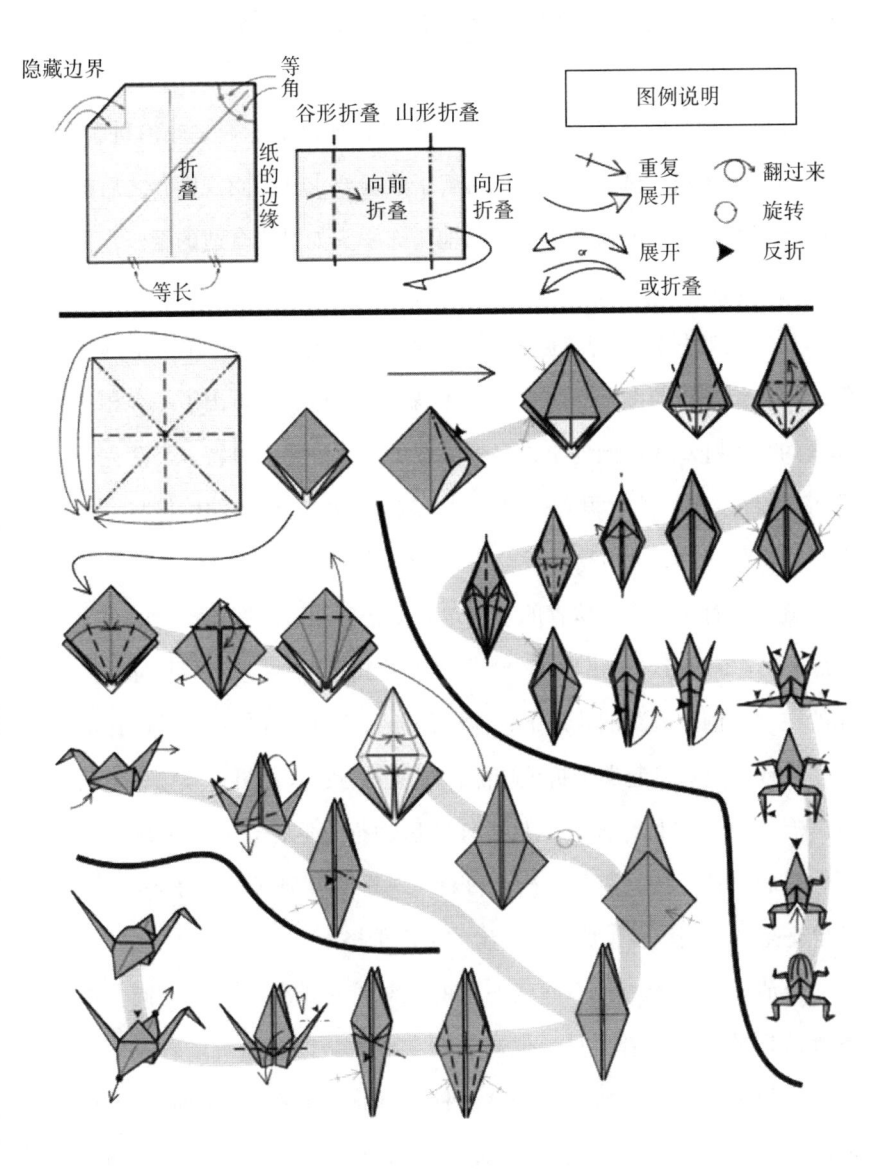

折纸操作指南

则的理由是为了最好地保护参与者的利益,让他们根据自己的意愿出价——一分不多,一分不少。[①]

最早来到临时实验室的学生叫斯科特,所学的专业是政治科学,他摩拳擦掌跃跃欲试。我们给他讲解了实验要求和拍卖规则,之后把折叠纸青蛙和纸鹤的操作指南交给他。你手头如果有合适的纸张,不妨也试一下。

我们把斯科特放到"创作者"一组,他严格遵循操作指南的步骤,每一步都对照图示,没有一点儿马虎。最后,他折出了一个相当标准的纸青蛙。我们问他出价多少(按贝克尔-德古鲁特-马萨克规则),他停了一下然后很有把握地说:"25美分。"他出的价格与该组的平均出价(23美分)差不多。

就在这时,一个叫贾森的学生走到桌子旁边看了看斯科特的小小作品。"这个纸青蛙你出价多少?"实验主持人问他。贾森只是路过,他处在"非创作者"的状态下,他的任务只不过是评估斯科特的作品值多少钱。贾森拿起那个折纸作品仔细地看着:头部折得不错,但两条腿有点儿不对称,他甚至从青蛙的后面推着它,让它向前跳了一下。最后,他(按贝克尔-德古鲁特-马萨克规则)给出了5美分,这也正是"非创作者"那组人给出的平均价格水平。

很清楚,处于两种不同状态下的人对价格的估计截然不同。像贾森这样的非创作者,只是把这些不专业、皱巴巴的折纸看成地下实验室里邪恶科学家研究出的"变种"纸张。而在折纸作品的创作者眼中,它们却非常值钱。但是,我们仍然无法从出价差别中确定

[①] 请注意,贝克尔-德古鲁特-马萨克规则与随机分布状态下的次高价拍卖规则相似。

估价差异的原因。是不是仅仅因为创作者们大都喜欢折纸艺术，而非创作者（他们没有机会尝试折纸）对折纸艺术没有兴趣？或者两组人对折纸艺术的兴趣相同，但创作者仅仅因为自己亲手制作了这些折纸，而对其更加喜爱？换一种说法，斯科特这一组人是喜欢所有的折纸作品，还是仅仅喜欢自己的作品？

要回答这些问题，我们请了两位折纸大师制作了一些纸青蛙和纸鹤。然后，我们请另外一组非创作者对这些制作精美的艺术品客观地出价竞买。这一次，他们的平均出价是27美分。这些非创作者对专业水平的折纸作品给出的价格与斯科特对自己的业余水平作品的出价（23美分）接近，而这一价格远远高于非创作者们对业余作品的出价（5美分）。

这一结果向我们表明，制作者对自己作品的估价带有相当大的偏见。非创作者认为业余水平的作品毫无价值，但是对真正的专业艺术品却大加赞赏。与此相对，制作者们把自己的折纸作品看得与专业作品一样高。创作者与非创作者对折纸艺术的总体观点似乎没有什么不同，但是，创作者们对自己的作品更加偏爱。

总而言之，这些实验表明，一旦我们制作出某种物品，事实上就会把它看得更加可爱。就像古阿拉伯谚语所说的那样："即使再丑陋的猴子，在母亲的眼里，它也是美丽的羚羊。"

定制、劳动与爱

汽车工业刚刚诞生时，亨利·福特发表了他语带双关的名言："顾客想要什么颜色的（T型车）都可以，只要是黑色的就行。"制造单一颜色的汽车能压低成本，让更多的人买得起汽车。随着制造技术的发展，福特公司无须增加太多成本就可以制造出不同型号的各类汽车。

斗转星移到了今天，成百万计的产品任你挑选。例如，你走在纽约第五大道上，商店橱窗里各式各样的女鞋日新月异、争奇斗艳，让你目不暇接。不过，越来越多的公司邀请客户参与生产设计，这种展示的模式也在改变。由于互联网技术和自动化的发展，生产商给顾客提供机会，让他们根据个人的兴趣爱好创造适合自己特点的产品。

我们考虑一下"匡威你制造"（Converse.com）这家网站，你可以在这里设计制作自己喜欢的休闲运动鞋。你选中了自己喜欢的式样（普通款或特别款，低腰、高腰、特高腰）、材质（帆布、皮革、翻毛），然后兴致勃勃地按图索骥，从色板上选择颜色和图案，点击鞋子的某一部分（鞋里、橡胶底沿、鞋带），把各个部分按你的喜好进行装饰。匡威让你按自己的品位设计鞋子，提供的产品不仅是你最喜欢的，而且是独一无二的。

越来越多的公司开始实行这种客户化的定制方式。你可以自己设计厨房的橱柜，定做自己的汽车，自己的鞋子等。如果你跟随大众对这种量身定做赞赏不已，你可能就会认为完美的客户定制网站就应该洞察一切——能很快猜测出你最喜欢的鞋子，并且让你几乎不费吹灰之力就能得到。这听起来确实很有趣，不过如果你最终习惯于这种高效的量身定做方式，就会享受不到宜家效应的好处，那就是，因为制作某一物品时投入了自己的金钱和劳动从而对它更加喜爱。

这么说，商业公司是否就应该要求顾客完全自行设计，并且亲自动手制作所有的产品呢？当然不是。毫不费力与费心劳力之间有种微妙的关系。让人们投入太多劳动，可能会把他们吓跑；投入得太少，就可能会让他们失去量身定制、个性化，还有依恋产品的机会。问题取决于工作的重要程度和某一类产品需要的个人投入。对我来说，用特定的想法来买鞋或买自己装的积木式玩具柜或许正好是解决这个问题的最佳平衡方案；如果投入再少一点儿就不能激发我对宜家效应的渴望，如果投入再多一点儿就会迫使我放弃。随着商业公司开始了解客户化定制的真正好处，它们可能会推出更能反映客户特点、产品价值更高和可以享受的产品。①

在下一个实验里，我们想测试一下剔除所有个人定制因素以后，创作者对自己作品价值的高估是否继续存在。于是，我们要求参与者按照乐高原装玩具拼装小鸟、鸭子，或者直升机。选择乐高玩具符合我们非量身定制的目标，因为参与者必须按照操作指南拼装玩具，没有自我发挥的余地。如此一来，所有作品看起来就会完全相同。因此有可能你会预测，创作者仍然对自己的作品出价过高，尽管事实上所有作品看上去并没有什么区别。

这次实验的结果表明，制作过程中的劳动在人们爱上自己作品的过程中是至关重要的一个因素。量身定制是导致人们过高估价自己作品的另一种力量，但是没有这一因素，人们也会这样。

理解估价过高的原因

折纸和乐高玩具的实验告诉我们，在制造某种物品时投入的劳动会使我们对它产生依恋，随之而来的是我们对它过高的估价。下一个

---

① 关于量身定制的危险，以及对自己的创造陷入过度喜爱的风险，请参阅《怪诞行为学：可预测的非理性》中我对房子进行过度装修的故事。

问题是：对于这种因制作而生的爱意和高估其价值的倾向，人们能否意识到呢？

举个例子，你对自己孩子的看法。假定你与大多数家长一样，对自己的孩子视若珍宝（起码在他们进入桀骜不驯、无法无天的青少年时期之前是这样的）。如果你意识不到自己对孩子估价过高，就会导致你错误地（可能是不靠谱地）坚信别人也和你一样，认为你的孩子人见人爱、聪明绝顶、才艺超群。相反，如果你意识到自己对孩子评价过高，就会发现，当然不无遗憾，别人并没有像你一样，看到孩子背后闪亮的光环。

作为一个经常乘飞机旅行的家长，我经常遇到喜欢向他人展示自己孩子照片的家长。一旦飞机到达 9 000 米的正常巡航高度，我就会打开笔记本电脑，电脑里存有许多孩子们的照片和录像。我的邻座旅客不可避免地会瞥视电脑显示屏。只要留意到他显露出一丁点儿兴趣，我就会开始连续播放世界上最可爱的小宝贝——我的儿子和女儿的幻灯图片。当然了，我认为邻座旅客会注意到这两个小家伙是多么聪明伶俐、与众不同，他们的笑脸多么迷人，他们穿着万圣节服装的小模样多么可爱，等等。有时候，邻座旅客在欣赏过我的孩子的照片后，会提议我也看看他孩子的照片。看了一两分钟，我心里就会开始嘀咕："这个人怎么了？我真的就要花 25 分钟一直盯着这些和我毫不相干的孩子的照片吗？我还得干活儿呢！这该死的飞机到底什么时候才能降落？"

事实上，我猜测，对自己孩子的才能与缺点根本看不到或者完全了解的人并不多，但我敢打赌，多数家长属于舐犊情深（偏爱自己的儿女）而缺乏自知的那一类。家长们不但认为自己的孩子是地球上最可爱的，他们还相信别人也这么认为。

这可能也正是欧·亨利的小说《红毛酋长的赎金》非常吸引人的原因所在。故事里，两个贼想发笔横财，绑架了亚拉巴马一个头面人物的孩子，并索要2 000美元赎金。孩子的父亲拒绝付钱，而绑架者发现这个红头发孩子（红毛酋长）实际上很愿意跟着他们。不仅如此，这个孩子还是个非常难缠的臭小子，喜欢搞一些刁钻古怪的恶作剧，把他们俩弄得狼狈不堪。绑架者降低赎金，而红毛酋长继续捣乱，搞得他们心神不宁。最后，孩子的父亲提出让绑架者付给他250美元就领回孩子，尽管红毛酋长不肯离开，但最终他们还是把他扔下，逃之夭夭了。

现在，假想你是新进行折纸作品实验的参与者，你刚刚完成了你的纸鹤或者纸青蛙作品，并进入了拍卖环节。你给自己的作品出了非常高的价格。你是否能意识到自己出价过高，而且别人对你作品的评价与你的不同？或者你认为别人同样对你的作品感到亲切？

为了弄明白这一点，我们比较了两种不同形式的拍卖结果，即"最高价拍卖"和"次高价拍卖"。这里我就不讲解两种规则的技术细节了，[1] 简言之，你如果使用"次高价拍卖规则"，你只需要仔细考虑自己认为这个纸制小宝贝值多少钱即可。[2] 与此对照，如果你使用"最高价拍卖规则"，你就不仅要考虑你对作品的珍爱程度，同时也要考虑别人会出什么价格。我们为什么要把事情弄得这么复杂呢？理由如

---

[1] 这两种拍卖的区别比较复杂——威廉·维克利阐述了其中的某些细微差异，并因此获得了1996年诺贝尔经济学奖。

[2] 这种拍卖规则与易贝网使用的拍卖规则，以及我们先前使用的贝克尔-德古鲁特-马萨克规则相似。

下：如果创作者能意识到只有他们自己才会过高估计作品的价值，那么他们在"次高价"拍卖时的出价就会更高（价格由他们自己说了算），而在"最高价"拍卖时出价较低（他们还要考虑别人的估价）。与此不同，如果创作者并没有意识到只有他们自己高估了折纸作品的价值，并认为别人的观点和他们的相同，那么他们在两种拍卖规则下的出价就应该是一样的。

这么说，折纸作品的创作者们能认识到别人对他们作品的评价与他们本人的不同吗？我们发现，创作者们在单纯考虑自己对作品评价（次高价拍卖）时的出价，与同时考虑别人出价（最高价拍卖）时的出价相同。在两种拍卖规则下出价相同表明，我们高估了自己作品的价值，而且，在很大程度上，人们是意识不到这一倾向的；我们错误地认为别人也同样喜欢我们的作品。

结果的重要性

我们对于创造和估价过高的实验，使我想起我在住院时学到的一些本领。在我经受的许许多多痛苦和讨厌的活动中（早上 6 点被唤醒验血，痛彻心扉地拆绷带，可怕的治疗方法等），有一种不算痛苦却非常枯燥的治疗方法叫作职业理疗法。一连几个月，职业理疗师都会把我安排到一张桌子旁边，让我把 100 只螺栓和螺母拧到一起，把一些带"维可牢"搭扣的木块与别的木块黏在一起再分开，把楔子插进孔里，还有其他类似的任务，不做完不准离开。

康复中心的走廊对面是儿童活动区，专门教那些存在发育障碍的孩子学习各种实践技能。为了争取能做一些比拧螺栓更有意思的事情，我决定争取参加他们那些更吸引人的活动。在后来的几个月里，我逐步学会了使用缝纫机、做针织活儿，以及一些简单的木工活儿。当时，我的双手活动不便，所以这些活动对我来说并不容易。我做出的东西往往和原来预想的不一样，但我还是竭尽全力地想要做成点儿什么。沉浸在这样的活动中，职业理疗的过程从无聊乏味的日常活动变成了我想要做的事情。尽管职业理疗师有时候还要把我拉回去做那些伤脑筋的活动（他们假定那些活动的心理治疗价值可能更高一点儿），但我认为自己亲手制作的作品所给我带来的愉悦和骄傲是别的活动无法相比的。

我最大的成就是使用缝纫机，经过一段时间的操作，我可以缝制一些枕套和新潮别致的衣服送给朋友。我的缝纫作品就像前面实验参与者的折纸，很不专业。枕套的四角看起来并非整齐的直角，衬衫的尺寸也不是很准确。但不管怎么说，我仍然对自己的作品感到自豪（送给朋友容·维斯伯格的蓝白花夏威夷式衬衫尤其令我骄傲）。归根结底，我在制作过程中投入了难以估量的心血。

一晃 20 多年过去了，我仍然清楚地记得我做的那件衬衫，记得缝制过程的每一步，直到最后做成。事实上，我对它产生的依恋连我自己都感到吃惊：几年前，我问容是否还记得我给他做的那件衬衫。我至今记得清清楚楚，而他却只有模糊的印象了。

我还记得在康复中心做的其他几样东西。我试着编织一块地毯、缝制一件夹克，还想做一套木制象棋。我拥有满腔热情，并且花费了很大的力气，但后来发现这都不是我力所能及的，因此我最终选择了放弃。有意思的是，每当回忆起那些没有完成的作品时，我并不会感到特别依恋。不知是出于何种原因，尽管没有完成，但我在它们身上也投入了难以计算的劳动，不过对这些未完成的艺术品我总是爱不起来。

关于康复中心的回忆使我怀疑，我们只有把作品完成才会高估它的价值，这一点是否很重要？换句话说，要想获得宜家效应，我们的努力必须获得成功（即使成功仅仅意味着把事情做完）。

根据我们从宜家效应得出的推断，投入的劳动越多，凝聚的价值越高，感情就越深。这也就是说，要在日常生活中增加自豪感和专属感，你需要更多地动手参与创作。不过，如果仅仅投入劳动还不够怎么办？如果完成作品是对它产生依恋的关键因素怎么办？如果真是这样，那么我们不仅应该考虑自己已经完成的作品，还应该考虑那些制作到一半被丢在车库里好几年的东倒西歪的书架、不像样子的绘画雕塑，还有咧嘴歪脖的陶艺花瓶。

当然，劳动投入、完美结果和对成果价值的高估之间的联系并不局限于现代社会。1600年前后，一位英国剧作家写了一部喜剧，剧情是一位国王和他的三个侍从分别追求一位公主和她的三个侍女的故事。有两个理由可以证明这部喜剧非常特别。第一，剧中的对白非常粗俗，令人难以忍受，因此很多人断定这位剧作家当时初学写作。第二，也更重要的是，与大多数人所期望的终成眷属、皆大欢喜的大团圆结局不同，这位剧作家在结尾时让公主和侍女对那几个男人说："我们不知道是否应该把你们的话当真，如果你们真的想娶我们，一年零一天之后我们再谈。"尽管在整整的五幕剧里，小伙子们每件事做得都很得体，但他们最终还是没把姑娘们追到手，全剧就这样结束了，所有努力都白费了，历尽曲折还是好梦难成。

到底是哪个蹩脚的剧作家写了这部失败的喜剧？你可能会这样

问。是威廉·莎士比亚，他把这部戏称作《爱的徒劳》。顺便提一句，这部戏被贬低诽谤了大约200年，直到今天也很少上演。我只能猜测，如果男主角们的求爱努力不是白费，而是如同人们所预期的那样，人们会更快地喜欢上这部戏——《爱的徒劳》可能早就成了莎翁的名剧了。

从另一方面来看，或许莎翁想证明一点：我们在工作中做出的努力，不管是建筑、烹调，还是求婚，只有成功了才会增加我们的依恋。

为了弄清工作圆满完成是不是爱上我们作品的关键因素，我和麦克·丹尼尔进行了一次与原来折纸实验相似的实验，但是又对实验做了一个重要的补充：我们在实验中增加了失败的因素。我们特意编写了另一版本的操作指南，与宜家的安装说明不同，我们删去了某些重要信息。

若想进一步了解，请仔细看一下我们为"困难"组的参与者准备的操作说明。取一张21.6厘米宽、28厘米长的纸，把它裁成边长21.6厘米的正方形，按照下页图中的操作指南去做。

如果你折的青蛙更像一只被卡车压过的手风琴，请不要灰心。大约有一半拿到这份"困难版"操作指南的参与者费尽力气制作的作品都会奇形怪状，剩下的参与者根本就没有完成，到头来，只不过是纸上多留了几道莫名其妙的折痕而已。

你把这份"困难版"操作指南与原来那份"容易版"操作指南对比一下，很容易就能发现被删掉的内容。"困难"组的参与者不知道一端是箭头，另一端是小十字的图标代表重复，也不知道三角形空心箭头代表展开。

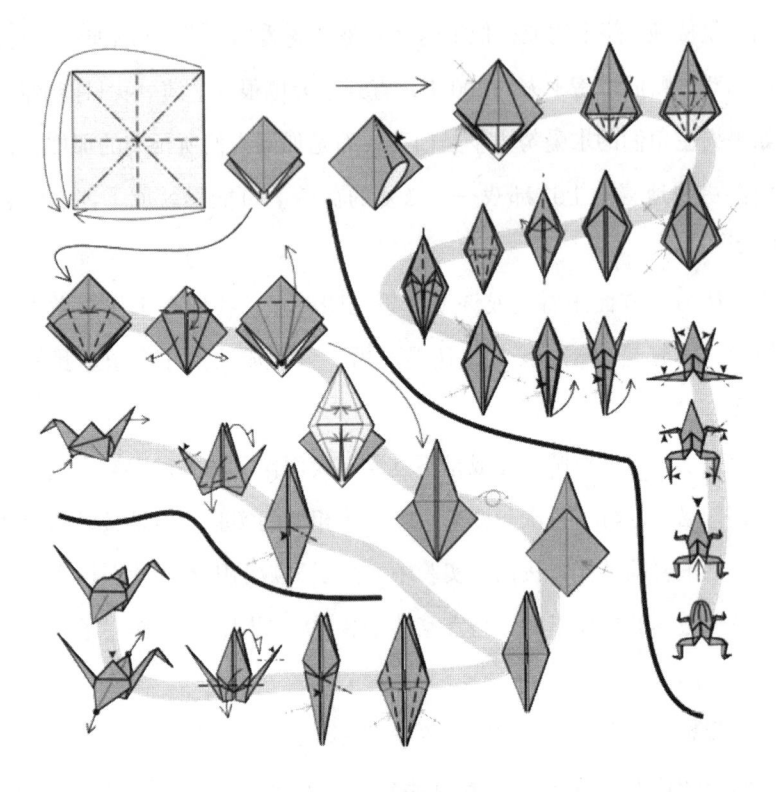

折纸操作指南

实验进行了一阵，我们有了三组人员：一组拿到"容易版"操作指南，顺利完成了作品；一组拿到"困难版"操作指南，勉强完成了作品；第三组拿到"困难版"操作指南，最终没有完成作品。处于"困难"一组的人，很明显，相比于那些很容易就能制作质量很好的纸鹤或者纸青蛙的人，需要付出更大的努力，因此也更加珍视来之不易的作品，是这样吗？那些拿到"困难版"操作指南却仍竭力完成作品的人，与那些付出很大努力但最后没有成功的人有什么不同？

我们发现，"困难"组成功完成折纸的人比"容易"组参与者对自己的作品的珍视程度更深，而"困难"组没有完成作品的人比"容易"组的人更不珍惜自己的作品。这样的结果显示，投入更多努力确实能增加我们的依恋，但必须是在经过努力最终获得成功之后。如果努力没有获得成功，对作品的依恋程度将急剧下降（这就是爱情游戏中让对方难以得手的策略往往会成功的原因。如果你在心仪的人追你的道路上设置一些障碍让他们追得更辛苦，他们就一定会更加珍惜你。从另一方面来说，如果你把他们逼到绝境还一个劲儿地拒绝他们，那你就别指望说"我们只做朋友"）。

爱与付出

我们的实验展示了人类努力的4条重要法则：

- 我们对某一事物付出的努力不仅会给它带来改变，也改变了自己对它的评价。
- 付出越多，产生的爱恋越深。
- 我们对自己的作品估价过高，这一偏见深入骨髓，误以为别人也和我们的看法相同。
- 如果付出巨大的努力仍然没有获得成功，我们就不会感到过多依恋。

根据这些实验结果，我们可能希望重新审视关于劳动与休闲的概念。传统经济学的劳动模式宣称人们就像迷宫通道中的白鼠一样；我们投入劳动于任何事物都会以失去舒适的休憩为代价，造成不快的后果——焦虑和紧张。如果我们信奉这一模式，就会努力使享受最大化，我们就应该竭尽全力避免过多投入工作，增加即时休闲。可能很多人因此认为理想的休假就是在异国海滩上懒洋洋地躺着，享用别人送上的莫吉托鸡尾酒。

同样，我们认为自己不喜欢组装家具，于是就买现成的家具。我们想看环绕立体声电影，又嫌安装4个立体声音响系统与电视太麻烦，于是就雇人替我们安装。我们喜欢坐在花园里与鲜花绿草相伴，又不想从事开垦空地或平整草坪的脏活儿累活儿，于是就花钱雇园丁来割草种花。我们想享受一顿美食，但是又嫌买菜做饭太麻烦，于是就在饭店或者用微波炉热些即食食物充饥。

可惜的是，我们得到了休闲时光，却失去了意义更深的劳动享受，因为事实上，劳动经常可以产生长远的满足。当然，可能别人在电工和园艺方面比你内行（对我来说确实如此），不过你必须问自己："如果自己动手干，是否会更喜欢新电视、音响设备、花园、饭菜？"如果你想得到更大的享受，有些事自己多出点儿力还是值得的。

该怎样对待宜家效应呢？当然，有时家具组装起来很难，说明书印得不清楚，按图索骥也不容易。不过既然喜欢"半成品"家具，我就准备好要在上螺栓、螺母时出点儿汗，在组装下一个书橱的过程中，我可能仍然手忙脚乱，不过说到底，我还是希望能爱上自己亲手组装的现代艺术家具，并且获得长远的享受和回报。

第四章

不在这里发现的偏见
为什么"我"的点子比"你"的要好?

我经常向企业管理人员展示各种研究成果,希望他们能把一部分研究成果应用到产品开发中。我不但希望他们能在工作中应用这些理念,还希望他们能和我分享将这些理念应用到实践中的故事。

在一次座谈中,我向银行管理人员推荐了一些方法,以便让消费者多储蓄,而不是鼓励他们工资一到手就马上花光。我分析了机会成本("今天买了汽车,将来我需要将钱用在别的地方,该怎么办"),以及我们都会遇到的困难。我提出了一些方法,让银行方面用来具体陈述眼前花费与为明天存钱这两件事之间的相互关系,这样讲解可以帮助客户改善财务决策。

不过很遗憾,银行经理对我说的并不太热心。我想打动他们,忽然记起了马克·吐温的一篇文章——《傻子国外旅行记》。马克·吐温在文章中盛赞德国的火炉,同时感叹美国人居然还在用烧木头的硕大火炉,而且需要专人一天到晚地照料:

> 地球某一地区的宝贵的创新产品,别的地方很久也学不去,真令人莫名惊诧又感觉不可思议。这种现象并非局限于某个社区,某个国家——宇宙间比比皆是。事实上,人类不单需要很长时间才能引进宝贵的创新产品——有时候他们甚至拒不引进。

以德国火炉为例，它像一座巨大的白瓷纪念碑坐落于房间一隅，高高耸立，直顶天花板，庄严，冷漠，使人想到死亡和坟墓，德语地区以外，你还能在哪里找到这种火炉？我敢肯定，在非德语地区根本见不到。但是毫无疑问，它是迄今为止人类发明的最好的火炉，使用最方便，而且最实惠。

按照马克·吐温的说法，美国人瞧不起德国火炉是因为他们自己设计不出更好的火炉。同样，我面对的是一张张漠然的面孔，就像风平浪静的海面。我给银行经理们出了一个好点子——不是含糊的意向，而是有实实在在的数据支持的主张。银行经理们背靠座椅不置可否，根本不考虑它的可行性。我不禁怀疑，他们对此缺乏热情是不是因为这个主意是我的，而不是他们想出来的。事实果真如此。我是否应该设法让这些经理认为主意是他们的，或者起码有一部分是他们的？这样是否就能让他们有兴趣尝试一下？

眼前的情景让我想起了不久前联邦快递的一则广告。一群穿着衬衣打着领带的雇员坐在会议室的桌子周围，着装更加正式的老板宣布开会的议题是节约成本。一个表情忧郁的鬈发雇员提议："我们应该与联邦快递设立一个网上结算账户，这样可以节约10%的运费。"其他雇员鸦雀无声地盯着他们的老板，看他如何表态。老板默默地听着，双手交叉地抱在胸前，一脸沉思状。过了一会儿，他做了个强调的手势，把手像刀一样从空中劈下——接着，把忧郁雇员的原话重复了一遍。屋里顿时响起一片谄媚的附和赞扬声。忧郁雇员争辩说建议是他提出的。"可是你说的时候没有这样。"老板一边回答，一边又做出了刚才那个强调的手势。

在我看来，这则愚蠢的广告表明了一个重要的问题：人们会如何对待自己和别人的意见。怎样才能使人们想出一个主意，至少要让他们认为这个主意是他们自己想出来的，从而认可它的价值？这个问题到底有多重要？

人们对自己创意的偏爱现象难逃商界人士的法眼，而且就像其他重要的业务运作一样，这种现象也有一个非正式的术语："孩子是自己的好"法则。这一法则的中心就是："如果不是我（我们）发明的，那就没有什么价值。"

任何方案都可以，只要，它是我提出来的！

在了解了人类对亲手制作有形物品的依恋（见本书前一章关于宜家效应的论述）后，我和史蒂芬·斯皮勒（杜克大学博士生）、蕾切尔·巴坎决定对人们依恋自己思想的过程加以考察。我们特别想测试创立独特思想的过程与亲手制作玩具柜是否一致。

我们请《纽约时报》科学专栏作家约翰·蒂尔尼在他的博客上发了一个链接，邀请读者参加关于思想的研究。链接所显示的页面内容向数千名跟帖的读者提出了当前存在的一些普遍性问题，请他们对某些解决方案进行评估。他们中有的人提出了自己对问题的解决方案，有的则对史蒂芬、蕾切尔和我提出的方案做出了评价。

在第一次实验中，我们给一部分参与者依次列出了三个问题，每次提出一个问题，启发他们独立回答每一个问题的解决方案（我们把这一组称作"创作者"条件）。问题如下：

问题一：如果不采取严格的限制措施，怎样才能让社区居民节约用水？

问题二：个人怎样做才能促进"国民总体幸福指数"的提高？

问题三：要改造闹钟让它更加高效，你有什么新奇的招数？

在参与者们提出自己的解决方案以后，我们让他们回头对自己方案的可行性和成功的可能性逐一打分。我们还问他们愿意贡献多少时间和金钱来推广自己的每一个解决方案。

对于"非创作者"，我们要求另一组参与者阅读同样的问题，但不要求他们提出解决方案。他们只需对我和史蒂芬、蕾切尔所提出的解决方案的可行性和成功可能逐项打分。同样，我们也会问他们愿意贡献多少时间和金钱来推广每一个解决方案。

"创作者"一组的参与者都认为自己的方案更可行、更有可能成功。相对于我们提出的方案，他们对推广自己的每一个主意所愿意贡献的时间和金钱更多。

上面的证据支持了我们对于"孩子是自己的好"的假定，我们由衷地感到高兴，但是我们还不能确定为什么参与者们会有这样的感觉。客观地说，他们的创意可能真的比我们的更高明。但即便他们的创意没有我们的高明，他们的感觉也可能与他们的独特世界观和评判标准相适应。这种现象叫作"异质相斥，同质相适"。举一个极端的例子，假想一位虔诚的宗教信徒对"个人怎样做才能促进提高'国民总体幸福指数'"这一问题的回答是每个人都应该天天去教堂做礼拜；一位顽固的无神论者的答案则是让大家都不要信教，而是致力于健康的食谱和有计划的锻炼。每个人都偏爱自己的主张——不是因为这是他（她）想出来的，而是该主张与他（她）的潜在信仰和偏好相适应。

我们很清楚，对第一次实验的结果，需要做进一步的深入探索。我们还不清楚参与者对自己的创意情有独钟的原因当中客观因素的比例占多少，"同质相适"的比例占多少；如果认为创意是自己的，这种专属权的因素又占多少。为了把实验的焦点集中到"孩子是自己的好"这一假定上，我们需要设计一种实验方法，把客观因素和"同质相适"的因素排除在外（这样做并不是说这两种因素在现实世界中不起作用——当然有作用。我们只是想测试一下"孩子是自己的好"这一假定是否是导致过高评价的另一种力量）。

为了达到这一目的，我们设计了下一个实验。这一次，我们要求每一个参与者仔细考虑，并且评价6个问题的解决方案（我们上面实验用过的三个问题再另外加上三个问题，参见下面的问题列表及我们提出的解决方案）。这一次我们不再把参与者分成"创作者"与"非创作者"这两种角色，我们让他们兼任两种角色（我们称之为"被试内设计"）。先让每个参与者对我们对其中三个问题的解决方案做出评价（把他们放进"非创作者"的角色中）。然后，其余的三道题，如同其他实验，我们要求参与者提出自己的解决方案，再逐一进行评价（也就是说，对于这三道题，他们的角色是"创作者"）[①]。

进行到这一步，实验过程似乎与第一个实验基本相同。下面的一个重要区别是剔除可能出现的不同解释。我们想让参与者自己提出

---

① 他们具体在每道题中的角色是随机确定的。

解决方案，以便认为主意是自己的，但我们还想让他们做出和我们完全相同的方案（这样，主意高明与否就与"同质相适"两种因素无关了）。我们怎样才能有这样的妙招？

在告诉你之前，请先看一看后面的6个问题。请记住，参与者只能看到附带我们提出的解决方案的三个问题，剩下的三个问题需要他们自己提出解决方案。

问题1：如果不采取严格的限制措施，怎样才能让社区居民节约用水？

我们的解决方案：用家庭废水净化成的中水浇灌草坪。

问题2：个人怎样做才能促进"国民总体幸福指数"的提高？

我们的解决方案：随时随地做善事。

问题3：要改造闹钟让它更加高效，你有什么新奇的招数？

我们的解决方案：如果闹钟响了你还接着睡，闹钟就会自动发邮件通知你的同事们你睡过头了。

问题4：怎样使社会服务网站既保护你的隐私，又不影响信息流通？

我们的解决方案：启用严格限制的默认设置，用户需要时有权放松这些限制。

问题5：公众怎样才能收回那些"浪费"掉的政治竞选经费？

我们的解决方案：质询候选人他们的竞选广告费用与慈善捐款是否匹配。

问题 6：如何鼓励美国人多储蓄以备退休后使用？随便举个例子。

我们的解决方案：在办公室聊天时，多和同事们谈谈储蓄问题。

对于三个需要参与者提出解决方案的问题，我们在每一个问题后面附加了由 50 个单词组成的词汇表，并且要求参与者只能用表中的词来组成解决方案。这张词汇表的巧妙之处是它包括了我们解决方案里用到的单词，其余的都是它们的同义词。我们这样安排就是想让参与者感觉方案是属于他们的，同时保证内容与我们的方案相同。

例如，看一看如何用下面词汇表中的单词来回答"如果不采取严格的限制措施，怎样才能让社区居民节约用水"这个问题。

浇灌	草坪	家庭	净化成	用	废水	中水	的	再生的
处理	循环的	浇水	依靠	淋浴	重复	流下	花园	庄稼
向	用过	多数	半	脏	代替	洁净的	这	家中的
消耗	设置	房屋	一个	已经	灌溉	再次	部分	一部
然后	浇灌	系统	活动	净化	为了	洒水器	其他	洗
如	后院	水管	生成					

如果仔细看过这张词汇表，你可能还会注意到它的另一个巧妙之处。我们把组成解决方案所用的单词放到了词汇表的首行（"用家庭废水净化成的中水浇灌草坪"），这样，参与者们首先看到这些单词，自然更容易把它们组合起来。

我们把参与者对三道问题附带的解决方案和另外三道他们"自己"提出解决方案所给出的评价做了比较。我们再次发现参与者们仍然对自己的方案评价更高。尽管人们认为自己的创意出类拔萃并非由于客观因素或者"同质相适",但"孩子是自己的好"的这个偏见依然表现强烈。到头来,我们的结论是:一旦我们认为自己制造了某一事物,就会强烈地感到自己已经拥有了它——我们就会开始对"我们"创意的有用性和重要性做出过高的评价。

从50个单词中得到启发,挑选几个词来表达一个主意不算很难,不过还要费点儿事。我们想测试努力程度再小一些是否也能使人们认为主意是他们的——把桑德拉·李"半成品烹饪"的概念拿到创意领域里来。如果我们把解决方案告诉参与者,但把词语顺序打乱,那会怎么样?把词序简单调整一下形成的答案是否足以使人们认为主意是他们的,而因此过高地评价它?例如,看一下我们用过的这个问题:

问题:如果不采取严格的限制措施,怎样才能让社区居民节约用水?

如果把解决方案写成语义完整的句子让《纽约时报》的读者们进行评价,是否会由于印象不深而影响评价呢?如果把同一句话的单词顺序打乱,让参与者自己重新组织成合乎语法的句子,结果又会怎么样?

这是用语义完整的句子所叙述的解决方案:

我们的解决方案:用家庭废水净化成的中水浇灌草坪。

下面是同一句子,颠倒顺序后得到的单词,用这些单词造句构成解决方案:

草坪　用　净化成的　家庭　废水　浇灌　中水

颠倒词序能起到关键作用吗？一点儿也不错！事实表明，即使只是简单地重组语句，也足以使参与者感觉主意是他们的，他们在自己重组的句子与我们给出的方案之间厚此薄彼。

哎呀，我们似乎发现，马克·吐温说的真是千真万确。

爱迪生手中的"牙刷"

你也许会问："难道就没有某些领域，例如科学研究，可以使人们把客观真相作为判断是非曲直的唯一标准，使人类偏好自己见解的弱点得到控制？"

作为一名学术工作者，我很希望对你表明，对自己的见解情有独钟这种倾向在纯粹、客观的科学领域绝不存在。说到底，我们愿意把科学家想象成只注重证据和数据的人，他们摒弃一切傲慢与偏见，以知识进步为己任，为了共同目标而齐心协力。如果真是这样当然再好不过，不过现实并非如此，从事科学研究的是和你我一样的凡人，他们也受到那个每小时20瓦的装置（大脑）和各种偏见（诸如对自己创造的偏爱）的局限。在科学领域里，"孩子是自己的好"这个偏见被戏称为牙刷理论——就是说人人都想要牙刷，人人都需要牙刷，人人都有牙刷，但谁也不想用别人的牙刷。

"别忙。"你可能争辩说，"科学家高度依恋自己的理论绝不是坏事。不管怎么样，这可以激励他们把自己关在实验室和地下室里，夜以继日、成年累月地进行单调乏味的艰苦工作。"不错，"孩子是自己的好"能产生高度的参与意识，并引导人们无怨无悔地坚持自己的（或者他们认为是自己的）信念和创意。

你可能也会猜到,"孩子是自己的好"也会有黑暗的一面。我们来举一个著名的例子,关于一位名人是如何因沉湎于自己的见解不能自拔而由此所付出的代价。查克里·肖尔在《聪明人为什么干傻事》一书里描述了电灯的发明者托马斯·爱迪生在直流电问题上跌的大跟头。一个叫尼古拉·特斯拉的塞尔维亚人来到爱迪生手下工作,在爱迪生的指导下发明了交流电。特斯拉坚持认为交流电与直流电不同,它不仅可以点亮远距离外的灯泡,还能通过同一电网为大型工业机械提供动力。一句话,特斯拉坚称现代世界需要交流电——他说的一点儿也不错。只有交流电才能有足够的规模和广度满足电力的进一步需求。

但是,爱迪生对自己的发明怀有过度保护的心态,他对特斯拉的创意不予理会,说它"非常宏伟,但没有丝毫的可行性"。爱迪生本来可以申请交流电专利,因为交流电是特斯拉在爱迪生的指导下发明的,但是,爱迪生的直流电情结过于强烈了。

爱迪生贬低交流电,认为它危险,当时也的确如此。人们在碰触直流电线时最多只是感觉被电流猛击了一下——也就是电击,但不会有生命危险。交流电就不同了,人一旦碰触带电的交流电线就可能当场丧命。19世纪初,纽约使用交流电供电系统,人们头顶上到处是纵横交叉的裸露在外的电线。维修工人不得不在故障线路间穿越,面对各种连接断头,他们根本得不到有效保护(现在已经不存在这类问题了)。交流电致人死亡的事件在当时时有发生。

一次特别可怕的事故发生在1889年10月11日。在曼哈顿闹市区的一个十字路口上空,一个名叫约翰·菲克斯的维修工人在穿越故障线路时不小心碰上了一条带电线路。巨大的电击把他抛到了纵横交织的电网上。汇聚的电流使他全身起火，一股股蓝色的电火花从他脚下、口鼻中喷出，鲜血洒到电线下的大街上，路过的行人惊恐万状、目瞪口呆。爱迪生正需要这样的案例来支持他关于交流电危险的观点（也以此证明他心爱的直流电是如何优越）。

爱迪生是一位富有竞争意识的发明家，他不会把直流电的未来交给命运而无所作为——于是，他针对交流电发动了声势浩大的声讨攻势，意在引发公众对交流电的恐惧。爱迪生先指示手下的技术人员找来野狗野猫，然后用交流电将其电死，以此展示交流电的可怕和潜在危险。接着，他秘密地资助和参与发明了执行死刑用的交流电椅。世界上第一个遭受电椅死刑的人叫威廉·克姆勒，他被活活地绑在电椅上慢慢烤熟。这当然不是爱迪生最荣耀的一刻，但当作对交流电危险的可怕展示却很有成效。尽管爱迪生费尽心机加以阻挠，交流电最终还是占据了统治地位。

爱迪生所犯的愚蠢错误还表明，如果人们过度沉湎于自己的见解会导致多么不幸的后果，因为，尽管交流电有危险，但它同时拥有巨大的潜力，会给世界提供动力。幸运的是，对我们多数人来说，对自己见解的非理性依恋很少能发展到如爱迪生那么严重。

当然，"孩子是自己的好"的负面后果绝不仅限于几个人。企业一般都倾向于围绕自己的理念、语言、决策程序，以及产品创建企业文化。企业人员为这种文化力量所包容，自然地接受并认为本单位产生的创意比外人的或外单位的更有用、更重要。①

如果我们考虑到团队文化是"孩子是自己的好"这种心态的重要

---

① 这一法则有几个例外：有些公司似乎善于接受外来创意，并且大规模应用。例如，苹果公司引入了施乐帕克的一些理念，微软借鉴了苹果的某些创意。

成分，就可以从各行各业各个公司内部如雨后春笋般快速流行的缩略语中追溯到这种倾向（例如，ICGM代表"创新客户关系管理"，KPI代表"重要性能指标"，OPR代表"他人资源"，QSC代表"质量、服务、清洁"，GAAP代表"公认会计原则"，SAAS代表"软件即服务"，TCO代表"总体拥有成本"，等等）。缩略语赋予的是某种秘密、内部文化，它是人们交流观念的简捷方式。缩略语增加了人们对观念的重要程度的认识，同时又可以把外来的观念排斥在圈内人士之外。

缩略语倒不是特别有害，但是，如果企业沉湎于自己的神话，只是狭隘地以自我为中心，问题就来了。例如索尼公司，它保持着一连串的非常成功的发明纪录——半导体收音机、随身听、三枪显像管等。经历了长时间的成功，索尼喝下了自己"酷爱"的饮料；"如果不是索尼公司自己的发明，他们根本不屑一顾。"詹姆斯·索罗斯基写道。索尼的首席执行官霍华德·斯特林格爵士曾承认，索尼的工程技术人员患有严重的、极其有害的"孩子是自己的好"综合征。其至在竞争对手引入了下一代产品之后［诸如苹果iPod（音乐播放器）和微软Xbox家用游戏机，这些产品销售火爆］，索尼的技术人员还是不相信这些外来的创意比自己的好。他们失去了发展MP3（能播放音乐软件的播放器）和平板电视的机会，却投入很大的力量开发一些不对路的产品，例如索尼照相机，最终由于与人们普遍使用的电脑存储器不兼容而难以打开销路。

非理性既是天使，也是魔鬼

我们有关宜家效应的实验表明人们在制作有形物品时，会高估它的价值。有关"孩子是自己的好"的实验表明，创意产品也存在同样的问题。不管我们制作的是什么（玩具盒、新电源、新数学原理），至关重要的是，它是否是我们的产品。只要是我们想出来的，我们就很容易自信地以为它一定比别人的类似主意更有用、更重要。

就像行为经济学的很多发现一样，上面的实验结果同样既有有利的一面，又有不利的一面。从正面来看，如果你理解在工作和思想上投入了时间和精力可以引发专属感和自豪感，你就能鼓励自己和他人怀着更大的兴趣投身到目前的工作中。加强专属感并不困难。下一次，你在打开产品包装盒时，注意一下产品合格标签——某某人的大名就骄傲地印在上面。或者想象一下你帮助孩子们在园子里种蔬菜。如果莴笋、西红柿以及黄瓜是他们种的，而且被做成了晚餐沙拉，十有八九他们会多吃一些（而且喜欢"他们的"蔬菜沙拉）。同样，如果我在给银行家们做陈述时，形式不像做讲座，而像开研讨会，我只给他们提出一些引导性的问题，让他们觉得创意是他们想出来的，那么他们就可能全心全意地采纳。

当然了，这种想法也存在负面因素。如果有人懂得操纵别人的专属欲，就可以让别人心甘情愿地为他做事。假如我想让我的博士生替我完成某个研究项目，只需要引导他们相信主意是他们想出来的，让他们进行一个小实验，分析一下结果，哇，行了，他们就上钩了。而且，就像爱迪生的例子，痴恋自己主意的过程可能导致僵化。一旦我们迷恋上自己的见解，那么在需要灵活的时候，我们就不可能随机应变了（"坚持到底"在某些情况下并不可取）。我们很可能拒绝接受别人提出的主意，尽管它实际上比我们的高明。

人的本性既有趣又神奇，人们易于过高地评估自己的作品，这和人性的其他方面一样,是一个装有好坏两种东西的袋子。我们的任务就是尽量发掘自己的优点,避免缺点。

如果你不介意,请把下面的单词组成一个句子,然后标出你认为这个观点的重要程度。

我们 是 重要的 组成 基本的 部分 非理性 和 人类
(非理性是我们人类重要的和基本的组成部分。)

在一个 0~10 的重要程度标尺上,我认为这一观点的重要程度为____。

第五章

报复的本能
为什么我们要寻求公平正义

在大仲马1844年写的《基督山伯爵》一书中，主人公爱德蒙·唐泰斯受诬陷入狱，沉冤十余载。他最终逃出监狱并找到了狱友留赠的财富，从此改变了自己的命运。他更换了身份和姓名，成为基督山伯爵，倾尽自己的财富与智慧，操纵那些背叛自己的人，并使其逐一陷入圈套，对这些人和他们的家人实施无情的报复。目睹他的报复计划压榨出的人性残骸，伯爵最后意识到复仇的欲望已经使自己走得太远。

只要有机会，我们大多数人都会自然而然地寻求报复，尽管很少有人会像唐泰斯那样极端。报复是人类根深蒂固的一种本能。从古到今，尸骨成山，血流成河，无数生灵消逝在报复的争斗中和战场上——纵然玉石俱碎也在所不惜。

我们假设这样的场景：你和我生活在2 000年前的一片荒漠中，我的一头小驴非常可爱，引得你生出觊觎之心。如果你认为我是个理性的决策者，可能会这样考虑："丹·艾瑞里给人挖10天井就能挣够买这头驴的钱，如果我哪天晚上把它偷来，跑得远远的，他可能会算计一下，觉得花时间追我不合算，还不如把它列为经营损失。这样他就会再去给人打井，挣够了钱再去买一头驴。"不过你还应该想到，我未必一贯理性，而且我实际上是个睚眦必报、心狠手辣的家伙，哪怕追到天涯海角也要找到你，不但要拿回我的驴，牵走你所有的羊，还会打得你满地找牙——如果这样，你还会放心大胆地来偷我的驴吗？我猜你不会。

尽管报复会带来许多伤害（经历过反目成仇或者艰难离婚的人应该明白我说的是什么），我还是要说，报复的威胁（即使人们要付出巨大的代价）能够成为维护和支撑社会秩序的有效强制机制。我并不主张"以眼还眼，以牙还牙"，但我猜测，报复的威胁总的说来是具有一定功效的。[①]

一旦进入法治社会，人们就不需要自己充当执法者了。但是，仅仅有了法律并不意味着人类的本性就很容易改变了。于是，我们现在的法律明确规定，不准人们自行解决某些争端。

那么，在这种原始情绪的背后，究竟隐含着什么机制与激励因素呢？人们在什么情况下才会寻求报复呢？是什么力量驱使人们不惜花费自己的时间、金钱、精力，甚至冒着生命危险非使对方痛苦不可？我们把这些问题放到市场条件下想一想，客户对某些公司感到愤怒，他们会怎么做？公司方面又该怎么办？

惩罚的快感

为了初步了解人类的报复欲望是何等根深蒂固，我请你看一看由恩斯特·菲尔带领的一个瑞士研究小组所进行的研究，他们通过一个叫作"信任游戏"的实验详细观察了报复现象。游戏规则如下，这些

[①] 事实上，报复是行为经济学的一个很好的广义比喻说法。这种本能未必理性，但也不无缘故，有时甚至是有用的。

规则都已经向参与者做了详细说明。

你和另一个实验参与者被分为一组。你们被分在不同的房间里，而且永远不会知道对方的身份。实验主持人给你们每人10美元。你必须走出第一步，决定是把你手中的钱送给游戏对家，还是自己留下。如果你决定把钱留下，游戏到此结束，你们俩可以拿着各自的10美元回家。但是，你如果送出10美元，主持人就会把你送的钱数乘以4付给对家——对家手里不仅有原来的10美元，还会再加上40美元（10美元×4=40美元）。对家现在有两个选择：一是把钱都留下，也就是说，他（她）可以拿到50美元，而你一分也拿不到；二是把1/2的钱退给你，也就是说你们俩各得25美元。①

当然了，问题在于你是否信任你的对家。你会把钱送给他（她）吗（到头来有可能失掉你到手的钱）？对家是否值得你信任，可以把赢到的钱分给你？理性经济学对此预测得非常简单：人们绝不会退回50美元的1/2，而且，既然事实如此显而易见，一开始也绝不会有人把10美元送出去。但是在这一个案例中，传统经济学理论是不准确的：令人高兴的是，人们并不像传统经济学所教导的那样，他们更信任别人。结果是很多人送出了自己的10美元，并且他们的游戏对家也相应地退还了25美元。

这是信任游戏的基本形式，但瑞士研究小组进行的实验还包括另一个有趣的步骤：如果你的对家决定把50美元独吞，你可以用自己的钱惩罚这个混蛋。你从自己来之不易的辛苦钱中每拿出1美元，实验主持人就相应扣掉贪婪的对家手中的2美元。也就是说，如果你决定

---

① 这个游戏有多种玩法，规则与钱数各有不同，但基本原则是一致的。

自己拿出2美元，你的对家就要损失4美元，如果你咬紧牙关花上25美元，对家赢的钱就一分不剩了。如果你在玩这个游戏的过程中对方背叛了你的信任，你愿意花这样的代价来实施报复吗？你愿意自己掏腰包让对方吃苦头吗？

实验表明，如果有机会，多数人一定会向对家实施报复，而且会严加惩罚。但是，这还不是研究最精彩的部分。在游戏参与者决定实施惩罚时，他们的大脑处于正电子放射断层造影探测系统（PET）的扫描之中。这样，实验主持人就可以同时观察到参与者的大脑活动状态。结果表明，这种做法会导致人的大脑纹状体活动加强，而大脑的一部分活动与人们体验奖励相关。换言之，根据正电子放射断层造影探测系统的扫描结果，惩罚别人的决定似乎与快感有关。还有，实验证明那些大脑纹状体激活程度越高的人，对对方实施的惩罚就越重。

这一切说明，实行报复——即使需要付出代价也要报复，这种欲望是有生物学基础的，而且这种行为事实上能获得快感（或者起码引发类似快感的反应）。

惩罚冲动在动物中同样存在。德国莱比锡进化人类学院研究所的凯特·詹森、约瑟夫·考尔和迈克尔·托马塞洛在一次实验中，想弄清楚黑猩猩是否有正义感。他们的实验设计是把两只黑猩猩分别关进两个相邻的笼子里，笼子外面放一张堆满食物的桌子，这两只黑猩猩都能够得到。桌子装有脚轮，两头分别拴一根绳子。两只黑猩猩都能将桌子拉近或者推出去。绳子连在桌子底部。如果任何一只黑猩猩拉动绳子，桌子就会翻倒，食物就会散落在地，它们都够不到了。

当他们在笼子里只放一只黑猩猩，另一个笼子空着的时候，黑猩猩会把桌子拉过来，想吃多少就吃多少，它不会拉绳子。但是当临近的笼子里再关进一只黑猩猩后，情况就变了。只要两只黑猩猩都能吃到食物，它们就会相安无事；但如果其中一只有意无意地把桌子拉到自己这边，另一只一旦够不到食物，它会发怒拉动"报复"的绳子把桌子掀翻。不仅如此，恼火的黑猩猩还会暴跳如雷，狂叫不休。这表明人类与黑猩猩相似，都有与生俱来的正义感，同时这也表明，即使要付出代价，在灵长类和人类的社会秩序中，报复都具有深层次的作用。

报复绝不仅仅是满足个人欲望，从别人那里讨回公道。报复与信任实际上是一枚硬币的正反面。正如我们在信任游戏中所看到的，人们总说愿意相信别人，即使是从未见面，甚至以后也无缘再见的人（这也就是说，从理性经济学的观点来看，人们总是过于轻信他人）。这一信任的基本因素也揭示出为什么建立在信任基础上的社会契约一旦被破坏，我们就会非常愤怒——为什么在这种情况下，我们即使付出自己的时间和金钱，有时还冒着人身伤害的危险，也要使违约者受到惩罚。诚信社会的好处比非诚信社会多太多了，我们与生俱来的本能就是保持我们社会中的高度诚信。

向银行家扔烂西红柿

2008年金融危机之后，多数美国人动了报复之心，这毫不奇怪。以抵押贷款为基础的股票市场土崩瓦解，导致商业银行像多米诺骨牌一样纷纷垮台。2008年，摩根大通银行收购了贝尔斯登公司。9月7日，美国联邦政府介入救助房利美和房地美公司。一个星期后，9月14日，美林证券公司被美洲银行收购。第二天，雷曼兄弟公司申请破产。又过了一天（9月16日），美联储给保险业巨头美国国际集团提供借款以避免其垮台。9月25日，华盛顿互助银行把旗下的分支银行卖给了摩根大通，又过了一天，该银行的控股公司和剩余分支机构根据美国《破产法》第11条申请了破产保护。

9月29日，星期一，美国国会投票否决了美国总统布什提出的紧急援助一揽子方案，导致股市暴跌778点。就在美国政府忙于制定另一方案以谋求通过的时候，正在与花旗集团和富国银行举行收购谈判的美联银行成了下一个受害者（最终被富国银行收购）。

我看到周围愤怒的公众对7 000亿美元救市法案的反应，他们的投资基金被那些银行家冲进了下水道，他们真想把那些家伙揍个鼻青脸肿。我的一个朋友气得几乎发疯，他建议使用老式的刑罚。"美国国会不但不应该让我们这些纳税人来救助那些骗子，"他嚷道，"还应该把他们关进木笼子，把脑袋和手脚露出来。我敢打赌，所有的美国人都愿意出大钱向他们扔烂西红柿解恨！"

从信任游戏的角度能看出点儿蛛丝马迹吗？我们把自己的退休基金、储蓄和抵押物都委托给了这些银行。到头来，他们把50（你可能想在这个数后面加几个零）美元全都拿走了。结果，我们觉得被出卖了，感到气愤，想让他们付出沉重代价。

法律制定者的愤怒

下面的几段文字是从一位匿名的美国国会议员的信中摘录出来的，全文发表在一家激进的政治网站"公开左派"上，它生动地表达出许多美国人对于救市法案的愤怒：

保尔森和美国国会里的共和党议员们,或者说那一小部分想投票赞成这一法案的人(他们多数都不愿意为他们的政策后果承担责任),他们宣称不准对法案"加尾巴",也就是增加附加条款。我确实不想引发全球性的大萧条(这不是危言耸听,而是完全可能的),但是我绝对不会同意把一张 7 000 亿美元的空白支票交给那些浑蛋。

南希(佩洛西)说她原想在法案里加进被美国布什政府封杀掉的第二个一揽子"刺激"方案。我不想为了那该死的几座桥拱手送上 7 000 亿美元,并与世界上最没良心的人进行交易。我想对整个行业实行改革,越彻底越好。

亨利·韦克斯曼建议由政府主导公司改革,包括 CEO(首席执行官)薪酬,以此作为拨款的代价。有些议员建议对美国《破产法》的抵押条款进行修订,而且美国国会司法委员会的成员也很想这样做。这完全可能做到。

我们可以把 2007 年 11 月众议院通过的《反掠夺性贷款法案》中已经给了该行业的那些条款剥离出来,因为该法案尚未进入美国参议院的预算。提交讨论的建议还有很多,不过要在下周前拿出结果可就太困难了。我不禁为法案中其他一些条款所吸引,诸如那些向美国财政部出售房地产抵押做担保的股票公司的首席执行官、财务总监和董事长,要求他们提供证明,证实他们完成了信用审核,并且合格等,这样的条款除了使这一行业蒙受耻辱之外,没有丝毫实际作用。现在对宣告破产的消费者实行这种审核,以确认他们债台高筑的窘境,确实让他们饱受羞辱,尽管他们深陷债务危机的原因极有可能是家中有人重病缠身。我认为美国国会的这种条款简直是毛毛雨、幼稚、名副其实的小孩子把戏。我倒想听听别的意见，看看谁愿意站出来，把那些坏蛋抓住，我要把他们打个鼻青脸肿。

为了挽救经济，中央银行千方百计地注入资金，给银行提供短期贷款，增加流动性，回购具有抵押贷款性质的股票，动用可能想到的一切招数。这些极端的措施对经济复苏并没有起到预期效果，更重要的是，这样巨额的资金投入对恢复经济所起的作用微乎其微。① 美国公众仍然对重建信任这一中心问题无人理睬而感到愤愤不平。事实上，我猜测这是由于三个原因导致公众信任受到进一步的侵蚀：救助法案最终还是通过了（只增加了一些无关痛痒的减税条款），金融业发放巨额奖金，华尔街按部就班、一切照旧。

消费者的报复：我的故事，第一部分

我的儿子爱米特 3 岁时，我和苏米正等待第二个孩子（内塔）的降生。我们决定买一辆家庭轿车，最后却买了辆小型奥迪，不是厢式多用车，而是红色的（最安全的颜色）掀背（多功能）车。不仅如此，这家公司以售后服务优良著称，还有 4 年免费更换机油的优惠。这辆小型奥迪真是太棒了——动力强劲、设计时尚、操控自如，我们

---

① 救助措施确实帮了银行大忙，它们很快就扭亏为盈，并且给高层管理人员发放高额奖金。但是对整体经济来说，救助措施作用不大。

第五章 报复的本能

简直喜欢得一刻也不愿离开。

那时我们住在普林斯顿，从我们住的高级研究学院公寓到爱米特的日托中心只有180米的距离，到我的办公室也不过360米，只有偶尔去食品杂货店购物和每两个月到波士顿的麻省理工学院做访问时才有机会用车。为了避免交通拥堵，我总是在去波士顿前一天晚上大约8点钟从家里动身，并于后半夜早些时候到达；回普林斯顿的路程安排也差不多。

一次，我晚上8点离开麻省理工学院，车上同坐的是哥伦比亚大学的同事伦纳德·李，他碰巧也要去波士顿。我和伦纳德已经有好几个月没有坐下来好好聊聊了，我们都很想借这个机会交流一下。上路大约一个小时，车子正以每小时110公里的速度行驶在马萨诸塞州繁忙的收费路段上，突然，我感觉发动机不听使唤，与油门踏板之间失去了联动。我松开油门，重新踩下。发动机加速转动，但车速不变，我们好像在空挡滑行。

奥迪车的速度很快降下来，我打开右转指示灯，向右后方转头望去。两辆黑压压的18轮重型卡车呼啸而过，好像根本就不在意我的信号。我根本没法往边上靠。卡车过去以后，我尽力往右侧车道靠，但是，波士顿司机开车时习惯于把车距保持得很近，车与车的距离只有用高倍显微镜才能测出来。

这时，平时一贯笑眯眯又健谈的同事突然把话匣子关了，而且神情凝重起来。车速降到每小时48公里，我终于设法把车靠进右边的车道里，再开上路肩时，我的心一直悬在嗓子眼儿里。车子没完全靠边就已经停住，一动也不能动了，谢天谢地，我们总算离开了行车道。

107

我把车熄了火，停了几分钟，再点火起动，看传动系统是否能恢复正常。没有用。我打开车前盖仔细看着发动机。我小的时候能大体看懂发动机的构造，你能看到化油器、活塞、火花塞，还有一些软管和皮带；可是眼前这辆奥迪，我所能看到的只有一个金属块，什么零件也看不到。我不想再白费力气了，按照每辆奥迪车都提供的紧急求助号码打了电话，过了一个小时，拖车来把我们拉回了波士顿。

第二天一早，我给奥迪客户服务部打电话讲述了事情的经过，向其客户服务代表做了具体生动的描述。我详细地叙述了当时在我的车边呼啸而过的大卡车，我是如何害怕无法驶离高速车道，我手上还握着另一个人的性命，车子失去了动力，空挡滑行多么困难。电话另一端的女客服好像在照本宣科，"给你造成不便，我很抱歉"，声音好像是她从鼻子里哼出来的。

她说话的语气简直让我想越过电话线掐住她的脖子。像我这样，感觉几乎是经历了九死一生，且不说刚买了5个月的新车就会出这样的毛病，我费尽力气把我的危险经历向她做了最生动、最细致的叙述，最后换来的却是轻描淡写的"不便"。我似乎看到她就坐在我的面前，拿着小锉刀在锉着指甲。

后来的对话大概是这样进行的：

她：你目前住在原来的地址吗？

我：不是，我现在住在新泽西，车子是在马萨诸塞出事的。

她：这就奇怪了，我们的记录显示你住在马萨诸塞。

我：我一直住在马萨诸塞，但是我目前在新泽西暂住两年。而且，我的车是在新泽西买的。

她：对于在外地发生的故障，我们有个补偿政策，可以报销回程的飞机票或者火车票，以便帮助事主回家。不过，我们的记录显示你就住在马萨诸塞州，因此不能享受这一待遇。

　　我：（声音大了）你的意思是说你们的记录错了，要我负责？我现在就住在新泽西，你们需要什么证据，我都可以提供。

　　她：对不起，我们只能以我们的记录为准。

　　我：（为了尽快修好我的车不再继续往下争论）我的车怎么办？

　　她：我会给车行打电话，之后再通知你。

　　那天的晚些时候，我才知道起码要等上4天，车行才会过来简单地检测一下我的车。我租了一辆车和伦纳德再次出发——这一次总算顺利。

　　其后的一个月，我每周都给奥迪客户服务部打两三次电话，找了好几个客服代表，还有各个级别的负责人，每次都向他们询问我的车到底修得怎么样了，但是毫无结果。每打一次电话，我的情绪就变坏一些。在这个问题上，我有三点认识：我的车一定有严重问题；奥迪客户服务部想大事化小，小事化了，尽量推脱责任；从那以后，开这辆奥迪时我再也不会有原来那种享受的感觉，因为我的感受已经受到负面情绪的损伤了。

　　我有个朋友在马萨诸塞地区检察官办公室工作，他给我提供了《柠檬法案》的一些规定条文。[①] 于是，我以此为依据给奥迪客户服

---

　　① 《柠檬法案》规定新买的汽车如果质量和性能达不到标准，就应该得到救济和补偿。

务部打了电话。电话另一端的客户服务人员很惊讶,她从没听说过《柠檬法案》这样的法律,但仍提议我通过法律途径解决。(我想象得出,她一边得意地笑着一边想:"我们的律师正等着和你的律师打一场昂贵持久的官司呢。")

经过这次电话交涉,我很清楚自己毫无胜算。请律师打官司花的钱比把车卖掉自认损失还要多。就在这辆奥迪车出问题大概一个月以后,车修好了。我租了辆车开到波士顿,领回我的奥迪,把它开回普林斯顿,原来的那种享受感几乎荡然无存。我对整个经历感到沮丧、无助。当然,让我失望的首先是车子抛锚,但我了解汽车是机械产品免不了出毛病——这一点我们无法完全控制。我不过是运气不好,买了辆有毛病的车。真正让我气恼的是客服人员对待我的态度,他们表示出明显的漠不关心,和我一推二磨三拖,"玩太极拳",这才是惹我上火的缘由。我也想让奥迪公司的那些人不舒服。

别接那个电话

后来,我和我的好朋友阿耶莱特·格尼齐(加州大学圣迭戈分校教授)进行了一次长谈,我的情绪得到了很好的发泄。她理解我报复奥迪公司的欲望,就建议和我一起对这种现象进行研究。我们决定进行有关消费者报复的实验,希望通过研究对自己的报复感受和行为有更好的了解。

我们要设计出实验的条件,让参与者想对我们实行报复:这似乎不是好事,但是为了测试报复行为的轻重程度,我们必须这样做。理想的实验情境是设置一个严重激怒消费者的事件——与我的奥迪车售后服务类似的问题。虽然奥迪客服人员似乎很乐于看到我恼怒的样子，但我们并不确定他们是否愿意配合我们的实验，激怒 1/2 打电话给他们求助的人（同时不得罪另外 1/2 的人）。于是，我们需要另外设计与此类似的情况。

虽然从某种意义上说（为了实验的目的）制造点儿意外刺激，惹恼实验参与者好像也挺有趣，但我们可不想把人弄到监狱里去或者造成流血事件（特别是我本人）。从实验出发，我们希望实验使得顾客感到轻微的恼怒就够了。为什么？如果我们能证明较低程度的恼怒就足以使人们感到愤怒并且实行报复，我们就可以推断现实世界中惹人恼怒的行为更加严重，因而报复的可能性就更大、更强烈（为了研究报复而把参与者置于强烈的情绪桎梏之下，这样做有点儿不道德）。

寻找并确定惹人愤怒的方法是件有趣的工作。我们想过让实验主持人吃大蒜，在实验的过程中，大蒜的味道可以把参与者熏得够呛，还有往他们身上洒东西，或者踩他们的脚趾。最后，我们确定的方法是让主持人在给参与者解释问题的过程中拿出手机打电话，和别人通话几秒钟再挂掉，然后若无其事地接着讲。我们觉得这样做与其他方法相比，既避免了身体接触，也更讲卫生。

这样，我们就决定了用什么方式激怒别人，但是我们需要给参与者设计什么样的机会实施报复，又该如何对报复进行检测呢？我们可以按传导的方式把报复确定为轻微与强烈两种。轻微报复行为一般在公认的道德与法律允许的范围之内，就像我向邻居和朋友们（还有你，亲爱的读者）高声抱怨奥迪客服糟糕透顶一样。我这样表达自己的感受是可以的，而且没有人会认为我超越了正常的行为规范。如果受害一方超越公认规范向对方施行报复那就是"强烈"报复，例如，采取打碎人家的窗户玻璃、造成身体伤害，或者偷窃对方的东西等方式。我们决定让参与者的报复达到"强烈"程度，下面是我们想出的办法。

丹尼尔·伯格尔－琼斯今年20岁，是个聪明而且有才华的小伙子，长得也很帅（高个子，黑头发，宽肩膀，左腮上有块伤疤更衬托出他的粗犷豪放）。他是波士顿大学表演专业的学生，现在没有工作，正是我们要找的合适人选。我和阿耶莱特雇用他整个夏季，让他在波士顿随处可见的咖啡馆中找一家专门用来惹怒顾客。丹尼尔是个很好的演员，他能轻松地惹恼别人，而自己还保持一脸正经，和颜悦色；他还能把同样的内容一次又一次、一天又一天地重复表演，而且毫不走样。

丹尼尔找了一家咖啡馆，接着开始寻找单独进来的顾客。等他们坐下来，饮料也端上来，他就上前问道："对不起，打扰一下。你愿意做一个5分钟的小活儿赚上5美元吗？"有这样的机会，多数人感到高兴，5美元付咖啡钱绰绰有余。他们表示同意后，丹尼尔就递上10张纸，上面布满不按顺序排列的字母，而且这些字母没有意义（与本书第二章里提到的寻找相连字母实验类似）。

"我想请你做这个。"他对每个人都这样讲解，"从每一张纸上找出所有两个字母's'相连的地方，在那里画个圈。找完第一张，再找第二张。5分钟时间一到，我就会过来，取回试卷，付给你5美元。有问题吗？"

过了5分钟，丹尼尔就会回到桌子旁边，收回试卷，递给参与者一小沓一美元的纸币，附带这一张事先写好的收据，内容如下：

第五章　报复的本能

本人，＿＿＿＿＿＿＿＿＿＿＿＿＿＿（姓名），兹收到参与实验而获取的报酬5美元整。

签字：＿＿＿＿＿＿＿＿＿＿　日期：＿＿＿＿＿＿＿＿

"请把钱点一下，把收据填好留在桌子上。我一会儿回来取。"丹尼尔说。然后他转过身去，那边还有人在等他，急于参加实验。这些人是对照条件下，"非激怒"一组。

另一组顾客，处在"激怒"条件下，他们面前是一个稍微不同的丹尼尔。他在给顾客讲解实验要求的过程中，会假装感觉到手机震动，来电话了。他把手伸进口袋，拿出手机假装讲话："你好，麦克。有事吗？"停了一会儿，他又兴高采烈地说："晚上8点30分，有比萨饼。到我那里，还是去你那里？"然后说完"一会儿见"，挂断电话。整个接假电话的过程大约用了12秒钟。

丹尼尔把手机塞回口袋，没有任何歉意的表示，若无其事地继续讲解实验要求。从这时开始，一切与"对照条件下"的那一组完全相同。

我们预期被电话打断过的那组人会被激怒进行报复，不过我们该怎样衡量他们的报复程度呢？丹尼尔在给他们送上一沓钞票时，还会对他们说："这是你的5美元，请点一点，然后填一张收据。"事实上，他常常多给他们钱，假装给错了。有时给6美元，有时7美元，有时还给9美元。我们想弄清参与者发现丹尼尔无意中多给了钱，是否会出于对他的无礼行为进行报复，而故意强烈地违反社会规范（在这个案例中就是把多给的钱据为己有），不把多给的钱退回来。我们特别想测试一下经历了12秒钟被电话打断的这组人，他们中有多少人会

113

把多给的钱留下不还——我们可以据此对报复的程度进行衡量。（我们选定这种方法是因为它与我们日常生活中遇到的报复机会相似。你到饭馆就餐时，发现服务员给你的账单上多算了钱——你会给他指出来，还是听任他把那部分据为己有？如果服务员拒不认账惹你发火怎么办？你还会继续视而不见、装聋作哑吗？）

面对这种两难的选择，参与者们表现如何？结果发现，对多给的钱视而不见——人们的这种倾向与金额（1美元、2美元或者4美元）的多少没有关系，不过，丹尼尔讲解过程中插入的12秒钟电话所起的作用可太大了。经历过丹尼尔无礼行为的参与者仅仅有14%的人退还了多给的钱，而"非激怒"一组的这一比例却有45%。当然，即使在"非激怒"条件下也只有45%的人退还了多出的钱，这一事实令人悲哀。但是，仅仅接了12秒钟的电话就把参与者退还余款的可能性降低到如此地步，做出诚实选择的人居然寥寥无几，这种结果真令人沮丧。

特别差的旅馆和另一些故事

真是不可思议，我发现因为受到客户服务代表的不公正对待而感到气恼的不只我一个。例如，汤姆·法默和肖恩·艾奇逊这两位商人，如果你上网搜索一下，就可以找到一个名为"你们这家旅馆太差劲"的有趣文件，是一系列用PowerPoint软件制作得很漂亮的图文展示，义正词严地揭露了休斯敦两棵树旅馆的管理问题。

2001年一个寒冷的夜晚，这两位商人来到这家旅馆，他们首先得到有空房间的保证并预订了房间。不过很不幸，他们到达时被告知房间已经住满,只剩下一个房间,但是由于空调和下水管的问题,不能入住。这种情形已经使得法默和艾奇逊有些生气,更让他们气愤的是夜间值班员麦克冷漠、麻木的态度。

麦克根本没有设法为他们另外安排住处或者提供别的任何帮助。事实上,他的粗鄙无礼、毫无歉意、目中无人的行为已经远远超过了房间问题本身,使得法默和艾奇逊更加愤怒。他们认为,既然麦克是值班员,对客人的这种遭遇表示同情就是他的本分,但是,他根本没有这样做,这让他们无比恼怒,并且想要报复。他们都是优秀的商业咨询师,制作了PowerPoint文件,把整个事件从始至终用图文形式逐一展示,配上他们幽默剪辑过的"夜间值班员麦克"的旁白。文件中,他们还计算了由于麦克行为不当可能给整个连锁旅馆减少的营业收入,以及他们再次入住两棵树旅馆的概率。

例如,第15张幻灯图片的标题为"我们不可能再次入住休斯敦两棵树旅馆",汤姆和肖恩这样描述了他们再次入住该旅馆的可能性:

我们不可能再次入住休斯敦两棵树旅馆

- 一生之中死在浴盆里的概率:10 455:1

(美国国家安全委员会)

- 地球被路过星体引力拉出太阳系的概率:2 200 000:1

(密歇根大学)

- 中英国乐透大奖的概率:13 983 816:1

(英国博彩管理委员会)

- 我们再次入住休斯敦两棵树旅馆的概率:小于上述一切

(你为我们保留房间的概率到底又是多少呢?)

两位商人把PowerPoint用电子邮件发给了两棵树旅馆的总经理和这两位商人在休斯敦的客户。从那以后，这一系列展示文件在网上声名鹊起。到头来，两棵树旅馆主动提出向法尔默和艾奇逊支付赔偿。他们俩只要求两棵树旅馆切实改进客户服务方面的问题，据报道，现在这家旅馆已经做了改进。

另一个有关报复的故事也有比较好的结局，内斯达特兄弟二人制作了一部纪录片，详细地记录了他们与苹果公司客户服务部交涉的经历。两兄弟中一个人的iPod（苹果智能播放器）电池坏了，他们打电话给苹果公司要求更换，苹果的客户服务代表告诉他们说："对不起，你的播放器已经超过了一年的保修期，你只能付200美元，额外再加上邮费买一块新电池。但这样，你还不如干脆买部新的播放器更划算。"

作为回应，两兄弟走遍纽约大街小巷，只要见到iPod的彩色广告牌就在上面涂上："iPod一次性电池只能用18个月"。他们还把自己的经历制成名为"iPod的肮脏秘密"的纪录片发到了YouTube视频网站和其他网站上。他们的做法迫使苹果公司改变了电池更换的规定。（不幸的是，苹果公司生产的播放器和智能手机电池一直还是很难更换。）

当然，在公众意识中客户服务最糟糕，名声最恶劣的行业当属航空业。乘飞机出行的种种环节很容易使人产生敌意。从安全方面看，某些安检有侵犯个人隐私之嫌（包括对更换股骨头的老妇人搜身检查）。人们必须脱掉鞋子，所携带的牙膏、润肤霜以及其他液体制品也必须限制在每件3盎司的容量以内，还必须放入1夸特大小的透明密封袋中。除此之外，还有其他数不清的令人心烦沮丧的事情，包括排长队、座位不舒适、起飞延误等。

多年以来，航空公司的一切都在改变，座位越来越小，同样的机舱塞进的人越来越多，两排座椅间的距离只有小孩子才能伸得开腿。托运行李、飞行期间的饮料快餐都要收费。航空公司最大限度地增加了飞机的飞行时间，减少了飞机在地面的停留时间，结果是，你猜一下，如果一个航班延误会发生什么？你猜对了——后面一连串的航班也跟着延误，而且它们会把原因都归结为某地的天气不好（航空公司会说："这不是我们的问题"）。由于这些伤害和无礼对待，旅客们经常感到愤怒，他们利用各种方式进行报复。

有一次，我乘飞机从芝加哥飞往波士顿，在飞机上就遇到了这样的报复行为，使我吃了头。上了飞机，我发现自己有幸被分配到一个中间座位17B，夹在两个大块头中间，他们的身体已经挤占到我的座椅。飞机起飞后不久，我伸手到前面座椅背后的袋子里取航空杂志，我的手并没有摸到纸张的触感，而是摸到了湿乎乎冰凉的一团，姑且礼貌地称之为"废弃物"的东西。我赶紧把手抽回来，并从座位上挤出去，到卫生间洗手。结果到卫生间一看，坐便器上盖满手纸，地板上到处是尿液，洗手液的盒子是空的。上一班乘这架飞机的旅客和刚才坐在我座位上的那一位，看来一定是愤怒异常（他们的怒气一定感染了飞机维护和清扫人员）。我猜刚才在靠背袋里给我留下又湿又凉礼物的人，还有把卫生间搞得一团糟的旅客，他们肯定不是和我有什么个人恩怨。但是，他们企图向航空公司表达愤怒情绪，却把怒气发泄到了后来乘机的旅客头上，而现在这些旅客则有可能进一步实行报复。

放眼四周，你是否注意到公众对公司团体日益增多的不良对待

117

普遍会用报复作为反击？你是否在商店里、飞机上、租车柜台前等场所遭遇到粗暴、无知、冷漠，有时是带有敌意的对待，而且这些现象比以往任何时候都多？我说不清这种鸡生蛋，蛋生鸡的循环是谁先造成的，但是作为顾客，受到伤害一定会感到气愤，而且容易把怒火燃向下一个向你提供服务的人或单位——不管他们（或它们）与我们的不愉快经历是否有关。遭受到我们不良情绪发泄的那些人还要给另外的顾客提供服务，他们自己的情绪已经非常低落，当然很难做到热情礼貌。因此就造成了这种走马灯式的（态度恶劣、激怒顾客、实行报复）变本加厉的恶性循环。

代理与主体

一天，我和阿耶莱特共进午餐，谈论有关丹尼尔用手机进行的那个实验。一个年轻的女服务员（看上去不到 20 岁）正心不在焉地为我们点菜。阿耶莱特点的是金枪鱼三明治，我要的是希腊沙拉。

过了几分钟，她把菜端了上来，我们一看，一份是恺撒沙拉，另一份是火鸡三明治。我和阿耶莱特面面相觑，又一齐把目光转向她。

"我们没点这些。"我说。

"哦，对不起。我这就拿回去……"

阿耶莱特真是饿了，她看了看我，我耸了耸肩膀。"不用了。"阿耶莱特说，"就这样吧。"

"对不起，"服务员说完转眼就不见了。

"如果她把账单搞错了，少算我们的钱怎么办？"阿耶莱特问我，"我们是告诉她呢，还是默不作声作为报复？"这个问题与我们的第一个实验有关,但有一个重要的不同点。如果是小费,问题很简单:她是对我们稍有得罪的人(用经济学术话说就是"主体"),我们就会少给她一些小费。但是,账单少算了却会减少饭馆的营业收入,而不是服务员的,服务员实质上是"代理",而饭馆才是"主体"。如果我们发现账单有误却因为服务员的过错不加以提醒更正,主体就会替代理受过。明知是代理犯了错误,我们是否还要向主体实施报复呢?还有,我们自己又设想:"假如饭馆就是这个服务员开的,那我们该怎么办?"如此一来,她既是主体又是代理,这种情况是否会让我们更想要对她进行报复呢?

我们猜测,如果服务员只是代理的话,我们不大可能对饭馆,即主体,实施报复,如果她是主体的话,我们很可能不会指出账单出现的错误(到头来,账单没算错,尽管我们对服务员的行为感到不满意,还是给了她15%的小费)。代理与主体的不同在很大程度上影响了我们实行报复的倾向,我们觉得这一概念很有道理。我们决定把这一直觉付诸实践,对这一问题做更详细的研究。

在告诉你我们是怎样做的,结果又是如何之前,先假设有一天你去了一家股份制服装商店,遇到了一个让你气愤的人。她站在柜台后面,滔滔不绝地和同事们谈论着某一美国偶像的最新趣闻,你示意让她招呼你,她却装成没看见,根本不理睬,这使你更加恼火。你真想一走了之,但又舍不得刚选中的衬衫和毛衣,最后忍无可忍地把信用卡朝她扔了过去。你注意到这个售货员忘了扫描毛衣上的价格标签,同时你也意识到如果少付钱就等于是在惩罚商店的主人(主体),而不是售货员(代理)。你是继续保持沉默,还是去提醒她呢?

我们再考虑一个稍微不同的例子:你去的是一家私人所有的服装

店，你同样遇上了惹你气愤的售货员，正巧她又是店主。同样，你也有机会"免费"得到毛衣。在这种情况下，主体与代理是同一个人，不告诉她少收款的事对二者来说都是惩罚。你会怎样做？你所报复的人同时又是惹你生气的人，你的行为会与上一个例子不同吗？

我们下一个实验的设计和前面咖啡馆的那个大致相同，不过丹尼尔所做的自我介绍有些不同，他对一部分客人说："你好，我是麻省理工学院教授雇来完成实验项目的。"这样一来，他就是代理，相当于拿微薄工资的服务员或者售货员。如果受他气的人留下了多给的钱，他们伤害到的就是我（主体）的利益。同时，丹尼尔又对另外一些人说："你好，我在这里是想完成毕业论文项目的，费用由我自己支付。"这样一来，他就成为主体，相当于饭馆或者服装店的主人。在这种情况下，那些想实行报复的客人会因为他是主体而惩罚他本人，还是不管受伤害的是谁都相同对待呢？

实验结果真令人沮丧。正如我们在第一个实验中所发现的那样，那些听讲解时受到电话干扰还能退还多付的钱的人比未受干扰的那一组少得多。不仅如此，我们发现，报复倾向并不是依据受害人是丹尼尔（代理）还是我（主体）而有所不同。这让我们想起了汤姆·法默和肖恩·艾奇逊。在他们那个案例中，惹他们生气的是麦克——夜间值班员（代理），但他们的 PowerPoint 却大部分指向了两棵树旅馆（主体）。在觉得需要报复的那一刻里，我们似乎并不在意要惩罚的是谁——我们只是想让某人付出代价，而不管他是代理还是主体。尽管市场上有一定数量的同时拥有代理和主体双重身份的人，以及日益增多的外包方式经营（这进一步增加了双重身份）机构，但我们认为，这样的结果还是令人担忧。

消费者的报复：我的故事，第二部分

我们知道，即使相对轻微的侵害也可能引发人们报复的本能。一旦人们感觉需要采取行动进行反击，通常就不会再仔细辨别到底是谁惹恼了他们，以及反击的后果最终会落到谁的头上了。这对那些在售后支持与服务方面口惠而实不至（果真如此的话）的公司绝对不是一个好消息。高高在上的公司总裁是很难观察到报复行为的（顾客在实施强烈的报复行为时会竭力掩盖）。我怀疑很多像奥迪、两棵树旅馆、苹果这样的公司，以及大多数航空公司对于冒犯顾客的行为与顾客的报复冲动之间的因果关系一无所知。

我应该怎样报复奥迪公司？我在 YouTube 视频网站上看到很多有趣的视频，人们用这种方式发泄自己的烦恼，但这种方式对我并不合适。与此不同，我决定为自命不凡的《哈佛商业周刊》写一篇虚构的案例研究。故事写的是汤姆·扎奇瑞里和他新买的艾提达轿车的一段不愉快经历（"艾提达"是我杜撰的，文章中用了汤姆·法默的名字；注意，姓氏中"艾瑞里"与"扎奇瑞里"也相似）。下面，就是郁闷的顾客写给艾提达公司总裁的信：

尊敬的特尔姆先生，

本人是贵公司的长期客户，而且一度是艾提达轿车的疯狂追捧者。很遗憾，给你写这封信时，我的精神却几近崩溃。几个月以前，我买了一辆崭新的安德罗米达 XL 型号汽车。这辆车动力强劲，设计新颖，操控自如，我非常喜欢。

2007 年 9 月 20 日，我在驾驶它回洛杉矶的途中，发现汽车油门失控，车子好像在空挡滑行。我试图将车靠右停下，正在这时，我发现两辆大型卡车呼啸开来，几乎擦着我的车疾驰而过。我真是捡了一条命，好不容易才靠上了公路右侧的路肩。我一生中从来没经历过这样危险可怕的情形。

由于贵公司客户服务人员的原因，后来的事情变得更加糟糕。他们傲慢无礼，不提供任何帮助，拒绝偿付我的有关费用。过了整整一个月，我才把修过的车提回来，但是我现在还是感到气愤，耿耿于怀，我想请你分担我的痛苦。我觉得有必要实行报复。

我现在正认真考虑把贵公司客户服务人员的所做作为制成一段短小精悍、构思巧妙而又让某些人厌恶的视频，并想把它发到YouTube视频网站上。我保证你看到后一定不会高兴。

汤姆·扎奇瑞里谨启

我在《哈佛商业周刊》发表的案例提出了这样一个问题：艾提达公司对汤姆的愤怒应该做出什么样的回应？生产商对汤姆应该承担哪些法律责任并不那么清楚，公司的经理们也不知道是应该不予理睬还是进行安抚。归根结底，他们会问：这个人为什么还愿意花更多的时间和精力去制作有损艾提达汽车公司形象的视频影像呢？他在处理汽车问题上所花的时间和精力还不够吗？他难道想没事找事吗？艾提达公司已经向他明确表示不会对他进行任何安抚，既然这样他为什么还要浪费时间寻求报复呢？

《哈佛商业周刊》的编辑布朗温·弗赖尔请了4位专家对这一案例进行评论。其中之一正是以《你们这家旅馆太差劲》而闻名的汤姆·法默,毫不奇怪,他站在汤姆·扎奇瑞里一边,一同谴责艾提达公司。他开门见山地宣称:"不管艾提达公司是否认识到,首先在它销售汽车的同时,也需要提供服务,汽车制造企业并非不需要提供服务。"

到头来,所有4位评论员都认为汤姆受到艾提达公司的不公对待,他扬言要制作报复的视频会给对方造成很大损失。他们还指出与蒙受委屈而不满的顾客实行和解,这样做明显利大于弊。

这个案例研究于2007年12月发表以后,我给奥迪客户服务部的负责人寄送了一本杂志,并告诉他这篇文章就是基于我在该公司的经历写成的。这件事好像石沉大海,不过我现在对整件事情的感觉好多了——虽然我无法肯定到底是因为我已经实施了报复,还是因为事情已经过去太久了。

"对不起"三个字的魔力

我最终取回了我的车,首席机械师把钥匙交给我。我们告别时,这位机械师说,"抱歉,汽车难免出毛病。"他的话很有道理,对我产生了一种难言的安抚作用。"不错。"我想,"汽车难免出毛病。这不奇怪,没有理由生这么大的气,就像打印机卡住了一样,不值得这么生气。"

不过我为什么这么生气呢?我猜,假如当时客户服务代表说的是"对不起,汽车难免出毛病。"然后向我表示出一点儿同情,事情的整个经过就会完全不同。道歉在生意和人际交往中是否能改善局面,并且平息报复冲动呢?

鉴于我个人经常向我的爱妻苏米道歉的经验,道歉总是非常有效

（阿耶莱特完全是位圣人，她从来不需要别人道歉，永远不需要），我们决定在下一步的实验中检验"对不起"这个词的威力。我本人使用"对不起"的经验相当成功，不过我们还想弄清楚在商业交往中实行和解能起哪些作用。

我们的实验设计和原来的没有多大区别。我们还是让丹尼尔去问顾客是否愿意做我们的字母配对工作，并以此换取5美元。不过，这一次我们设置了三种条件。在对照（非激怒）条件下，丹尼尔询问咖啡馆里的顾客是否愿意参加一个5分钟的工作，并且挣5美元。如果他们同意（绝大多数都同意），丹尼尔就发给他们前面说的那种试卷并且进行讲解。过了5分钟，丹尼尔回到桌子旁边，收回试卷，多给了参与者们4美元（4张1美元，1张5美元纸币），请他们填写一张5美元的收据。对"激怒"条件那一组，前后经过基本相同（除了丹尼尔讲解过程中会假装打个电话以外）。

第三组与"激怒"条件那一组基本相同，但我们在其中加了个小花样。这一次，他把钱交给参与者并且请他们签收据，随后还加上一句道歉的话："对不起，我刚才不应该接那个电话。"

根据第一次实验的结果，我们预料到被激怒的那些人不大可能退还多给的钱，结果果然不出所料。但是，第三组情况如何？出人意料！道歉完全化解了顾客的不满。"道歉"条件那组人中退还多给钱的人数与没有被激怒那一组的人同样多。一点儿也不错，我们发现一句"对不起"就完全消除了顾客的怒气。（将来有类似情况，请记住这一魔法公式：1份怒气+1份道歉=0份怒气）这向我们表明道歉确实能起作用，起码能暂时起作用。

你先别急着认为得罪了人就立即像个傻瓜似的点头哈腰地说"对

不起"就行了，还有一点要注意。我们的实验是丹尼尔与咖啡店顾客的一次性互动过程。如果丹尼尔与顾客们一连很多天都在进行这个实验并且一直道歉，结果会怎么样还不清楚。正如我们在"狼来了"这个故事里学到的，某句话如果被过度使用（"对不起"如果被反复滥用）就很可能会失去它的作用。

我们还发现了平息或减弱顾客对我们施行报复的另一种方法。我们发现，延长丹尼尔的惹人心烦的电话与客户报复机会（他付给他们报酬，并请他们填写收据）之间的时间间隔，哪怕只有15分钟，也能平复他们的一部分报复情绪，将多余的钱退还给我们（这里也有重要的一点需要提醒：如果激怒的程度非常严重，我不敢肯定单纯延长时间是否就足以消除报复冲动）。

如果你禁不住诱惑……

许多智者警告人们不要相信报复的所谓好处。马克·吐温说："报复的害处在于：它只是出于一种预期；它本身是痛苦，而非愉悦；最起码痛苦的成分更大。"沃尔特·维克勒进一步观察认为："用报复浇灭怒火无异于用盐水止渴。"艾伯特·史怀哲写道，"报复……就像滚动的巨石，有人奋力把它推上山，它以更大的力量落下来，砸断推它上山的那个人的骨头。"

> **医疗事故的处理之道**
>
> 尽管很多人不这样认为，但医生实际上也是凡人，有时也会

犯错误。出现这种情况,他们该怎么办?医生是应该承认医疗中的失误并且道歉,还是拒绝承认错误?选择后者是出于一种很明确的推理:在一个诉讼成风的社会里,处世清白、不会说谎的医生如果成为被告,就比其他人更容易输掉官司。但是从另一面来说,你可能会争辩说医生的道歉能够息事宁人,因而从根本上减少被告上法庭的可能。

实际上,一种方式是谦恭平和地对待病人,保持良好的临床态度,另一种是斤斤计较利害关系,走法律程序解决争议,对比这两种截然不同的方式,说声"对不起"常常更有优越性。例如,巴尔的摩约翰·霍普金斯公共卫生学院的研究人员在向人们放映完关于医生对医疗失误反应的录像后发现,参与者们对那些道歉并承担责任的医生的评价比其他人要高得多。不仅如此,凯瑟琳·马扎尔和同事们发现,对于那些愿意承担责任、表达歉意,并采取措施避免失误的医生,人们并不是真的想和他们打官司。

如果你是一位外科医生,在给病人进行右膝手术时却用刀割到左膝,或者把手术器械落在病人体内,那么道歉就是必须且明智的。这样你的病人才不大可能怒气冲天地闯进你的办公室,用那条健康的腿踢打你,把你心爱的镇纸扔到窗外。这样也会使你看起来更有人性,降低被告上法庭的风险。与这些实验成果一致,医学界很多人呼吁,在医生犯错时应该鼓励他们勇于承认和道歉。不过,拒绝认错、推诿过失是人性的一部分——即使这样做会演变成愤怒与报复的恶性循环。

有了这些劝诫人们不要实行报复的忠告，报复就真的可以避免了吗？在我看来，报复是人类最基本的本能反应；它与我们信任别人这种难以解释的能力相关，既然它是人性的一部分，它就属于难以克服的本能。或许我们可以采取类似禅宗那样的生活方式。或许我们可以放眼长远。或许我们可以从1数到10，数到1 000万，让时间帮助我们。但更可能的是，对于我们不幸而且司空见惯的感情来说，这些做法无异于杯水车薪、隔靴搔痒（关于人类情绪阴暗的另一面，请参阅第十章）。

除了压制我们的报复情绪，或许我们还可以想出别的方法使怒气得到发泄，又不至于引起负面后果。或许我们可以准备一块纸板，一面用大字写上"祝你愉快"，另一面用很小的字写上"滚开"，然后把它放到汽车仪表盘旁边的储藏格里。如果有人开快车突然闯入我们的车道，或者做出别的可能危及我们的举动，我们就可以把纸板拿出来，把带有"祝你愉快"的一面给他看；或者我们可以编写一些描写对方无礼举止的报复性笑话匿名发到网上去；或者我们可以找朋友诉说发泄怨气；或者我们可以把事情经过用PowerPoint软件编成图文演示，也可以当成案例研究向《哈佛商业周刊》投稿。

有用的报复

我要说的是，除了在高速公路上九死一生的那一幕，我与奥迪之间的纠葛总的来说还是收获颇多。我由此而对报复现象进行反思，进行了几个实验，使我的观点见诸文字，并写了你现在正在读的这一章。的确，很多成功的故事都基于报复的激励。这些故事常常与企业家和商人有关，他们的自我价值与事业密切相关。当他们被别人从首席执行官或者总裁的位置上拉下来后，就会把报复当作终生的使命。有时他们能成功地夺回原来的职位，有时甚至能成功地创建一个新企业与原来的雇主展开竞争。

例如，19世纪末，康内留斯·范德比尔特拥有一家名为配件运输公司的船务公司，公司运行一切顺利，直到有一次他决定乘自己的游艇去欧洲度假。度假归来，他发现自己指定的负责公司运作的两名合伙人已经把他的股份全部买断并且瓜分了。"先生们，你们合伙欺骗了我。我不会去告你们，法律程序太慢。我要让你们身败名裂。"范德比尔特这样说。然后，他卖掉了游艇换成一艘客船，成立了另一家公司，恰如其分地命名为"针锋相对"公司。一点儿也不错，新公司迅速成长壮大，范德比尔特最终重新控制了他原来所拥有的公司。他的公司比原来更大了，不过范德比尔特至少裁掉了两名有问题的雇员。

下面还有一个因报复而成功的故事：杰弗瑞·卡森伯格被迪士尼公司解雇后，不仅拿到了2 800万美元的补偿，还与人合伙成立了梦工厂，成为迪士尼的竞争对手并推出了风靡一时的电影《怪物史莱克》。该电影不仅拿迪士尼的童话故事开玩笑，电影中的反派角色也明显地影射迪士尼的老板（卡森伯格的前老板）迈克尔·艾斯纳。你既然知道了史莱克的背景，我建议你再看一遍这部电影，了解一下报复是多么有创意（同时多么有趣）。

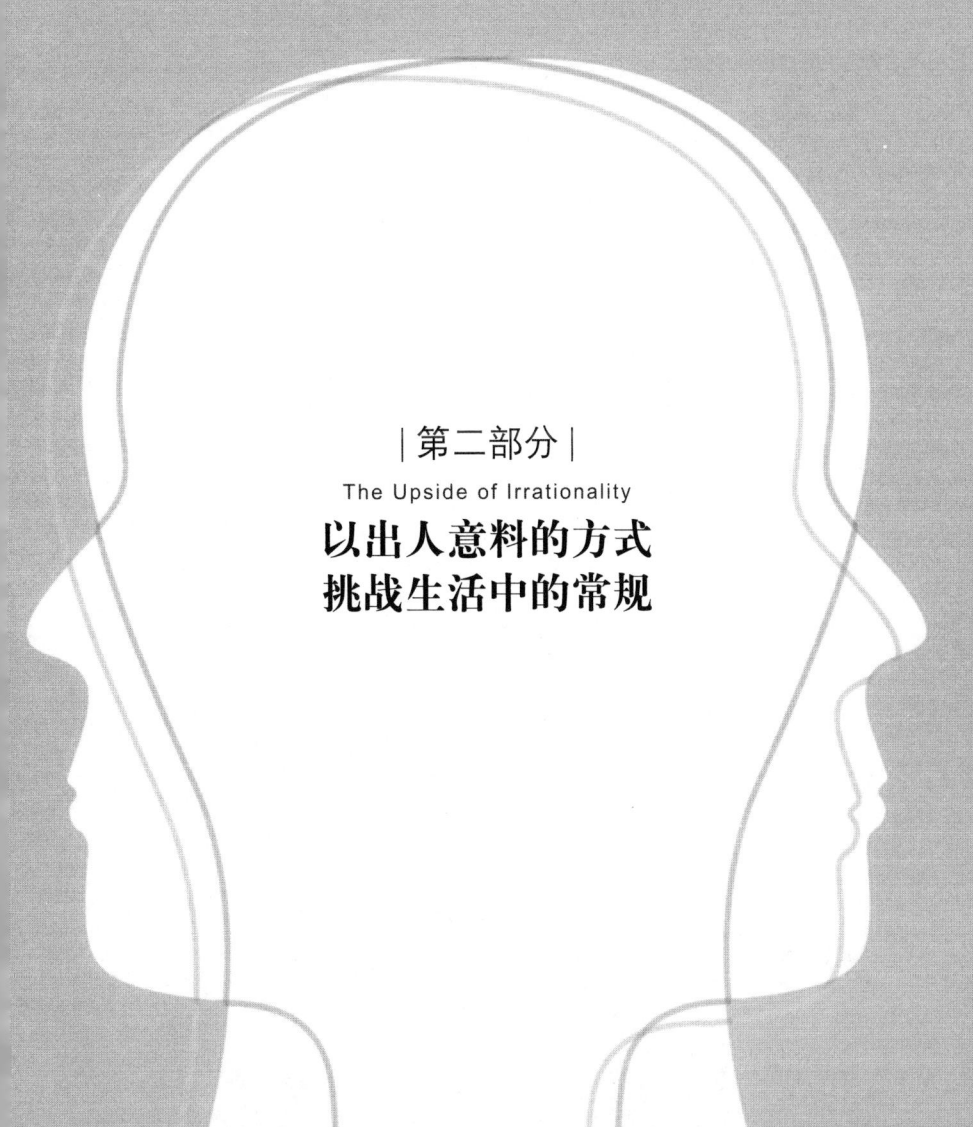

| 第二部分 |

The Upside of Irrationality

**以出人意料的方式
挑战生活中的常规**

第六章

适应的法则

为什么我们能适应一些事（但不是所有事，也不是一直如此）

"人是有适应能力的动物，能习惯于一切事物。"

——费奥多尔·陀思妥耶夫斯基

19世纪末，对青蛙、昆虫以及许多生物来说都是灾难深重的时期。心理学研究在欧洲和美国蓬勃发展（这部分归功于查尔斯·达尔文），科学家们如痴似狂地对不幸的研究对象进行分割、肢解、重新组装。据科学传记记载，他们曾把上述某些动物慢慢加热，以测定它们对环境变化的适应程度。

这类研究最著名的例子就是一个无从考证的故事——温水煮青蛙。假如你把一只青蛙放到一锅开水中，它会拼命挣扎，并且很快跳出来。但是，如果你把它放到与室温相同的水里，它就会安稳地待在里面。接着，水慢慢加热，青蛙会渐渐适应水温，停在原处不动。如果你继续不断地加温，到头来就会把青蛙煮死在锅里。

我无法肯定地说温水煮青蛙这个实验是否能成立，因为我没有做过，但是这个故事的确道出了适应法则的精髓。普遍接受的假设是：一切动物，包括人类，只要经过一定时间就几乎可以适应一切。

温水煮青蛙的故事一般是作为贬义使用。阿尔·戈尔发现这个典故可以很方便地用来比喻那些对全球变暖效应熟视无睹的人，还有人用它警示对于人权的逐渐侵蚀,商业人士和销售人员用它来证明这样的观点,即产品、服务、政策,例如价格的变化必须通过渐进方式改变,这样顾客才会有时间适应(最好是察觉不到)。对于适应性的上述比喻,人们已经司空见惯,《大西洋月刊》的詹姆斯·法罗斯在一家叫作"温水煮青蛙文档"的网上专栏中声称:"由于湿地缩小,水质污染,青蛙们的日子越来越艰难,政客们的陈词滥调也越来越没人听。我求大家可怜一下青蛙,让政客们的愚蠢说教也提高点儿层次,别再使用'温水煮青蛙'这个愚蠢的杜撰了。"

事实上,青蛙的适应能力确实了不起。它们能在水中和陆地上生活,它们能把自己的颜色变得与周围环境相似,有的甚至可以模仿它们有毒的"远亲"吓退敌人。人类也一样,人的身体对环境有奇异的适应能力,从严寒贫瘠的北极到炽热干旱的沙漠,人类的身体适应能力是人类特性中最值得夸耀的技能。

为了更好地观察人类奇妙的适应能力,我们来考虑一下人的视觉系统到底是如何运作的。你看完日场电影,从昏暗的电影院走到阳光下的停车场,虽然是猛然暴露在耀眼的阳光下,但你的眼睛却很快就会调整过来。从昏暗的电影院转移到明亮的阳光下,显示出适应的两种方式。第一,我们能很好地适应范围很宽的光谱,光照度从光天化日之下(照度最强可以达到100 000勒克斯)到黄昏日落(照度最弱仅为1勒克斯)。即使在星光下(照度最弱仅为0.001勒克斯),我们也能分辨出某些东西。第二,眼睛的调整需要一点儿时间。我们刚从暗处来到亮处,眼睛不能完全睁开,但是过了几分钟,我们就习惯了新的环境,视觉系统就会正常运作。我们适应得非常轻松,以至于几乎感觉不出外面的实际亮度。

对光的适应能力只不过是人类总体适应能力中的一个例子。人们遇到新的气味、物体表面、温度、环境噪声等,也会经历同样的过程。一开始,大家都有明显的感觉,但时间一长,人们就逐渐不再注意,到了一定程度,就习以为常了。

说到底,人们对于周围世界进行观察与学习的注意力是有限的——适应能力是一个非常重要的"新事物过滤器",它能够帮助人们把有限的注意力集中到事物正在发生的变化上,预见到可能带来的机会或招致的危险。适应能力让人们在瞬息万变的环境中发现重要的变化并加以处理,同时忽略那些非重要变化。如果空气的味道 5 个小时以来持续不变,你不会有异样的感觉。但如果你在沙发上看书,闻到煤气的味道,就会立刻注意到并马上离开,到室外给煤气公司打电话。我们应该庆幸,人体能够熟练地适应许多不同层次的变化。

疼痛如何教会我们适应

还有一种适应叫作"享乐适应"。它与我们对痛苦和愉悦经历的反应有关。举个例子,我们通过假想来进行一个实验:闭上眼睛,假想你在汽车事故中受了重伤,腰部以下完全瘫痪,你会怎么样。假想你坐在轮椅上,再也不能站起来走路、跑步了。假想你天天要面对残疾的心理折磨与肉体痛苦,许多活动的乐趣再也享受不到了,你对美好未来的憧憬已经化为泡影。想到这些,你可能认为失去双腿就会使你痛苦终生,永无出头之日。

实际上,我们很善于观察未来,却预见不到我们如何适应它。很难想象,过上一段时间,你可能就习惯了生活方式的改变,适应了你的残疾，并且发现一切并不像你原来想的那么可怕。你更难想象到，在新的条件下还会发现新的预想不到的快乐。

很多方面的研究表明，人们适应的速度比我们想象中要快。问题是：适应是怎样进行的，它到底能否提高人们的满足感，如果能，会提高到什么程度？

我上特拉维夫大学的第一年，有机会对疼痛适应的概念[①]进行反思，后来又进行了实证检验。我最早学习的一门课程是大脑生理机能。这门课的目的是了解大脑不同部分，以及它们与行为之间的关联。哈南·弗伦克教授问我们，饥饿、癫痫，以及记忆的运行机制是什么？语言的产生与发展的原因是什么？我对生理学专业没有太大的兴趣，但实际上从许多方面来说，它都是非同寻常的一门课——包括弗伦克教授通过亲身经历指引自己的研究兴趣。

弗伦克教授出生在荷兰，1968年移居到以色列时还不满18岁。他参加以色列国防军不久，乘坐的装甲车压到了地雷，装甲车被炸，造成他双腿截肢。鉴于这样的经历，弗伦克教授的主要研究兴趣，毫不奇怪，就是疼痛，我们在课堂上对这一课题做了某些详细探讨。我本人对这一课题也有很大兴趣，经常到弗伦克教授的办公室与他进行深入讨论。由于我们俩经历相似，我们对痛苦的讨论既有个人因素，又属专业研究。不久，我们发现我们在痛苦、痊愈、克服伤残方面有类似的经历。我们还在同一康复中心治疗过，尽管前后间隔了好多年，我们接受过相同医生、护士、以及理疗师的治疗。

[①] 疼痛是同时受到体能和精神因素影响的感受，正因为如此，它成为体能适应（例如青蛙适应逐渐加温的热水）与享乐适应（例如人们对自己新车的气味习以为常）之间有用的桥梁。

有一次到弗伦克教授那里去，我对他说我刚去看过牙，钻牙时我没使用普鲁卡因或其他止疼剂。"我觉得挺有意思。"我说，"钻牙很疼，我能感觉到钻头打在神经上，但我还能忍得住。"奇怪，弗伦克教授告诉我，他自从受伤以后看牙科也从来不用普鲁卡因。我们开始琢磨，这到底是因为我们俩碰巧都是以疼为乐的怪人，还是由于我们长期经受疼痛，因此钻牙似乎就成了小菜一碟的事，对我们影响不大。从直觉上，或许我们都比较自信，我们认为很可能是后者。

过了大约一个星期，弗伦克教授让我顺便到他的办公室去一趟。他一直在考虑我们俩的谈话，建议我们用实验证明这一假设，即假定我们俩别的方面都正常，对疼痛不太在乎只是由于我们的经历造成的。于是，我第一次亲身经历的社会科学研究就此开始。

我们找了一家专门为在战争中负伤的军人服务的乡村俱乐部，在那里设立了一个小型实验室。那家俱乐部非常棒，有给坐轮椅的人玩的篮球，给失去上肢或下肢的人开的游泳课，甚至还有给盲人玩的篮球（盲人篮球与手球相似，两边的边线就是墙，球里面有个铃，可以发出声音）。康复中心为我进行理疗的理疗师摩西是个盲人，他就是一支盲人篮球队的队员，我非常喜欢看他打球。

我们在乡村俱乐部周围贴了告示："诚招志愿者参加简短、有趣的实验研究。"参与者都不同程度地受过伤，他们急切地来到小实验室，迎接他们的是一个配有加热装置的水池，里面是热水，还有支温度计。我们已经把水加热到48摄氏度，并请他们先伸进一只手臂。参与者的手一放进热水，我们就马上按下计时器并且对他们说，如果发烫的感觉上升到疼痛（我们称之为"疼痛门槛"），就马上告诉我们。然后，我们让参与者继续把手臂放在水中，直到他们觉得忍受不

135

住了(这叫作"疼痛耐量")才能把手臂拿出来。做完一只换另外一只。

实验结束后,我们向实验参与者提出了一些问题:受伤的时间与经过,第一次住院期间的疼痛情况(平均来看,这些人的受伤时间在参加我们实验之前的15年),还有最近几个星期的情况。这样做挺费时间,不过我们还是设法收集了大约40个参与者的数据。

下一步,我们想弄清参与者受伤的经历是否可以提高他们忍受疼痛的能力。如果想这样做,我们就需要找另外一组人作为参照,对不同组的"疼痛门槛"和"疼痛耐量"进行对比。我们原想征召一些根本没有受过伤的人——学生或者购物中心的顾客。但在仔细考虑以后,与这些人比较,可能牵涉许多别的因素。学生们比参与者年轻太多,到购物中心随机找来的人在个人经历、受伤与否、生活状况等方面千差万别,不具备可比性。

我们决定采取另一种方法。我们把40份参与者的医疗档案拿到我和弗伦克教授曾经住过很长时间的那家康复医院,找到一个医生、两个护士,还有一个理疗师。我们请这些专业医学人士把这些人分成两组——轻伤组和重伤组。这样分开之后,我和弗伦克教授就有了两组人,除了受伤程度不同,相对来说,他们在其他方面有很多共同点(参与者们都参过军,受过伤,住过院,都是同一个老兵乡村俱乐部的成员等)。对这两组人进行对比,我们希望弄清楚参与者们当年的受伤程度是否会影响多年以后他们对于疼痛的感受。

重伤组由诺姆这样一些人组成,诺姆在军队里担任拆卸地雷的工作。很不幸,在一次工作的过程中,地雷在他手中爆炸,好几块地雷碎片穿透他的身体,使他失掉了一条腿,一只眼睛失明。轻伤组的人中有耶胡达,他在执勤时摔断了胳膊。耶胡达接受了手术,加了个钛合金托盘修复肘关节，除此之外，他身体各方面都很健康。

轻伤组的参与者报告说，他们的手臂放进热水后大约 4.5 秒就会感到疼痛（疼痛门槛），而重伤组的人大约 10 秒后才感到疼痛。更有意思的是，轻伤组的人把手臂放进热水中大约 27 秒就拿出来了（疼痛耐量），而重伤组的人可以把手臂放进热水中持续 58 秒。

特别引起我注意的是，为了防止参与者烫伤，我们设置了一个最长时限，不允许他们的手臂在水中放超过 60 秒。我们事先没有把这个 60 秒规则告诉参与者，不过一旦他们到达 60 秒时限，我们就要求他们将手臂拿出来。在轻伤组，我们的这条规则派不上用场；在重伤组，除了一个人以外，剩下的参与者都需要我们提醒，才会将手臂从热水中拿出来。

这是皆大欢喜的结局吗？我和弗伦克教授发现，我们的推测并不像原来以为的那样，只是突发奇想，起码在疼痛反应这方面是如此。更何况，我们发现这一感知痛苦的实验，似乎牵涉更普遍意义上的适应问题。尽管实验的参与者是许多年前受的伤，但他们忍受疼痛的方式和能力似乎都发生了全面变化，而且这种变化一直持续了很长时间。

为什么过去的疼痛经历能够使参与者的反应有这样大的改变？我们从参与实验的两个人身上得到了暗示。与参加实验的其他外伤患者不同，他们一个患的是癌症，另一个患的是严重的肠道病，更不幸的是，他们都是晚期患者。我们当时在写告示时并没有明确参与者的条件，面对两个没有负过伤的人来应征我们的实验，我一时也不知该怎样处理。我不想让他们白白受罪，但又不想挫伤他们的热情，于是就让他们参加了实验，但是，我并没有把他们的材料列入研究范围。

研究结束后，我又看了一下他们的数据，发现里面有些内容非常引人注意。他们对疼痛的忍受能力不但比重伤组低（他们的手臂在热水中停留的时间更短），而且也比轻伤组的人低。尽管不可能仅凭两个人的数据就做出有实质意义的判断，但我仍然猜测，把他们两个人的病痛与其他参与者（还有我本人）的受伤状况进行对比就有可能得到线索，帮助我们理解为什么受过重伤的经历能导致人们对疼痛不那么在乎。

我住院时，经受的疼痛都与痊愈康复相关。手术、理疗、浸泡疗法都非常痛苦，但我忍受住了，期待它们能使我好起来。即使某些治疗效果不明显或者没有作用，但我依然认为这些做法原本就是为我的康复而做出的努力。

例如，在我受伤后最初几年，使我备受折磨的一种做法是皮肤牵引治疗。每次治疗都需要我坐下，弯曲肘部或膝部长达1小时，此时伤疤部位只能缩小一点点，但已经长好的皮肤却绷得很紧，手臂或者腿部又不能完全伸直。为了纠正这种情况，我需要自己进行皮肤拉伸，有时需要用理疗方法协助——用力推挤绷紧的皮肤，还不能撕裂伤疤，尽管我已经感觉伤口仿佛已被撕开。如果一天之内不对缩紧的伤疤进行多次拉伸，它就会进一步紧缩以致我无法行动。到了这一步，医生就需要重新安排皮肤移植手术，再向伤疤部分植皮，整个皮肤牵引的过程又要重来。

在与皮肤收缩进行斗争的过程中，最让我感到难受的是我脖子前部的伤疤。每当我低头俯视或者放松肩部，皮肤的压力就会减小，伤疤部分就会收缩。为了伸展这些伤疤，理疗师让我整夜完全平躺着睡觉，头部伸出床垫下垂。这样，颈前部就能得到最大限度的伸展（这一睡姿留下的纪念是我至今颈部都天天感到疼痛）。

我想说明的一点是，这些治疗方法尽管不舒服甚至痛苦，但目标都是减少行动，限制增大活动幅度。我猜测，这是因为像我这样受过伤的人学会了把疼痛与良好结果的希望相关联——这种痛苦与希望的关联克服了某些对疼痛的天生恐惧。从另一方面看，这两名参与实验的长期病患无法建立疼痛与康复希望之间的关联，相反，他们更可能把疼痛与病情加重或者死亡联系起来。缺少了正面的关联，疼痛对他们来说就变得更可怕了。

这些想法与最早对疼痛做过的最有意思的研究不谋而合。第二次世界大战期间，一个叫比彻的医生被分配到意大利的安齐奥滩头阵地，他在那里救治了201名伤员。根据他的记录，他观察到，尽管伤兵受的都是"穿透伤"和"大面积软组织损伤"的重伤，但仍只有3/4的人要求使用止痛剂。比彻把这些医疗记录与各种事故中受伤的平民相对照，发现与战争中受伤的士兵相比，受伤的平民要求止痛剂的人数更多。

比彻的观察结果表明，疼痛是一种相当复杂的感受。他的结论是：人们感受到的疼痛总量不仅是伤情在起作用，还取决于感受疼痛的背景环境，以及人们对受伤意义的诠释。如果让比彻来解释，他会认为是我受伤的经历使我对疼痛不太在乎。我和平常人一样，并不是以疼痛为快乐或者不存在疼痛感。我的例子表明：适应能力，以及我建立的疼痛与痊愈的关联，帮助我克服了某些伴随疼痛而来的负面情绪。

享乐适应

亲爱的读者，现在你对体能适应（比如，视觉系统）和疼痛适应的运行有了大致了解，下面，我们来研究一下享乐适应——习惯于我们的住处、家园、浪漫伴侣，和其他几乎所有事物的过程。

我们刚搬进一幢新房子，可能会因光亮的硬木地板而感到兴奋不已，或者因厨房里俗艳的柠檬色橱柜而感到格格不入。过了几个星期，这些因素逐步淡化为背景。又过了几个月，橱柜的颜色不再显得那么刺眼。但是同时，美观的地板也失去了原来的魅力。这种情绪上的逐渐稳固现象（原有的正面感觉淡化，负面感觉也减弱），我们称作享乐适应。

烧伤与分娩，哪种更疼？

回到学校，伊娜·维纳教授（她教的是心理学）对我们说，女人对疼痛的耐受力比男人高，因为她们需要经历分娩的过程。这种理论虽然听上去不无道理，却与我在医院烧伤科的个人经历不相符。我在那里遇到戴利亚，一个 50 岁左右的妇女，她在做饭时突然晕倒，被送进医院。她倒在燃烧的火炉上，左臂大面积烧伤，需要 2% 的全身面积植皮（与其他很多同类病人相比，她的伤是很轻的）。戴利亚和我一样厌恶浸泡疗法和拆除绷带的过程，她告诉我，她认为与烧伤及其治疗过程相比，分娩的疼痛根本不值得一提。

我把这件事告诉维纳教授，但是她丝毫不为之所动。我那时的课余时间多用于打工，于是，我到正在进行实验规划设计的计算机实验室那里安装了水加热设置，开展了一个小型实验。我邀请路过的学生把手伸进热水，直到他们无法忍受，以此来测定他们的疼痛耐受情况。我对每一个人的性别做了记录。结果很明显，男生的手在热水中停留的时间比女生的要长得多。

> 第二次上课之前,我迫不及待地举手,向维纳教授和全班同学讲述了我的实验结果。她毫不迟疑,不假思索地说我的实验只能证明男人都是白痴。"那些人,"她嘲笑说,"怎么会把手放到热水里供你实验?如果疼痛真的有意义,你就会看到女人到底能忍受到什么程度了。"
>
> 那一天,我学到了有关科学,同时也有关女人的重要一课。我同时学到,如果一个人对某件事情坚信不疑,要说服他(她)改变信念是非常困难的。①

如同我们的眼睛很快可以适应光线和环境变化,人类能够适应期望与体验的变化。例如,安德鲁·克拉克阐释了英国工人的工作满意度与工资的相对水平密切相关,而不是与工资的绝对水平有关。换句话说,人们会逐渐习惯于他们目前的工资水平(无论多高或多低)。不管他们实际能拿到手的工资总额是多少,能加薪当然再好不过,但即使工资金额下降,很多人也仍会坚持下来。

在享乐适应的最早研究中,菲利普·布里克曼、丹尼尔·科茨还有罗尼·雅诺夫-布尔曼比较了三组人的总体幸福感:截瘫患者、乐透大奖获得者,还有既不是残障也不是特别幸运的普通人。如果数据采集时间是导致截瘫或者中大奖的隔天,人们会预测到截瘫患者要比普通人痛苦得多,而中大奖者会比普通人幸福得多。但是,实际数据是在事件发生一年后采集的。数据表明,虽然三组人的幸

---

① 有关男人与女人对疼痛的耐受力孰高孰低,它与分娩是否有关——这一问题仍然没有最后结论。

福水平还存在差别，但他们之间的差别并不像人们想象中那么大。尽管截瘫患者的生活满足感不如普通人，中大奖者的生活满足感比普通人要高，但截瘫患者和中大奖者的生活满意度都与普通人接近，而且接近的程度令人吃惊。换言之，生活中的突发事件，例如受重伤或者中大奖，会对幸福感产生重大影响，但它的效应在很大程度上会随着时光流逝而逐渐消磨减弱。

失恋的伤痛

罗密欧和他的第一个女朋友罗莎莉分手后，他觉得世界末日已经来临。他把自己关在房间里彻夜不眠。他的父母焦急万分，表弟问他近来如何，他都似乎因为受到心爱女友的拒绝而悲伤不已。"她已经立誓割舍爱情。"他悲叹道，"我现在活着也就等于死去一般。"可是，当天夜里当罗密欧遇到朱丽叶时，就立刻把罗莎莉抛到九霄云外了。

尽管我们多数人不会像罗密欧那样喜新厌旧，但我们遭遇失恋那种肝肠寸断时的应变能力比预想中要强得多。保罗·伊斯特威克、伊莱·芬克尔、塔玛·克里希那穆提，还有乔治·勒文斯坦对一些大学生进行了为期38周的跟踪调查，对他们恋爱的直觉和现实状况进行了仔细研究。研究人员首先询问热恋中的学生：如果和恋人分手，他们的感受会怎样（他们都预料自己会成为被罗莎莉拒绝的罗密欧），然后开始等待。因为研究的时间比较长，这期间肯定会有恋人分手，也就为研究人员提供了观察他们跌落浪漫悬崖以后真实感受的机会。然后，研究人员把参与者们原来的预期与实际感受进行了对比。

事实表明,劳燕分飞并不像学生们预想的那样天崩地裂、日月无光,他们分手后感觉忧伤郁闷的时间也比原来预想的短得多。这并不是说恋人分手不会导致情绪低落,而是说它的严重程度一般比人们的预想要轻得多。

大学生们的想法反复无常(尤其是在恋爱上),人们认为这一切都是理所当然的,但是,这一类现象在不同年龄段的人群里都存在。总的来说,人们不善于预测自己的幸福。问一对夫妻如果他们离婚会有什么样的感受,他们一定觉得到那时将会痛不欲生。这种预期在很大程度上是准确的,但离婚对于夫妻任何一方的伤痛却并非像原来想象的那么深重。我无法肯定这一结论是否有利于良好社会效果的建立,但它确实意味着我们不应该对离婚忧心忡忡。到头来,我们会在一定程度上适应,而且还将继续生活,直至将来某一天重新得到爱情。

在过去的 10 年里,大量的研究强化了这样一种观点,即内在幸福感会对重大生活事件做出反应,并且打乱"常态",但它在一定时间内会恢复到基本状态。我们的享乐适应能力虽然不是万能的,但它在大多数情况下,会在很大程度上发生作用——不管是适应新家、新车、新的人际关系、新受的伤还是新工作,甚至是囚禁生活。

总而言之,适应性似乎是人类随时都会用到的内在品质。但是,享乐适应会给有效决策造成麻烦,因为我们经常不能准确预测自己真正能适应到什么程度——起码与我们实际可以做到的还有一段距离。

再想一想截瘫患者和中大奖者的例子，无论是他们本人还是他们的家人、朋友，都无法准确估计他们对新境遇的适应程度。当然，这一例子对其他很多环境同样适用——恋人分手、失去职务晋升机会、自己喜欢的候选人落选。所有这一切的情况，我们都可以预测到，如果事与愿违，我们将痛苦不已；我们还以为，只要如愿以偿，我们就会幸福无比。但在大多数情况下，这种预期几乎都是靠不住的。

说到底，我们能够准确预料从昏暗的电影院走到阳光照耀下的停车场会发生什么，但是要预测享乐适应的速度和程度，我们却很难做到。无论好事坏事，我们都预料不到——从长远来看，我们遇到了好事，最终不会像原来料想的那么幸福；发生了坏事，我们也不会像原来料想的那么悲伤。

预测享乐适应之所以困难，原因之一是我们在进行预测时，常常忘了考虑这样一个事实，即生活会继续，假以时日，其他事件（正面的和负面的）会对我们的幸福感产生影响。假设你是一个职业大提琴演奏者，对巴赫的作品非常精通。音乐是你生活与快乐的源泉。不幸的是，在交通事故中你失去了左手，和心爱的大提琴永别了。事故过后，你很可能极端沮丧，并且预料自己将痛苦终生。

无论如何，音乐曾经是你的生命，现在却一去不复返了。不过在你的不幸与悲伤之中，你不了解自己到底具有多么非凡的适应性。我们来看一下安德鲁·波托克的故事，他是佛蒙特州蒙特利埃的一位盲人作家。早年的安德鲁·波托克是个有天赋的画家，后因先天性色素性视网膜炎而逐渐失明。他失明后，发生了一件事：波托克发现自己能够用词语来作画，就像他过去使用颜料一样，他写了一本书描述了自己整个失明的过程。他说："我原以为会一下子跌入万丈深渊，永无出头之日，但是突然间神奇般地得到了解脱。一天夜里，我做了个梦，梦见词句从我口中喷薄而出，就像庆祝会上无数的装饰品迎面吱吱作响，一一展开。那些语句五彩缤纷，我从梦中醒来，并且意识到我还能做些别的。欢快的词句从我口中喷涌出来，我的内心一片光明。让我惊奇的是，别人也受到这些词句的感染。我把它们写成书出版，同时我觉得上天重新赋予我以神奇的力量。"

"失明最大的困难之一是迟缓。"波托克补充说，"在行动过程中要时刻估计你的位置，每一刻都不能松懈。人们好像都和你擦身而过。不过有一天，你会发觉行动迟缓并没有那么糟糕，保持警觉也有回报，你会打算写本书，书名就叫《慢活》。"当然，波托克也总是为失明而感到遗憾，这给他的日常生活带来了数不清的困难。但失明也好像给了他一本护照，让他有机会访问一个原来不曾想象过的国度。

请你把自己想象成那位大提琴演奏家。到头来，你可能会改变自己的生活方式，并且加入新的事物。你可能会建立新的人际关系，和你所爱的人度过更多时间，从事音乐历史一类的职业，或者去塔希提岛旅游。所有这一切都会对你的精神状态产生巨大影响，吸引你的全部情感。你会永远对事故感到遗憾（身体上如此，同时还会提醒你生活本该如此），但它的影响不会像原来你想象的那样历历在目、魂牵梦绕。"时间会医治一切创伤"，此话千真万确，因为随着时光流逝，你会部分地适应你的状态和环境。

快乐水车

由于无法预测享乐适应可能达到的程度，作为消费者，我们逐渐增加消费,希望买来的新玩意儿能让我们更幸福。的确如此,新买的汽车能让我们感觉非常神气,不过很遗憾,这种感觉也只能保持几个月。新车开惯了,新鲜劲儿渐渐就没了。我们又去寻找新的事物,希望能给自己带来幸福:新太阳镜、新电脑,或者再买辆新车。

这个推动"别人有,我也要有"的怪圈又被称作"快乐水车"。我们期待到手的东西会给自己带来幸福,却意识不到这种幸福感只是暂时性的,结果一旦适应了又去追寻别的。我们会想:"这一次,它会让我幸福很长一段时间。"快乐水车现象的荒谬就像下面这张漫画所表达的。漫画中的女人有辆可爱的汽车,她可以装修一个新厨房,

"丹,去年买这辆车时我高兴得要发疯了,可是现在一点儿新鲜感也没有了。我们把厨房再装修一遍,怎么样?"

不过,从长远看,她的幸福水平并不会有多少变化。就像俗话说的:"站在高山顶,还有更高山。"

对上述规律进行实例研究的是戴维·施卡德和丹尼尔·卡恩曼。他们决定对一种公认的信念进行检验,即加利福尼亚人的幸福指数更高——说到底,他们也住在加利福尼亚,那里的气候一般来说是非常好的。[1] 结果并不值得惊讶,他们发现中西部人认为加利福尼亚人生

---

[1] 旧金山是个例外。

活在温暖适宜的气候里,总的来说,具有相当高的生活满意度,同时加利福尼亚人认为中西部人的总体生活满意度相当低,因为他们不得不忍受摄氏零度以下气温的漫长冬季。两个地区的人因此都预料如果芝加哥人搬到加利福尼亚居住,会感到生活方式有非常大的改善,而洛杉矶人如果搬到中西部居住,则会感到幸福度大幅降低。

这些预测的准确性如何?事实表明,它们还算准确。新搬家的人确实因为气候不同而分别体验到预料中的生活质量的改变。但是与其他情况相似,一旦适应性出现,他们习惯了新城市的环境,生活质量就不知不觉地又回到了搬家前的水平。最重要的是:即使你短期内对某件事物怀有强烈的感情,从长远看,这也未必会使你像原来所预料的那样欣喜若狂或者痛苦不堪。

克服享乐适应

鉴于享乐适应利弊兼备的特点,你可能会想知道,我们是否能够利用对它的了解,让它为我所用呢?当适应对我们有利时(例如,我们习惯于受伤后的生活),我们就让它发挥作用。不过如果是我们不想适应的情况,该怎么办?我们是否有办法延伸对于新车、新城市、新人际关系等的满足感呢?

延缓适应的关键是中断适应过程。利夫·纳尔逊和汤姆·梅伊韦斯正是这样做的。他们在一系列的实验中,测量了短时间中断(他们称之为快感中断),对人们的愉悦和痛苦体验所产生的总体幸福感或者厌恶感有什么影响。从本质上说,他们想弄明白对愉悦体验进行中断是否会增加愉悦感,对负面体验进行中断是否会使该体验加重。

在我详细描述他们的实验和结果之前，先想一件你不情愿做的事情。可能是准备报税单，复习功课准备考试，清洗家里所有的窗子，或者是度假归来给你敬畏的苔丝姑妈，还有那一大家子的每个人写感谢信。你安排了相当一段时间想要把这头疼的任务用一天全部完成，你面临这样的问题：是把这些活儿一鼓作气干完呢，还是中间休息一下？换一种方式，假如你舒服地躺在浴缸里泡热水澡，手中端着一杯冰爽可口的山莓冰茶，品尝着面前一盘新采的草莓，或者正在尽情享受热石按摩。你是想把愉悦的体验一下子享受到底呢，还是中间休息一会儿做点儿别的什么？

利夫和汤姆发现，总的来说，如果问人们愿意中断哪一种体验，他们肯定更愿意中断厌烦体验，而想把愉悦体验不加中断一直享受到底。但是根据适应的基本法则，利夫和汤姆怀疑实际情况应该相反。他们猜测，中断会暂时停止任何适应过程，也就是说，中断厌恶感的体验过程是有害的，而中断愉悦感的体验过程是有益的。

为了试验他们假设中的痛苦一面，利夫和汤姆把耳机绑到一些参与者的耳朵上，给他们播放真空吸尘器的噪声。这不是手提吸尘器的嗡嗡声，而是长度为 5 秒钟的大功率机器的轰鸣声。第二组参与者更不走运，他们听到的声音和第一组相同，但时间却持续了 40 秒。可以想象，这些倒霉蛋紧抓着椅子扶手紧咬牙关的样子。最后一组人经历了同样令人不快的时长 40 秒的真空吸尘器轰鸣，接下去是几秒钟的空白，最后又是 5 秒的相同噪声。客观地说，最后一组经历的噪声量比前两组都大。但是，他们的厌恶感也比前两组大吗？（你可以回家试一下：趴在地板上，耳朵紧挨着吸尘器，让你的朋友把吸尘器打开再关上——分别考虑一下在几种条件下，你最后 5 秒的烦躁感觉。）

要求参与者听的是：（A）长度为 5 秒的真空吸尘器噪声；（B）长度为 40 秒的真空吸尘器噪声；（C）长度为 40 秒的真空吸尘器噪声，接着有几秒的中断，最后又是长度为 5 秒的真空吸尘器噪声。在这三种条件下，要求参与者各自对最后 5 秒所感受到的厌恶情绪做出评价。

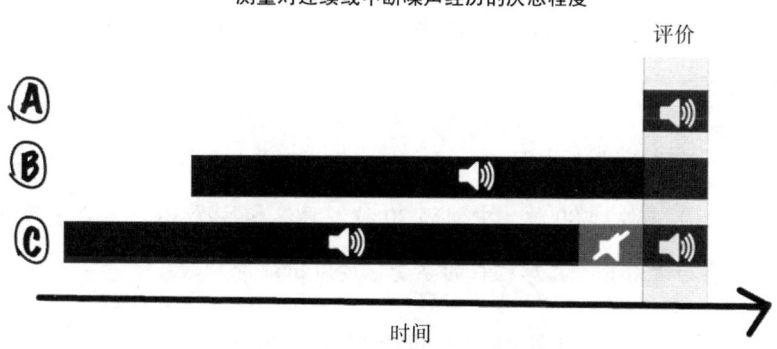

测量对连续或中断噪声经历的厌恶程度

听过噪声以后，参与者对最后 5 秒经历的噪声厌恶程度做出了评价。利夫和汤姆发现，最受宠爱的一组（只听了 5 秒噪声）对噪声的厌恶程度最高，超过另外两组经历噪声时间更长的参与者。你们可能猜到了，这一结果显示，经历过 40 秒吸尘器轰鸣声的人对它已经习惯，因而认为最后 5 秒并不是那么难以忍受。噪声过程有中断的一组又怎样呢？事实证明，中断使问题加重。适应感消失，而最初的厌恶感又恢复了。

实验的教训是什么？你可能认为从事枯燥和无聊的工作，中途停下来休息一会儿会有好处，但这样的中断实际上减弱了你的适应能力，如果你需要重新开始工作会觉得问题更严重。假如你在打扫房子或者准备报税文件，最好的做法就是一鼓作气直到干完为止。

那些愉悦的体验又怎么样呢？利夫和汤姆请两组参与者躺在只有在布鲁克斯商店才能预订到的高级按摩椅上享受三分钟的按摩。第一组是 3 分钟不间断的按摩。第二组是先按摩 80 秒，间隔 20 秒，然后再继续按摩，总的按摩时间是 2 分 40 秒，比不间断那一组的时间少 20 秒。按摩结束后，他们要求所有参与者对整个按摩过程做出评价。结果表明，那些接受中间带有间隔、时间较短按摩的参与者不仅对整个按摩评价更高，而且表示将来愿意出两倍的价钱享受一次同样带间隔的按摩。

参与者各自接受一次：（A）时间为 3 分钟不间断的按摩；（B）先按摩 80 秒，中间隔 20 秒，再继续按摩 80 秒。要求所有参与者对整个按摩过程的享受程度做出评价。

对持续与中断的愉悦体验所做出的评价

(A) 按摩

(B) 按摩　间断　按摩

时间

很清楚这一切都与直觉相反。你在忙着准备填写令人头疼的报税文件，能够停下来休息一会儿，哪怕是几分钟，还有比这更美的事吗？你正在享用垂涎已久的一份本和杰里的樱桃加西亚冰激凌，为什么要中途把冰激凌勺放下来？为什么你躺在浴盆中正泡得惬意，却要从浴盆中出来在冰凉的空气中往杯子里加饮料，而不让别人替你加？

窍门就在这里：不要以为休息片刻就可以暂时摆脱烦人的苦差事，想一想重新开始做不喜欢的工作有多难。同样，假如你不愿意冒着凉气离开浴盆给自己的杯子里加饮料,那么不妨想一想重新躺进浴盆的热水中会何等舒服。

适应:下一道边界

我们一方面擅长于适应一系列的新环境,同时又非常不善于判断我们自身的变化和适应程度。我们想当然地认为痛苦和厌恶的感受会一成不变,而带给我们愉悦的事物能够天长地久。

适应是一种运作于生理、心理,以及环境深层次的微妙的普遍进程,它影响我们生活的各个方面。由于它的普遍性和不确定性,我们对相当一部分的适应性知识还知之甚少。例如,人们对新环境感到习惯,不过我们并不清楚这一享乐适应过程到底是完整的还是部分的。享乐适应是怎样奇妙地影响我们,或者它是否能通过多种途径影响我们,这一点也不清楚。不管怎么说,下面的故事可能对这一重要课题有所阐释(请继续往下读,后面有关享乐适应的研究更精彩)。

为了说明享乐适应的复杂性,我想讲一些我本人至今尚未适应环境的例子。我所受到的伤大部分都能够看得到(颈部、脸部、腿部、手臂的伤疤),从受伤早期起,我就非常注意周围的人是怎样看我的。我特别关注人们对我的看法,多年来它给我带来很多痛苦。有一个时期,我日常生活中遇到的陌生人不像过去那么多,我对自己在别人眼中的印象不再那么敏感。不过,每当要出席大型会议,特别是需要面对我不认识或者刚认识的人时,我就变得特别敏感,并且在意他们如何看待我。当人们把我介绍给某人,在我的头脑中就自动会记录下他们看我时的表情举止,他们是否会伸手握我受过伤的右手,以及是怎样握的。

你可能猜测，经过这么多年，我已经适应了自己的个人形象，但事实上，时间并没有使我的敏感度减弱很多。我的外观当然比过去好多了（伤疤随着时间流逝而不那么明显了，我还做了多次手术），但我仍然保持关注，在意别人对我的外貌的反应。为什么适应性在我的这一案例中没有成功？或许这和吸尘器实验相似。不断关注别人对我的外貌的反应阻碍了我的适应进程。第二个适应失败的事例与我的梦有关。事故刚发生的那段时间，在我的梦境中，我仍然是年轻、健康、皮肤光洁的。很明显，我拒绝承认或者无视自己形象上的改变。几个月以后，有了某种程度的适应；我开始梦到治疗、理疗、医院里的生活、在我周围的医疗器械。不过就是在这些梦里，我的自我形象仍然是没有受过伤的，我仍然是健康的，只不过身上全是各种各样的治疗仪器，压得我喘不过气来。最后，事故发生经过一年，我的梦里不再出现自己的形象——我成为一个旁观者。我不再从梦中惊醒，真正意识到自己受伤的严重程度（这是好的一面），但是我从来没有习惯于受伤后的自我（这是不利的一面）。解脱自己与睡梦的关联有一定好处，尽管弗洛伊德学说是这样解释的，它似乎也表明，在适应改变后的环境这一进程中，我有一部分是失败的。

我的个人适应性的第三个例子，是我作为学术工作者从职业生涯寻求乐趣的能力。总的来说，我设法找到这样的工作，它允许我在状态好的时候多做些工作，在感到疼痛的时候少做一些。在选择自己职业生涯的过程中，我猜测面对并接受自己局限的能力与我称作"主动适应"的因素有关。这种适应既不是有关体能的，也不是有关快感的，它有点儿像进化论中的自然选择，它的基础是在一长串的决策过程中做出很多细小改变，使最终结果与一个人的环境和局限契合。

小时候，我从来没有梦想过未来要从事学术工作（谁会有这样的梦想呢），我选择职业道路的过程是缓慢的，一步一步的，经过了许多年的时间。读高中时，我属于班里比较安静的学生，除了偶尔讲个笑话以外从不大声说话，也很少参加学术讨论。大学一年级，我还在烧伤治疗阶段，身上穿的是紧身衣（一种从头到脚全部包裹起来的弹性衣服，可以给身体施加压力，促进皮肤组织康复），这就是说，其他学生能参加的许多活动都没有我的份儿。我还能干什么呢？我只能把自己埋在力所能及的活动中：就是学习（我小学和中学的老师都觉得难以相信）。

随着时间的流逝，我进行了更多学术方面的探索。我开始喜欢学习，我向自己和别人证明起码我身体的一部分并没有变：那就是我的大脑、思想，还有思维方式①，我也由此得到巨大的满足感。我使用时间的方式、我喜欢的活动都在逐渐发生变化，直到某一天，我非常清楚地认识到：我的局限、能力，以及学术生涯之间有着非常好的契合度。我的决定不是一时冲动，相反，它经历了长时间，一小步一小步地逐渐形成——每一步都在向着适合我现在的生活接近，我已经心怀感激地习惯了这种生活。（感谢上苍，我现在从中感到了无穷乐趣。）

总的来说，每当我审视自己的受伤事件时（严重、痛苦、历时长久），我自己都感到奇怪，到现在，我的生活竟然还这样好。我无论从个人生活，还是职业生涯里都找到了极大的幸福。时光荏苒，我感

---

① 我经常有种强烈的感觉，熟悉我的人看到我时，看到我的伤痕，总是把我的外貌与智力密切联系起来。因此，对我来说，非常重要的就是能够证明我的大脑和出事故以前同样好用。

到的疼痛也不再那么难以忍受了；我不但学会如何对付它，还发现可以做一些事情来限制它。那么，我已经完全适应目前的环境了吗？没有。不过比起我 18 岁时的预想，我现在做到的已经不啻霄壤了。我对于适应的神奇力量满怀感激之情。

善用适应性，提高生活的幸福感

既然我们对适应性有了一定了解，那么，我们能够利用适应的有关规律来帮助我们更好地安排自己的生活吗？

我们拿即将毕业的大学生安举例。在过去 4 年里，她一直与别人合住在一间没有空调的小宿舍里，房子又旧又潮湿，家具破旧，同住的两个人邋遢且不修边幅。这期间，安一直睡在上铺，没有地方摆放衣服、书籍，连她珍爱的一套袖珍丛书也没有地方摆放。

离毕业还有一个月的时间，安在波士顿找到了一份非常好的工作。她渴望着搬进自己的第一套公寓。领到第一份工资，她把想买的东西列了一张清单。安怎样做购物决策才能最大限度地获取尽可能持久的幸福感呢？

第一种可能是，安拿到工资后（当然要先付掉房租和其他账单），马上开始疯狂购物。她可以扔掉从别人那里接手过来的旧家具，买一套漂亮的新沙发，一张太空泡沫床，大尺寸的等离子电视机，甚至凯尔特人队的赛季套票。在非常郁闷的环境里忍受了那么长的时间，她可能会想，"我该尽情享受一番了！"另一种选择方式则是渐进式购买。她可以先买一张新床。大约过上半年，再高高兴兴地买台电视机，明年再买套沙发。

尽管处在安的角色上的多数人都会认为把公寓装饰一新更为惬意，于是就大手大脚地花钱——到现在我们应该清楚地认识到，鉴于人类适应的倾向，她只有沿着渐进的道路前进才会感受到更大的幸福。安如果能限制花销，适时踩一下刹车，降低适应进程的速度，就可以让她的钱发挥出更大的"幸福购买力"。

我们的教训是放慢愉悦过程。一套新沙发可能会让你高兴几个月，但是，在沙发带来的兴奋感没有消退之前不要买电视机。如果你需要大幅缩减开支，以上的原则反过来也成立。如果你想减少消费，就应该搬入小一些的公寓，切断有线电视，不再喝昂贵的咖啡，把消费降下来，长痛不如短痛——当然，一开始感到的痛苦会大一些，不过从长远来看，痛苦的总量肯定会小得多。

延长购物的幸福感

下页图中显示出安的两种消费方式。虚线以下的面积表示疯狂购物的幸福感。尽情购买之后，安会感觉非常幸福，但她的幸福感很快就会随着新购物品的新鲜感的消失而降低。实线下方显示采用渐进式购物的幸福感。在这种情况下，安最初购物的兴奋程度比疯狂购物后要低，但她的幸福感会因重复购买而不断被激活。哪一种方式最好？采取渐进的方式，安能够为自己创造出更高的总体幸福感。

让适应性为我们服务的另一种方法是为消费封顶，起码对酒精饮料是如此。我读研究生时的一位辅导员汤姆·瓦尔斯滕曾经说，他想成为鉴赏价格在每瓶 15 美元以下的葡萄酒方面的专家。汤姆的想法是，如果他一开始就买价值为每瓶 50 美元的高级葡萄酒，过一段时

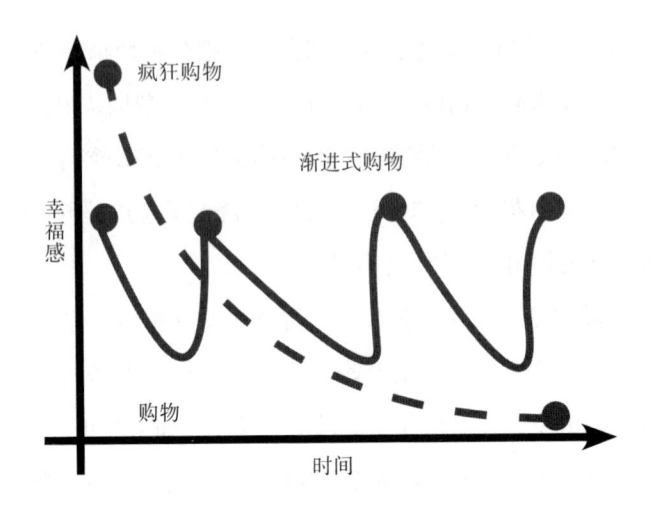

间，他就会对该档次的酒产生习惯，而对低于该档次的酒不感兴趣。①不仅如此，他还推断，如果从每瓶价值为 50 美元的酒入手，过一段时间后，他就可能逐步把消费水平提高到每瓶 80 美元、90 美元，甚至 100 美元，因为他的口味会对更高档次的酒产生适应。最后，他认为，如果他根本就不去尝每瓶价值 50 美元的葡萄酒，他的味觉就会对偏好价格范围内的酒产生较灵敏的辨别能力，进一步增加他的满意度。这样的原则让他防止了快乐水车效应，对消费实行控制。同时，成为每瓶 15 美元葡萄酒的鉴赏专家，会让他更容易感受到快乐。

同样的道理，我们另外一种驾驭适应扩大满意度的方法，就是把投资从那些给我们持续不断体验的东西上转到短时间转瞬即逝的体验上去。例如，立体声音响设备和家具一般给人长期体验，因此很容易对它们产生适应。另一方面，短暂的体验（玩 4 天失踪、自由落体跳

---

① 事实上，葡萄酒的品质与价格的相关度并不像人们认为的那么高，不过这个问题我们留到将来再讨论。

伞或者听音乐会）转瞬即逝，你不大可能对它们产生适应。我并不是建议你卖掉沙发去玩自由落体跳伞，重要的是要理解什么样的体验更容易或者不容易产生适应。因此，如果你考虑把钱花在短暂体验（自由落体跳伞）或者持续体验（买新沙发）上，而且你预期二者给你的幸福总量相同，那就选择短暂体验。沙发对你幸福的长远效应可能比你预期的要小得多，而自由落体跳伞运动给你带来的长期愉悦和记忆则可能比你料想的长久得多。

为了提高你的幸福感，想一想如何在你的生活中注入偶然性和不可预测因素。我们简单地做个演示实验。你是否注意到人们挠自己时很难感觉到痒？为什么？因为我们在挠自己时，对自己手指的动作一清二楚，这种确切的预知扼杀了痒的感觉。有意思的是，如果用右手挠自己的右腋，我们根本没有痒的感觉。如果用右手挠自己的左腋，身体左右两侧神经系统的时间差将产生细微的不可预知性，我们就有了轻微的痒的感觉。

不可预知在个人生活和恋爱中的好处比较清楚，这一教训在职场生活中也同样重要。正如经济学家提勃尔·西托夫斯基在《无快乐的经济》中所强调的，我们在工作中倾向于选择安全可预测的道路，做那些能显示稳定进程的事情。不过，西托夫斯基特别提出，真正的进步，与真正的愉悦一样，来自冒险和对不同事物的尝试。所以，你下一次准备 PowerPoint、领导团队，或者选择工作项目的时候，不妨尝试一下新的思路和做法。你想表现得幽默一些或者开展跨公司合作，虽然没有成功，但总的来说，新的尝试可能会发挥重要作用。

适应性的另一个教训与我们周围人的决策有关。别人有的东西我们没有，这种对比非常明显，因此，我们会适应得较慢。对我来说，在医院里度过的三年还比较容易过，因为周围的人都是伤员，我的能力与周围人的差距不是很大。只有离开医院，我才能充分认识到我的局限和困难——这种认识是非常艰难、令人灰心失望的。

从更实际的角度看，我们假设你想买某个型号的手提电脑，但又认为价格太贵。如果你买个比较便宜的，很可能过一段时间就习惯了（不过，如果你邻桌同事的手提电脑碰巧就是你原来想买的那种。这样日复一日，你的电脑与邻座的明显对比会放慢适应过程，使你感觉不快）。更普遍地说，这一规律就是，当我们考虑适应过程时，必须想到周围的参照物以及它会对我们的适应能力有什么影响。不利的一面是，我们的幸福感部分取决于我们是否能比得上别人。有利的一面是，我们能够在某种程度上决定使自己置身于什么环境中——只要我们选择的比较对象不把自己比下去，我们就能生活得更加幸福。

最后一个教训是，相同的经历未必导致同等的适应结果，不同人的适应方式各有不同。我的忠告是探索自己独有的适应方式，了解什么能够启动你的适应进程，什么不能。

总而言之，大家不要做温水中的青蛙。我们的任务是弄清楚适应性如何在我们身上起作用，因而可以利用有利的一面，防止不利的一面。要做到这一点，我们必须测量水的温度。如果水太热了，我们就必须跳出来，寻找一个清凉的池塘，找到并且享受生活的乐趣。引用伟大的哲学家柯密特的话就是："（青蛙）只要有虫吃就是好日子！"

第七章

好不好？
适应、伴侣和美丽市场

护士站里一面大号穿衣镜在等着我。几个月以来，我连几步路都走不了，要通过一整条长廊来到护士站绝非易事。我好像走了好几年，最后终于转过了拐角，一寸一寸地朝着镜子挪动，以便正对着镜子仔细地看着镜中人：弯曲的腿上缠满厚厚的绷带，弓着背，胳膊上缠着的纱布毫无生气地耷拉着，整个身体不成人形，镜子里的形象既陌生又遥远，怎么看也找不出半点儿"我"的样子：我本来是个18岁的帅气青年，这绝对不可能是我！

最糟糕的是脸，右侧脸颊完全裂开，裂开的皮肉像融化的蜡烛一样耷拉下来。右眼拉到了耳朵附近——嘴和鼻子的右侧，右侧的耳朵烧得焦黑，而且变了形。

越仔细看，我越不能理解，身体的每一部分都不同程度地变了形。我站在那里，拼命地想把镜中的形象印在头脑里。镜中的形象在回盯着我，难道原来的我已经被埋进这个影子里面了？里面那个残缺不全的人瞪着我，我只觉得左边的眼睛有点儿熟悉。这真的是我吗？我简直无法理解，也不能相信或者接受这个面目全非的身体就属于我。在此前的多次治疗过程中，身上的绷带被拆掉，我见过自己身体的一部分，我知道身上有些部分的烧伤有多严重。别人也说过我的右侧脸颊伤得非常厉害。但无论如何，在站到镜子前面之前，我无法把这一切联系在一起。我想盯住镜子里的形象，又想赶快离开，拒绝承认这一现实，两种欲望交织在一起，让我难以自拔。过了不长时间，我的腿开始疼痛，这迫使我决定转回身去，回到病床上。

如何应对身体上的创伤对我的折磨已经够大了，还要承受自我形象方面的沉重打击，这给康复过程增加了难度。像当时这样的年龄，我正在努力寻找在社会上的地位，理解作为一个人、一个男人的意义。突然间，我被"关"进了医院，一住就是三年，从之前认识我的人眼中（起码我母亲眼中的）那个"英俊少年"变成了完全不同的人。失去了原来的容貌，也就失去了我们大家，特别是年轻人，如何自我定义的关键要素。

是否有女孩愿意与我约会？

在以后的几年里，很多朋友来看我。我看到他们中有的人已经出双入对——身体健康、英俊漂亮、没有病痛折磨，他们过去在学校里曾经是我的同龄人和朋友，他们互相倾慕，成为恋人，后来有的又经历分手，完全自然地沉浸在对爱情的追逐中。在发生事故之前，我非常清楚自己在青少年社交金字塔中的位置。我和同一层级中的几个女孩约会过，她们中谁愿意和我约会，谁不愿意，我大体都了解。

但是现在，我问自己，我可以从什么地方融入社交舞台呢？失去了自己的容貌，我知道自己在"约会市场"上已经贬值了。过去和我约会过的女孩现在是否会拒绝我呢？我相当肯定她们会。我知道她们这样做的逻辑。说到底，她们有更好的选择，如果命运使我处在她们的位置，难道我不会如此吗？如果漂亮的女孩都拒绝我，我是否就一定得娶个有某种身体缺陷的女人？我这一辈子就这样"尘埃落定"了？我是否一定要接受这样的逻辑，我的约会价值降低了，就必须改变自己对恋爱对象的期望值？或许还有希望，将来某一天会有某个人，不介意我的伤疤，懂得欣赏我的聪明才智、为人幽默、擅长烹调，而且爱我？

我无法摆脱这样一个现实：我追求恋爱对象的市值已经大幅降低，不过与此同时，我仍然觉得受到损伤的只是我的一部分，只是我的外貌。我没有感到我（真正的我）的存在价值有任何实质改变，这使我更难以认同自己突然贬值的观念。

心灵与肉体

我对大面积烧伤了解不多，原以为只要烧伤痊愈，我就能恢复到烧伤以前的状态。其实我从前有过一些小的烧伤，痊愈后多数没留下什么痕迹，充其量就是个别微不足道的小伤疤。我根本就没有意识到这次烧伤的情况完全不同，伤口开始愈合仅仅是漫长而艰苦的恢复过程的开端——同时也是烧伤以至身体变化引起的心理挫折的第一步。

我需要面对的是几乎每过一个小时伤口就会收缩，并且需要无休止艰难地对付紧绷的皮肤。我还要将全身包裹在好像芭蕾舞演员穿的那种紧身衣里，在穿衣之前用绷带紧紧捆住我的身体，使用各种装置把我的指头拉直，把颈部固定起来，这些措施对治疗有用，却使我感到自己简直成了个外星人。这些用来支撑、活动身体的装置让我越发感觉形体上的自我与以往如隔霄壤。我开始憎恶自己的身体，似乎它背叛了我，成了敌人。就像《青蛙王子》和《铁面人》中的主人公一样，我觉得人们根本看不到我的本来面目。

青少年时期的我并不太喜欢哲学，不过这时的我已经开始思考我每天要面对的心灵与肉体分裂的问题。我的身体被可怕的疼痛缠绕，而我又在这一禁锢中苦苦挣扎，到后来，我认为自己应该努力战胜它。我尽力对自己的皮肤进行拉伸，我设法与疼痛做斗争，我的头脑中坚信自己的心灵正在征服肉体，并且不断取得胜利。我对灵与肉的观点坚信不疑，竭尽全力一定要使灵魂在这场战斗中取得胜利。

发动这场战斗的同时，我还暗下决心要让自己的行为和决策只接受心灵的命令，而不服从肉体的指挥。我不能让疼痛统治我的生活，不能让肉体左右我的决策。我要学会忽略肉体的呼唤，生活在自己原有的精神世界里。我决定从那一刻起做自己的主人！

我还下决心规避我在约会市场中的贬值问题，干脆就不再想这回事了。既然我要从各个方面忽略肉体的存在，自然就不应放任肉体对恋爱的需求。只要把恋爱从生活中移除，我自然无须介意自己在社交金字塔上的位置，以及谁会想与我约会等。问题解决了。

但是，受伤后的几个月，我领悟到无数禁欲者、僧人，以及纯化论者反复学到的一个教训：让心灵完全战胜肉体，说起来容易做起来难。

我在医院里每天像犯人过堂一样的苦难包括可怕的浸浴治疗，护士们让我浸泡在盛着无菌液的浴缸里。过上一会儿，她们开始把我身上的绷带一条条地揭下来。揭完了再把坏死的皮肤刮掉，然后在伤口上涂一层药膏，最后把我重新包裹起来。这是每天都要进行的，不过每逢我头一天做过植皮手术，她们就会跳过浸泡这道程序，因为在我身体其他部位的细菌可能会从水中传染到新的手术创口上。碰到这样的情况，护士们就在病床上实施海绵擦洗，因为绷带得不到浸泡，揭起来就会更加痛苦。

我印象最深的一天，海绵擦洗过程中发生了一件意想不到的事。绷带揭完以后，一个叫塔米的年轻漂亮的护士给我擦洗腹部和大腿。我突然感到身体说不清哪个部分发生了几个月内没有过的冲动。我既害羞又尴尬——出现了生理反应，不过塔米只是嘻嘻一笑，安慰我说这是好事，说明我恢复得不错。她从正面把话题岔开，稍微减轻了我的尴尬，但作用不是很大。

那天夜里，我独自躺在房间里，耳边响着由各种医疗器械演奏的交响曲，我回头反思白天发生的事情。我的青春期荷尔蒙又在起作用了。它忘掉了我已经今非昔比，面目全非，而且公然不顾我不再听命于肉体的决心。事到如今，我认识到自己关于心灵与肉体严格分离的想法，事实上是不准确的，我必须学会让灵魂与肉体和谐相处。

我现在又回落到了相对的常态之中，也就是同时具有心理和生理需求的人，我开始重新思考自己在社会中的地位。尤其是我的身体功能得到改善，而疼痛不那么严重的时候，我会沉思那些驱动我们走近某些人并远离某些人的社交进程。我大部分时间还躺在床上，实际上也做不了什么事，不过我还是开始思考自己未来的感情生活会怎样。因为我一遍又一遍地对形势进行分析，我关注的重点不久便发展成对广义上恋爱活动的兴趣。

郎才女貌与适应性择偶

无须对人类本性做精细的观察就可以认识到，无论是鸟类、蜜蜂还是人类，都是同气相求。在很大程度上，美女与俊男约会，"美学缺憾者"①与其貌不扬者约会。社会科学家对这种"物以类聚，人以群分"的现象做了长期研究，并称之为"同征择偶"。我们当然可以想到秃顶、有才、富有，或者位高的"美学缺憾者"娶到了美貌如花的女人这种例外情况（例如伍德·艾伦与米亚·法罗，莱尔·拉维特与朱莉娅·罗伯茨，几乎所有的英国摇滚歌星都娶了名模等），但是，同征择偶依然很好地描述了人们在寻求他们恋爱对象时的取向。当然，同征择偶并不仅限于美貌、金钱、权力，其他如幽默感之类的优点也能提高一个人的吸引力。但是，在我们的社会中，美貌比其他优点更容易决定一个人在社交金字塔中的位置与同征择偶的潜力。

你位于社交金字塔的哪一层？

想象你到达晚会会场，刚一进门，主人就在你的前额上写了点儿什么。他告诉你不要照镜子或者问别人。你在会场转了转，发现会场里男男女女的前额上都标着从1到10的数字。主人对你说，你的任务就是尽量找到数值最高，而且愿意和你交谈的人组成一对。你自然朝数字为10的人走去，但是他（她）看了你一眼就走开了。接下来，你又去找数字是9或8的人，以此类推，直到后来一个数字是4的人向你伸出手，你们一起交谈。

这个简单的游戏描述了同征择偶的基本过程。我们在现实世界里玩这个游戏时，实际上就是数值高的寻找数值高的，中等数

---

① 我使用"美学缺憾者"这个术语是因为我实在想不出别的词来。我想说明的就是有些人的容貌、形体更容易吸引别人的眼球，而另一些人则不如他们。

> 值的与中等数值的配对，低数值的与低数值的牵手。每个人都有自己的价值（游戏中价值是写明了的）；对方的反应能帮助我们了解自己在社交金字塔中的位置，并且找到综合情况与自己相仿的人。

对于那些位于魅力阶梯最上层的男女来说，同征择偶是好消息。但是，对于我们大多数位于中间或者底层的人又意味着什么呢？我们能够适应自己在社交金字塔中的位置吗？我们该怎样学着诠释史蒂芬·斯蒂尔斯的老歌《碰到谁就爱谁》？这就是有一天我和伦纳德·李还有乔治·勒文斯坦一边喝咖啡一边讨论的问题。

乔治没有说明他指的是谁，他向我们提出这样一个问题："有这么个人，体貌不是很吸引人。这个人被限制在只能和与他有同等吸引力水平的人约会和结婚。除此之外，这个人还是研究学术的，无法挣很多钱来弥补先天的容貌不足。"乔治继续说，把话题引到了我们下一个研究项目的中心："这个人以后会怎样？他会不会每天早上醒来看着睡在身边的人想，'算了，我就这样了'？或者他设法学着通过某种方法做出适应和改变，不再对自己充满怀疑。"

美学缺憾者对自身美貌有限这个事实有一个适应过程，对此进行观察的一种方式可以称作"酸葡萄"策略——名称来自伊索寓言《狐狸与葡萄》，我们从中可以了解到一种可能适应的过程。炎炎夏日，狐狸从田间来到葡萄架下，成熟的葡萄颗粒饱满，颜色诱人，从藤子上倒垂下来，当然是最美的解渴之物。狐狸往后退了几步，然后向前助跑，突然起跳去抓葡萄。不过，可惜没够到。它跳了一次又一次，但就是够不到。最终它只好放弃，垂头丧气地离开，嘴里嘟囔着："我肯定这是些酸葡萄。""酸葡萄"的概念来源于这个故事，是说人们有种倾向，对得不到的东西就会反过来瞧不起它。

这个寓言告诉我们，当涉及美貌问题，适应性会产生巨大魔力，使人们觉得自己追不到的那些吸引力非常高的人（葡萄），变得不那么吸引人了（酸了）。不过，真正的适应性远远不只是改变我们对世界的看法和排斥我们得不到的这一点。真正的适应还含有这样的意义，即用阿Q精神，让我们接受现实。

这些方法到底是怎样起作用的呢？适应的方法之一：美学缺憾者可以降低自己的美学理想，例如，从完美阶梯的9或10降低到与自身匹配的水平。或许他们会发现大鼻子、秃顶，或者牙齿不齐倒成了优点。人们一旦适应了这种标准，再看到某些明星照片，例如哈莉·贝瑞或者奥兰多·布鲁姆时，就会立即耸耸肩膀说，"我可不喜欢她那个又小又平的鼻子"。

人群中那些其貌不扬的人可以利用另一种适应方式：不改变审美观，而是寻找其他优点；我们可以寻求，例如，谈吐幽默或者心地善良。拿到《狐狸与葡萄》的故事环境里，就相当于重新评价更容易吃到的不那么多汁诱人的草莓，摘不到葡萄，草莓吃起来也比过去可口多了。这一原理在约会问题上是否同样适用？

我有个容貌一般的中年女性朋友，几年前在"默契"婚恋网站上结识了她现在的丈夫。她对我说："你看这个人，长相不值得一提，秃顶、超重、满身体毛、比我大好几岁。不过，我现在已经认识到这些东西都不那么重要。我想找个聪明、有才能、有幽默感的人——这些优点他都有。"（你注意到没有？"有幽默感"在媒人口中早已经成

第七章　好不好？

为"其貌不扬"的代名词了。）

因此，美学缺憾者有两种适应方式：改变审美观点，降低标准去适应并非完美的人，或者改变对人整体观察的侧重点，重新审视哪些品质重要，哪些不重要。把话再说得直截了当一些，考虑下面两种可能性：（1）那些只吸引矮个子、秃顶男人的女士，一开始就喜欢配偶的这些特点吗？（2）这些女人是否还是喜欢高个子、有头发的男人，只是因为找不到，从而改变标准，把侧重点放到非体貌特征，诸如心地善良或者有幽默感上了？

除了上述两条适应途径，尽管人类具有难以置信的适应一切的能力（参见第六章），我们还必须考虑适应能力在我们正在讨论的这一特殊情况下不起作用的可能：美学缺憾者可能永远不能真正认同天生条件局限给自己在社交金字塔中的定位（如果你是个50岁左右的男士，心里还一直想着那些30岁左右的女士会喜欢和你约会，那就被我说中了）。这样的适应失败会带来一连串的失望，因为缺少了适应，吸引力较差的人会不断追求自以为配得上的美貌意中人，结果在求偶过程中屡屡受挫而倍感失望。如果他们找了同样具有美学缺憾的人结婚，就会一直认为对方配不上自己——这种观念对于恋爱绝对无益，更不要说长远的共同生活了。

下页图中描绘了美学缺憾者对待和处理自己局限的三种方式，你认为哪一种最为准确？

我把赌注压在重新安排择偶侧重条件上，不过如何找出正确的侧重点，这一过程本身就很有意思。

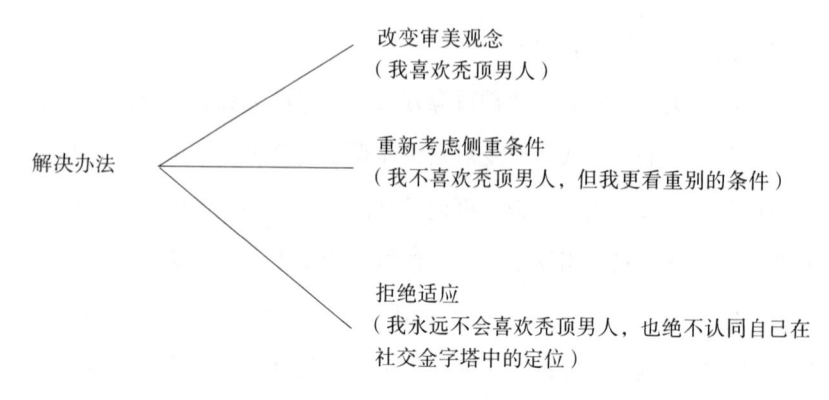

解决办法
- 改变审美观念
  （我喜欢秃顶男人）
- 重新考虑侧重条件
  （我不喜欢秃顶男人，但我更看重别的条件）
- 拒绝适应
  （我永远不会喜欢秃顶男人，也绝不认同自己在社交金字塔中的定位）

美学缺憾者对待和处理自己体貌局限的三种方式

好不好？

人们如何适应自己并非完美的外貌？为了进一步了解这个问题，我和伦纳德、乔治找到了两个有独特见地的年轻人——詹姆斯·洪和吉姆·杨，希望在他们创办的网站[①]上进行一项调查研究。登录网站，就会看到一幅年龄不等的（18岁以上）男人（女人）的照片。照片上方有个浮动的方框里面是一个标尺，从1（不漂亮）到10（最漂亮）。你给这幅照片打完分，马上会出现另外一个人的照片，并且会显示你刚才打分的那个人得到的平均分数。你不但可以给别人打分，还能把自己的照片发到网站上让别人去评分。[②]

我和伦纳德、乔治尤其重视上述这一特别功能，因为它能把人的

[①] 如果你未曾访问过 www.Hot or Not.com，我强烈建议你登录看看，了解一下人类的心理活动。

[②] 鉴于 Hot or Not（好不好）网站的性质，我们得到的数据很可能过度强调了美貌，而忽视了其他特点。无论如何，我们所检验的各项规律都需要与其他形式的适应综合应用。

吸引力加以量化。（根据最近的一次测试，我在该网站的正式得分是6.4。那张照片一定照得非常差。）有了这项数据，我们就可以知道某个被该网站用户评价为无魅力（例如2分）的人如何评价别人，与一个被评为非常有魅力（比如说9分）的人相对比，会怎么样。

为什么这一特别功能对我们有用？我们猜测如果美学缺憾者没有适应这项功能，他们对别人魅力的判断就会与那些本身非常漂亮的人的判断相同。例如，如果没有适应性的差异，一个分值为2的人和分值为8的人应该同样给一个分值为9的人打9分，给一个分值为4的人打4分。相反，如果一个美学缺憾者完全适应了这一情况，改变了对别人漂亮与否的判断标准，他们对漂亮程度打出的分数就与那些本身非常漂亮的人不一样。例如，如果适应确实发生了，一个分值为2的人可能给一个分值为9的人打6分，给一个分值为4的人打7分；而一个分值为8的人仍然会给分值为9的人打9分，给分值为4的人打4分。值得庆祝的是，我们确实可以对此进行测评！简而言之，通过检验一个人自身的漂亮程度是如何影响他给别人评分的，我们认为可以对适应程度有某些发现。

詹姆斯和吉姆对我们的实验很着迷，向我们提供了10天内16 550位网站用户关于评分和约会方面的数据。所有这些用户都是异性取向，大多数（75%）是男性。[1]

分析的第一个结果是几乎所有人对美丽与否都存在共识。我们发现人们都喜欢哈莉·贝瑞和奥兰多·布鲁姆，不管自己长得怎样，即使是美学缺憾者也不会把相貌平庸者视为漂亮，并以此建立新的审美标准。

---

[1] 我们没有把同性取向纳入这次研究范围，不过我们在做进一步研究时，这会成为很有意思的课题。

关于美丽标准的一致性战胜了酸葡萄策略，但是还存在两种可能：第一，人们在审美标准上不会出现适应；第二，人们通过学会调整侧重点，把其他特点看得更重要，过程适应以此完成。

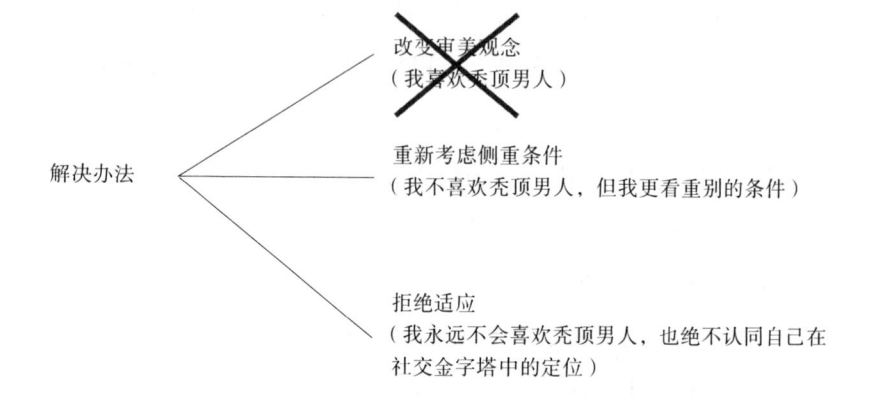

解决办法
- 改变审美观念（我喜欢秃顶男人）
- 重新考虑侧重条件（我不喜欢秃顶男人，但我更看重别的条件）
- 拒绝适应（我永远不会喜欢秃顶男人，也绝不认同自己在社交金字塔中的定位）

美学缺憾者对待和处理自己体貌局限的三种方式
（第一次在 Hot or Not 网站进行的调查研究）

下一步，我们开始测试另一种可能性，即美学缺憾者完全认识不到容貌不漂亮可能给自己带来限制（起码他们在网上是这样做的）。为了做到这一点，我们应用了 Hot or Not 网站的第二个有趣的特别功能，叫作"与我见面"。假设你是男士，在网上看到一位女士的照片，你想约她见面，就点击了照片上方的"邀请"键。对方会收到通知，说你想约她见面，通知中也包括了有关你的一些信息。[①] 使用"与我相见"特别功能，你不仅能够对对方的相貌做出判断，同时还能判断出对方是否可能接受你的邀请（匿名拒绝虽然不像面对面拒绝那样使人难堪，但也会使人感到不快）。

---

① 我认为互联网有效地结束了真正的"盲目"约会时代（当然，还局限于双方都只能通过照片看到对方的相貌）。

第七章　好不好？

为了更好地了解"与我相见"功能的作用，我们再做一个实验。假想你有些秃顶、身体肥胖、体毛很多，但不乏幽默感，我们从网上的魅力分数得知，你对别人的魅力判断标准不受自身容貌的影响。不过，假如你认识不到自己的魅力值较低，你在挑选追求对象时就不会考虑到自己大腹便便的缺点。你仍然会去追求那些美女吗？如果真是这样，就说明你真的意识不到自己缺乏魅力（起码是没有受到它的影响）。换一个角度，如果你决定与谁约会是考虑到了自己缺乏魅力，你就会认识到自己在社交金字塔中的位置，把目标定得低一些，去寻找与你的魅力分数接近的人，尽管在你心目中能够打 10 分的仍然是哈莉·贝瑞和奥兰多·布鲁姆。

我们得到的数据显示，案例中那些不甚漂亮的人事实上都很清楚自己的魅力水平。这种认识并不会影响他们对别人漂亮与否的判断（与别人的评判相对照），却会对他们如何选择约会对象的决策产生重要影响。

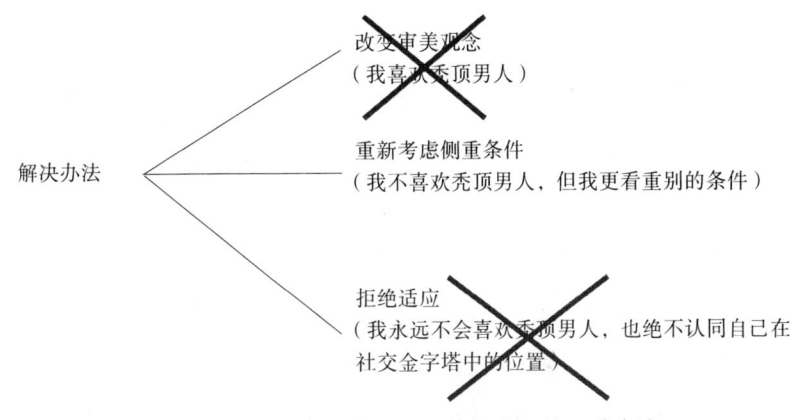

解决办法
- 改变审美观念
  （我喜欢秃顶男人）
- 重新考虑侧重条件
  （我不喜欢秃顶男人，但我更看重别的条件）
- 拒绝适应
  （我永远不会喜欢秃顶男人，也绝不认同自己在社交金字塔中的位置）

美学缺憾者对待和处理自己体貌局限的三种方式
（第一次在 Hot or Not 网站讲行的调查研究和"与我见面"的研究）

适应与闪电约会的艺术

来自 Hot or Not 网站的数据,否定了我们关于个人容貌魅力适应过程三个假设中的两个,但还剩下一个假设:就像我的那个中年女性朋友,人们通过降低对对方外观的要求完成适应过程,并且学着欣赏对方其他的优点。不过,否定其余两个假设并不等于给剩下的那一个理论提供了证据。我们需要证据来表明人们学会重视魅力的替代因素["亲爱的,你真聪明/有意思/善良/理解人/和我的星座真配/_____/(请填空)"]。不幸的是,Hot or Not 网站在这个问题上帮不了我们,因为它只能让我们测试一个方面(照片的"漂亮与否")。为了寻找一种让我们可以测试那些难以言喻的"我不知是什么"的方法,我们向"闪约"(闪电约会)领域求助。

我们真的想找美女俊男吗?

使用同样的数据,我们也考察了另一种可能,即人们寻求比自己容貌稍强或稍差的约会对象的可能性有多大?我们发现,人们通常以自己的魅力水平作为出发点来考虑是否与对方约会。事实表明,人们不大可能与比自己差的人约会,即使确信对方只比自己差一点点;相反,他们急于寻找比自己容貌稍强的人。有意思的是,这种寻找比自己稍强对象的欲望很快就会趋于平稳;人们想找比自己稍微漂亮的人约会,但是(姑且假设是为了感到安全和轻松)又不想找比自己强太多的人。

第七章　好不好？

在我告诉你我们采取的闪约形式之前，先给不谙此道的人对现代约会规则做个小小的提示（如果你是一位社会科学爱好者，我郑重向你推荐这一体验）。

如果你没注意到，可以看一下，闪约无处不在：从五星级酒店的豪华酒吧，到当地小学的空闲教室；从5点下班后人群攒动的傍晚聚会，到周末的餐会见面。它把追逐天长地久的爱情变得好像是土耳其集市上的讨价还价。尽管有种种恶意批评，比起那些俱乐部介绍、盲目约会、朋友安排，以及其他非正式安排的约会，闪约相对来说比较安全，而且不会有令人难堪的后果。

普通闪约的过程就好像20世纪初时效研究专家的设计产物。为数不多的一群人，年龄在20~50岁之间（如果参与者为异性取向，男女各占1/2），被安排到一个房间里，里面按照两人一桌安排。参加的人向约会组织者登记，组织者给每个人一个编号和一张记录表。约会中有1/2的人（通常是女人）固定守在桌子边。每隔4~8分钟就会有铃声响起，男人们站起来，像旋转木马般地更换到下一张桌子。

在桌边坐好以后，约会者可以谈论任何话题。毫不奇怪，很多人都会扭捏地对整个闪约过程表示惊奇，然后开始进行简单交谈，试图从对方那里获取一些有关信息，而又不显得过于唐突。铃声响起，他们做出决定：如果鲍勃想与妮娜约会，他就在自己记录表上标有妮娜编号的旁边写上"是"；如果妮娜想与鲍勃约会，她就在自己记录表上标有鲍勃编号的旁边写上"是"。

闪约活动结束，组织者把记录单收集起来进行配对。如果鲍勃对罗妮和妮娜都写了"是"，罗妮给鲍勃写的是"不"，而妮娜给鲍勃写的是"是"，那么，就只将妮娜和鲍勃的联系方式分别告知对方，以

173

便他们继续约谈,甚至发展为正常的约会对象。

我们在设计闪约方式时,增加了几个特点。第一,在举行闪约之前,我们对参与者做了问卷调查。我们要求参与者对于各项择偶条件的重要程度进行评估——外貌、智慧、幽默感、善良、自信,还有性格等。我们对闪约的过程也做了一些改变。在每一对男女"约会"结束后,不让他们直接转到下一次约会。相反,我们请他们停一会儿,对刚才见面的人做出评价,并且记录下来,评价内容与我们先前调查的内容相同(外貌、智慧、幽默感、善良、自信,还有性格),还让他们告诉我们是否愿意与这个人再次见面。

这样的安排向我们提供了三种数据。约会前的调查数据体现了他们寻找恋爱对象的标准。通过约会后的调查数据,我们可以了解他们对见面者的评价,我们还能知道他们最近是否想和中意的那个人正式约会。

这样,我们又重新回到主要问题:美学缺憾者会像那些漂亮的人一样,把对方容貌放在重要位置——表明他们没有产生适应吗?还是把侧重点转向了其他方面,例如幽默感上——表明他们已经完成了适应,择偶标准也发生了变化?

首先,我们分析了参与者关于一般偏好的答卷——这是在闪约之前完成的。在择偶标准上,那些比较漂亮的人更注重外貌要求,而不太漂亮的人则更看重其他条件(智慧、幽默感,以及善良)。这一发现成为我们关于美学缺憾者在择偶方面调整侧重点的第一个证据。接着,我们研究了闪约过程中每个约会者如何互相评价,以及这种评价如何变成他们与某个见面者真正约会的意愿。在这里,我们也看到相同的模式:美学缺憾者更愿意挑选那些有幽默感或其他非体貌特长的约会伴侣，而漂亮的人更愿意与他们认为吸引眼球的人约会。

把 Hot or Not 网站的第一次试验、"与我见面"功能，还有闪约的结果综合考虑，数据显示我们自身的相貌不会改变自己的审美品位，但它对我们的选择偏好有很大影响。简而言之，不漂亮的人会把非体貌条件看得更重要一些。

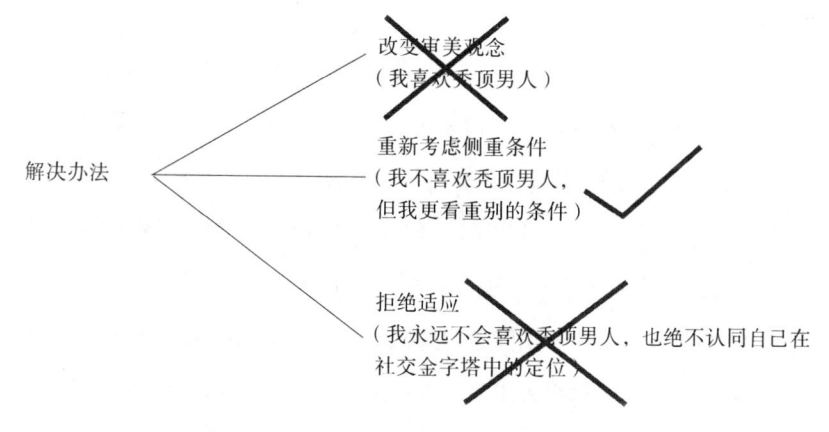

```
                    改变审美观念
                   （我喜欢秃顶男人） ✗

                    重新考虑侧重条件
解决办法            （我不喜欢秃顶男人，✓
                    但我更看重别的条件）

                    拒绝适应
                   （我永远不会喜欢秃顶男人，也绝不认同自己在 ✗
                    社交金字塔中的定位）
```

美学缺憾者对待和处理自己体貌局限的三种方式
（第一次在 Hot or Not 网站进行的研究、"与我见面"的研究，以及闪约研究）

当然，这会引出美学缺憾者是否更"深刻"的问题，因为相对外表的美貌而言，他们更看重其他品质。坦白地说，我不太愿意回答这个问题。说到底，假如青蛙变成了王子，也会与其他王子一样渴望把美貌作为选择恋人的主要标准。不管我们对美貌的重要性做出何等评价，调整侧重点的过程很显然会帮助我们完成适应。到头来，我们都必须平静地对待我们是谁、能够做什么，归根结底，只有适应与善于调整才能使人更幸福。

男性与女性的择偶观大不相同

如果对性别不同所引发的差异缺乏观察，那么对约会的研究也就不完整。上述内容描述的结果是把男性和女性放在一起分析的，你可能怀疑男性和女性对于外观魅力的反应会有所不同，对吗？

的确如此。事实表明，我们在 Hot or Not 网站进行的研究显示，性别取向的区别与人们关于约会和性别的常规模式相吻合。我们拿人们一般的观念举例，也就是男性约会不像女性那么挑剔。事实表明，这个观念并非空穴来风：男性向中意的女性发出约会邀请的可能性相当于女性发给男性的240%。

数据还证实了一项随意观察的结果，男人对女人漂亮与否的关注度大于女人对男人漂亮与否的关注度（它同时与另一个发现有关，即男人对于自己本身的漂亮程度并不那么在意）。最突出的是，男人怀有比女人更高的期望值，男人对他们选中的女人的漂亮程度非常重视，他们很容易爱上比自己漂亮得多的女性，也就是按照 Hot or Not 排行榜数值比他们高出许多的女性。顺便提一下，男人容易邀请多名女人约会，希望找到比自己漂亮得多的女人（有人会把它看作缺点），我们可以美其名曰："男性约会的开放心态"。

每个人都有得到幸福的机会

我们都有了不起的长处和不尽如人意的瑕疵。通常我们从小就学习接受这一切，最终能够大致安于我们在社会上和社交金字塔中的地位。像我这样的人的特别之处在于，成长过程中对自己满怀信心，突然间，不得不面对迥然不同的现实，根本没有机会和时间去逐步适应。在我心里，突然的变故对恋爱方面的打击尤为明显，它同时让我能够以更冷静的方式远距离观察约会市场。

在受伤后的几年里，我对于烧伤可能对未来恋爱造成的后果感到非常痛苦。我很肯定地认为我的伤疤会对我在择偶金字塔中的地位产生巨大影响，但是我就是想不通，认为这在某种程度上很"不公平"。一方面，我认识到约会市场的运作与其他市场相仿，我的市场价值一夜之间跌落了很多。同时，我仍然深深地感觉自己并没有发生真正的改变，认为贬值纯属无稽之谈。

我尽力想理解自己对此事的感受，扪心自问，如果我完全健康，一个受过和我类似烧伤的人邀请我约会，我会考虑吗？我不大可能和她约会的原因不就是她的伤疤吗？我必须承认，这样的答案我自己也不喜欢，它令我迷惘，弄不清我希望从女人那里得到的是什么。我得出的结论是：自己必须顺应现实，这令我沮丧。那些受伤前和我约会的女人，现在不再把我看作恋爱对象，我想到这里就难以忍受。我一想到顺应现实就感到恐惧，不仅为我自己，也为其他那些与我命运相似的人。这样做绝对没办法找到幸福。

我在北卡罗来纳大学教堂山分校读研究生的时候，所有这一切都解决了。有一天，心理学系主任指派我参加学习研讨小组。除了为会议设计会标以外，我已经记不清在小组会议上我们还做了些什么，但我清楚地记得，坐在桌子对面的人是我遇到的最神奇的人物——苏米。不管对同征择偶理论做何等推演和延伸，她都不会和我有任何关系。我们在一起的时间越来越多，最终成为朋友。她非常欣赏我的幽默感，再后来神奇的转变发生了，不知道从什么时候开始，她把我当成了她的恋人。

15年过去了，我们有了两个孩子。借助 Hot or Not 网站的数据，我现在认识到，因为女人比男人更看轻外貌（谢谢你，亲爱的读者），我是多么幸运。我同时开始相信，史蒂芬·斯蒂尔斯的那首歌，尽管听上去毫无感情可言，实际上却很有道理。他远不是在鼓吹爱情不忠，"碰到谁就爱谁"指的是我们有能力发现，并且爱上我们伴侣的特别之处。不是被动地接受一个带有伤疤、略显肥胖、牙齿不整、稍微秃顶的人，我们最终确实能够改变观察问题的角度，而且在这一过程中，越发热爱面具背后、躯壳之内的这个人。这是人类适应能力的又一大胜利！

第八章

市场的失灵
一个有关在线约会的案例

几个世纪之前，媒人或者婚姻中介在传统社会中肩负着非常重要的任务。青年男女（还有他们的家长）会像《屋顶上的小提琴手》那首歌中唱的，请媒人"寻我所爱，配我佳偶"。为了减少客户搜寻的时间和精力，媒人必须对适婚青年男女及其家庭情况了如指掌（这就是"媒人"成为"大嘴巴"或"长舌妇"同义词的原因）。媒人一旦找到了几对条件相当的男女，就会为他们牵线搭桥。媒人的生意既有效率又有可靠收入，他们作为婚姻中介（用经济学术语说就是"市场经纪人"）提供服务，从而获得报酬。

光阴似箭，转眼来到20世纪90年代中期——专业媒人已经销声匿迹（在大多数西方社会里，包办婚姻也不复存在），但在线约会尚未兴起。温情浪漫和个人自由成为压倒一切的择偶理想，但是，择友求偶在很大程度上只能靠本人的力量去努力奋斗。例如，我记得很清楚，我的一个朋友——这里我姑且把他叫作塞思，他为人聪明、滑稽，长得也算不错，是个新晋升的教授，他每天必须加班加点地工作，以此证明他确实有学识、有才华，并且有希望得到终身教职。他晚上很少在八点以前离开办公室，并且多数周末也不休息（我了解，因为我的办公室就在他隔壁）。同时，他的母亲每个周末都会打电话关心他。"孩子，别累坏了。"老太太总是说，"你什么时候能抽时间找个好女孩？再拖下去，我就抱不动我的孙子、孙女啦！"

　　凭着塞思的聪明和才华，要达到职业目标并不困难。但他的恋爱目标却遥不可及。他生就了学术型性格，不可能突然间做出改变，不可能经常光顾酒吧。他觉得刊登和回应征婚广告的做法太低俗。塞思最近搬入大学城，那里的朋友不多，而且这些人都不善交际，他参加派对的机会也很少。学校里的女研究生不少，从她们巧笑倩兮的目光判断，她们肯定乐于和他约会；不过假如他真的这样做，肯定会招致校方的不满（在大多数情况下，办公室同事或者师生之间的浪漫事件是不被鼓励的）。

　　塞思参加了不少为单身男女组织的活动。他参加过交谊舞班和徒步旅行团，还加入过宗教组织。但是，他一点儿也不喜欢这些活动，其他人似乎也不太喜欢。"徒步旅行团特别奇怪，"后来塞思对我说，"很明显，大家对户外的大好风光兴趣不大，他们只想找个喜欢旅游的恋爱伙伴，因为他们以为只要对方喜欢旅游，其他方面也一定不错。"

　　可怜的塞思。他是个非常优秀的男人，如果找到合适的女人他会过得十分幸福，但他就是缺乏有效的途径去寻找（别担心，经过数年的苦苦追寻，他终于找到了自己的另一半）。我要指出的是，缺少了像媒人一类有效协调者的帮助，塞思就不得不承受市场运作不灵的后果。事实上，无须危言耸听，单身寻偶问题是西方社会市场运作的最大失败。

　　塞思的艰难历程发生在婚恋网站创建之前，婚恋网站是天大的好事，原则上，这个市场确有必要。不过，在仔细观察这个现代版的媒人以前，我们得先考虑一下市场一般是怎样运作的。从根本上说，市场是让人们节省时间，并达成目标的协调机制。因为有必要，市场越来越集中，越来越有组织。想一想超级市场为什么"超级"：它省去了你步行或开车去面包店、肉铺、蔬菜店、宠物，以及用品店，还有药店的麻烦，你可以把一个星期所需的物品很方便地从一个地方买回来。从更广的意义上说，从日常生活到个人化的物品选择，市场已经成为我们社会中不可或缺的重要组成部分。

除了食品、房屋、劳动以及日用杂货市场（又称易贝），还有一个重要的市场——金融市场。例如，银行提供了一个便于筹资、放贷，还有借贷的中心平台。（2008年，现实向我们演示，银行停止放贷会造成什么后果。）其他的市场参与者，例如房地产经纪人，采取类似媒人的方式去了解买卖双方的需求，把双方恰当地撮合到一起。即使是专门从事二手车估价的凯利蓝皮书，也可以被认为是某种形式的市场中介，因为它给买卖双方提供了进行谈判的起点。总体来说，市场是整个经济的重要组成部分，有着难以置信的好处。

当然，市场不断地提醒我们，它也可能出问题（有时会意想不到地出现严重问题），就如能源巨头安然事件和2008年次贷危机所表现出的那样。但是总体来说，市场能够在人与人之间发挥协调作用，从本质上说，它非常重要又非常有益（很明显，如果我们能够设计出对我们既有好处，又可以避免失误的市场，那就再好不过了）。

单身求偶市场是生活中的一个领域，随着时间的推移，它从集中形态转变为每个人必须自负其责的分散形态。如果有组织的市场不复存在，约会择偶会变得多么复杂？我们假想有个城镇，里面正好有100个单身男人和100个单身女人都想结婚（这真像策划一场电视实况转播节目的创意）。在这个小小的市场里（假定没有媒人），你该如

181

何确定谁和谁是天成佳偶？你如何保证配成的夫妻不仅一见倾心，而且能白头到老？要让每个男人与每个女人都分别约会几次以便确定理想伴侣是根本做不到的，因为约会与电脑运算速度不同，真的那样做，恋爱可就遥遥无期了。

想到这一切，我首先对目前美国社会中单身男女的状况进行了一番思考。如今，美国青年人为了上学和就业而迁徙的现象比以往任何时候都多。高中时期的友谊和男女爱恋蓬勃发展，可是随着孩子们长大离家，这些人际关系可能转瞬即逝。大学和高中一样，为青年人提供了交友和恋爱的环境，但他们毕业后各奔前程寻求发展，再次劳燕分飞。（今天，由于互联网技术的发展，企业经常打破地域界限从各地招工，这意味着有更多的年轻人要去远离家人和朋友的地方就业。）

毕业生乍一来到千里以外的工作岗位，很少有空闲时间。这些年轻而相对经验不足的专业人员，需要投入更多的时间来证明自己的价值，特别是面临人才市场的激烈竞争。同办公室人员之间的恋爱交往即使不明令禁止，也不提倡。多数年轻人频频跳槽，难以扎根，更打乱了他们的社交生活。每一次迁移都使他们失去了直接或间接结交异性朋友的机会——也就降低了他们找到合适伴侣的可能，因为许多人往往是通过朋友介绍找到恋爱对象的。总的来看，年轻职业人才市场高效率的发展，在某种程度上，是以单身青年男女婚恋市场的低效率为代价的。

进入在线约会

我一直为塞思和其他朋友的择偶困难感到不安，直到出现了在线

第八章 市场的失灵

约会。听说有了默契网（Match.com）、线上约会（eHarmony）和犹太约会（Jdate）等网站，我非常兴奋。"这对于单身择偶市场将是个多么了不起的补充。"出于对在线交友过程的好奇，我马上对在线约会网站进行了探究。

这些网站都是怎样运作的？我们先假想有个叫米歇尔的孤独求偶者。她成为一家约会网站的会员并同意接受服务，填写了一份有关她个人情况及寻偶条件的问卷表。每个这样的网站都有各自版本的问卷，问卷的共同之处就是基本的统计学信息（年龄、住址、收入等），以及有关米歇尔本人的价值观、态度、生活方式等方面的取向。问卷还询问了米歇尔的偏好：她寻求建立一种什么关系？她对未来伴侣有什么要求？米歇尔披露了她的年龄和体重。[①] 她把自己描述成容易相处的素食者，希望与一位高个子、有学历、有钱的素食男士建立一种负责任的恋爱关系，她还把自己的情况写成了一篇简介。最后，米歇尔把自己的照片上传到网上，让别人可以看到。

米歇尔完成了这几步，就可以像逛商场一样搜寻意中人了。她从网站系统提供的人选中挑出几个男人进行进一步的研究，阅读他们的有关资料，查看他们的照片，如果有兴趣，通过网站可以给他发邮件。如果两个人都有意，可以进一步沟通。假如一切进展顺利，他们就可以约时间见面。（大家习惯使用的"在线约会"一词容易产生误解。不错，人们通过网站介绍进行选择，并且收发电子邮件，但是真正面对面的约会还是发生在现实中，即"线下"的。）

[①] 米歇尔可能给自己少报了几岁年龄和几磅体重，当然人们经常喜欢在网上玩点儿数字游戏——虚拟世界中的男人都会比生活中的真人个子高一些、有钱一些，女人都会瘦一些、年轻一些。

我原来以为在线约会能够成为有价值的市场中介，可是一旦明白它的操作过程，我的希望便逐步转为失望了。尽管单身择偶市场亟待完善补充，但是，在线约会对于这一问题的处理方式似乎难以奏效。这样一些选择题、填空答卷、固定标准怎么可能准确地表达人类意向呢？归根结底，我们并不仅仅是上述各部分简单的相加之和（当然会有个别例外）。身高、体重、宗教信仰和收入也绝不是我们的全部。别人依据我们的总体、我们的主观和美学特质为基础来评价我们，例如，我们的说话态度和幽默感。我们的特征还包括散发的气味、闪动的眼神、举手投足、一颦一笑——这些难以描述的特性，根本无法简单地存入一个数据库里。

在线约会网站最基本的问题是他们把用户当成可以搜索的商品，例如数码相机，可以用几个特征，诸如像素大小、镜头尺寸，以及存储量大小加以充分描述。但是在现实中，即使恋爱对象可以作为"产品"来考虑，也只能接近于经济学家所说的"体验商品"。就像就餐体验、香水和艺术品一样，不能采取这些网站认为的那种方式，把人进行简单地、有效地分解归类。要想理解约会过程，而不充分考虑两性相吸相恋的细微差别，基本上就像凭着战术图解，分析双方球员的站位和跑动路线来了解美国足球，或者靠阅读营养成分表来了解某种点心的味道一样。

那么，为什么在线约会网站不会要求人们对自己和理想对象用量化特点进行描述呢？我猜其采取这种特定方式的原因是，可以比较容易地把诸如"新教徒""自由主义""1.74米""健康"，以及"专业人员"等词语转换到一个可搜索的数据库里。尽管出于这种考虑，在线约会网站迫切想把系统设置得容易与电脑兼容，把我们通常对理想伴侣的模糊概念勉强地与一套简单的参数相匹配——这样一来，他们设计出的整个系统岂不是更不实用了？

为了回答这些问题，我和让娜·弗罗斯特（原麻省理工学院传媒实验室博士生，现在是社会企业家）、佐伊·钱斯（哈佛大学博士生），还有迈克尔·诺顿策划了我们第一个在线约会研究。我们在一家约会网站上刊登了标题广告——"点击此处参与麻省理工学院关于约会的研究"。不久就有一大批人参与，给我们讲述了他们的约会经历。回答的问题包括：他们花费多少时间搜寻约会对象的网上资料（他们使用的也是诸如身高和收入之类的可搜索特点）、他们与自认为合适的约会对象互通电子邮件所用的时间、他们实际面对面（"线下"）见面的次数，等等。

我们发现他们平均每周花费 5.2 个小时上网搜索资料，用 6.7 个小时与未来对象通邮件，两项合计，每周仅用于筛选的时间就将近 12 个小时。你要问，这样做的回报如何？我们调查过的参与者平均每周只花 1.8 个小时来与可能的恋爱对象在现实生活中见面，其中多数仅见一面而已，双方只是在沉闷的气氛中喝杯咖啡。

说到市场运作失败，6∶1 的成功率本身就很能说明问题。可以想象一下你开了 6 个小时的车到海边去和朋友（或者还更差，这个人你自己都说不准是否会喜欢）约会 1 个小时的感受。鉴于这样的结果，很难解释神智正常的人会花费时间到网上约会。

当然，你可能会争辩说在线约会本身就是一种享受（如同网上购物），于是我们决定也找人问一问。我们请在线约会参与者把线上搜索、线下约会，以及干脆在家看电影这三种体验做一番比较。参与者对线下约会的评价远远高于线上搜索。你能猜出他们对看电影的评价吗？你可能猜对了——他们对在线约会已经不再迷恋，觉得还不如蜷卧在自己家的沙发上看家庭电影，比如说《电子情书》。

所以我们初步观察的结果是，所谓的"在线约会"并不像人们猜想的那么有意思。实际上，在线约会这个名称就是错的。或许我们能给这个活动起个准确点儿的名字，例如"网上搜索与胡吹乱写"，这倒是名副其实，当之无愧。

我们的调查还没有说明企图把人性降低到可搜索参数的做法是否就是问题的起源。为了更直接地测试这一点，我们策划了跟踪研究。这一次，我们只是请在线约会者描述他们择偶所看重的特点与品质标准。然后我们把特点要求列成表，交给了第三方的一些编码人员（"编码员"是研究助理，任务是按预先设定的标准进行分类）。我们要求编码人员对每一个回答进行分类：回答中的特点是否容易用电脑算法测量和搜索（例如身高、体重、眼睛和头发的颜色、教育程度等），或者属于体验性特点，而不容易搜索（例如喜爱蒙提·派森喜剧或者金毛猎犬）。结果表明，有在线约会经历的参与者对体验性特点的兴趣比可搜索特点的兴趣高出将近三倍，在那些寻求长期稳定关系的人中，这种倾向更为强烈。把上面两种结果结合起来，我们的研究表明，在线约会使用可搜索特点的做法不近人情，即使经常使用这种研究方式的人也有相同的感觉。

非常遗憾，我们的研究对在线约会不是好兆头。在线约会者对这一活动并不十分热心，他们认为搜索过程太困难，太费时间，还不直观，获得的信息也十分有限。到头来，他们还不知道手中的工具性能如何，却在费着九牛二虎之力试图用它从事重要工程。

在线约会的扭曲：斯科特的故事

想一想你认识的最有条理的人。你可能认识一个女人，她把自己的衣服按照季节、颜色、尺寸和穿着需要分门别类地存放。相反，一个不修边幅的小伙子可能把待洗的衣服分成"刚穿了一天""可以在家穿""可以运动时穿"，以及"臭了"几类。全面地说，人们为了生活得更轻松、更舒服，最大限度地物尽其用，他们在生活系统化方面是独具匠心的。

我在麻省理工学院曾经认识一个学生，他使用一种非同寻常的分类方法寻找约会对象，这个学生叫斯科特，他想要找到自己心目中最完美的女人，于是采用一种非常复杂、又费时间的系统来达成这个目标。他每天上网搜索 10 个以上符合标准的女人：除了一般条件外，标准中还包括大学学历、良好的身体素质，除了英语之外还能流利地使用一门外语。一旦找到合适的候选对象，他就向对方发出事先准备好的三封信中的一封，里面包括一些问题，她喜欢什么音乐、在哪里上学、最喜欢哪些书，等等。如果这些问题的回答令他满意，斯科特就把她放进筛选过程的第二阶段。

在第二阶段，斯科特会给对方发一封信，提出一些新问题。对方如果回答"正确"，可以进入第三阶段。在第三阶段，斯科特会给女方打电话，再提出一些问题。如果双方在电话中相谈甚欢，就会进入第四阶段，见面喝咖啡（你会感到不解，哪个女人会一直忍受前面三个阶段撑到第四阶段，不过很明显，确实有几位女士做到了）。

斯科特还发明了一套复杂的选择系统，持续跟踪不同阶段选中的约会对象，这些约会对象的人数在迅速增加。斯科特头脑灵活，善于分析，他把以上结果连接到一个电子表格里，逐项列出每个人的姓名、目前所处的筛选阶段，她的累积分数，该分数是根据她回答各种问题的情况和作为恋爱对象的可能性计算出来的。他认为，电子表格里的人数越多，他找到梦中白雪公主的可能性就越大。斯科特把这套程序使用得轻车熟路，驾驭自如。

这样搜寻了几年，斯科特与安琪拉终于坐在一起喝咖啡了。见面以后，他确信无疑，安琪拉各方面都无懈可击，完全符合标准。更重要的是，她似乎对他也有意。斯科特欣喜若狂。

大功告成，斯科特觉得自己的那套复杂系统已经派不上用场了，但又不想把它白白浪费掉。他听说我在研究约会行为，有一天就到我的办公室来做自我介绍。他向我描述了自己的这套系统，并且断言我在研究中一定会用得上。然后，他递给我一个磁盘，里面有整个过程的所有数据，包括他预先写好的信件，相关提问，当然也包括他择偶过程中筛选的所有人的数据资料。我有些惊奇，又感到恐怖，我发现他收集的有关女性的数据竟然超过 10 000 个。

悲哀的是，尽管并不令人意外，故事的结尾仍然非常令人遗憾。两个星期以后，我听说斯科特万里挑一选中的白雪公主拒绝了他的求婚。更不幸的是，斯科特竭尽全力不想让任何一个合格人选漏网，他把自己的感情和时间完全投入了挑选合格女人的过程，根本没有时间参与"真正的"社交生活，到头来他欲哭无泪，连个倾诉心声的人都找不到。

事实证明，斯科特成为市场运作失灵的又一个牺牲品。

虚拟约会实验

我们初步实验的结果有些令人沮丧。不过我一贯是个乐观主义者，仍然希望通过对问题进行更深入地了解，改进在线约会的机制。是否有办法既让人们感觉在线约会更愉快，又能增加找到合适伴侣的机会？我们回过头来考虑了普通约会的情况，那种人生某一阶段都要经历的说不清楚的复杂程式。从进化的角度观察，我们期望约会成为一种有用的方式和过程，帮助恋人相互了解——而且这一方式已经通过了多年的实验，并且逐步完善。如果说普通约会是一种良好的机制，或者说，是迄今为止最好的机制，那为什么不能以它作为探索起点，创建更好的在线约会体验呢？

我们来想一下为什么传统约会的做法行得通，答案非常清楚，它不单是两个人坐在一起面对茫然一片的空间，只注视着对方，或者同声抱怨阴冷多雨的天气。约会是一起体验某些事物——两个人共同看电影、享受美食、在晚会上见面，或者一起逛博物馆等。换句话说，约会是与另一个人一起体验某种事物，周围的环境又能成为双方互动的催化剂。在艺术节开幕式、体育赛场或者动物园与另一个人见面，我们能看到那个人如何与周围的环境互动——他是否对服务员不讲礼貌，而且不付小费？是否和气耐心地体谅别人？从我们的观察中可以获取有关信息，知道如果与对方在现实世界中共同生活，大体会是什么样。

假定渐进式约会的智慧水平比约会网站编程人员的智慧水平更高，我们决定尝试把现实世界约会的某些成分引入在线约会。我们希望模仿人们在实际生活中的互动方式，于是就利用麻省理工学院传媒实验室菲尔南达·维加斯和朱迪斯·多纳特创建的名为"聊天园地"的虚拟环境，建立了一个简单的虚拟约会网站。进入该网站后，参与者需要挑选某个图形（方形、三角形、圆形）和某种颜色（红、绿、黄、蓝、紫）。进入虚拟空间后，参与者需要移动鼠标查看空间内的物体。物体包括人的形状、物件（例如鞋子）、电影剪辑，还有某些抽象的艺术品。参与者还能看到一些形状，代表其他约会者。当代表人的形状互相接近时，他们便可以使用文字进行对话。当然，这种形式还不能与真实环境里约会者的全方位感受相媲美，但我们想看一下，这种虚拟约会的形式效果如何。我们希望登录虚拟环境里的人能够使用仿真画廊里对话的内容，这不仅与他们本人有关，还会谈及他们看到的其他形象的物体。

正如我们所预料的，这样环境里的谈话内容，与普通约会中相当接近。（"你喜欢那张画吗？""不太喜欢。我喜欢马蒂斯的。"）

我们的主要目的是把我们的（有点儿简陋的）虚拟约会环境与标准的在线约会网站进行比较。为了达到这个目的，我们请一组急于约会的参与者到一般约会网站上找一个人约会（整个过程包括阅读对方典型的主要统计数据，回答关于建立何种关系的问题，随便写一篇个人情况简介，以及给对方写信）。我们还要求他（她）到我们的约会网站另找一个人进行虚拟约会（要求约会者一起进入我们设定的空间，看到不同的形象，使用文字进行交谈）。每个参与者先通过普通在线约会程序和一个人约会，然后再通过我们设定的环境和另一个人进行虚拟约会，之后，我们认为摊牌的时间到了。

为了给两种不同约会方式搭建竞争的舞台，我们组织了一次像第七章里描写的那种闪约活动。在我们实验性质的闪约过程中，参与者有机会面对面地分别见到他们在虚拟约会中"见过"的那个人，及其在普通约会网站上约会过的那一位见面者。我们的闪约活动与普通闪约还有一个小小的区别。每对约会者在一张桌旁交流 4 分钟以后，我们会请参与者回答有关刚见过的这个人的几个问题：

你认为刚见过的人怎么样？
你觉得自己和她（他）的想法相似吗？
你觉得和她（他）在一起高兴吗？
你觉得和她（他）在一起舒服吗？

参与者回答上述问题可以使用 1~10 的标尺，其中 1 代表"一点儿也不"，10 代表"非常"。与普通闪约活动一样，我们还会问他们将来是否愿意继续与这个人见面。

概括地说，实验由三部分组成。第一，每个参与者参加一次普通在线约会和一次虚拟约会。第二，让他们参加有许多人参加的闪约，其中包括他们在在线约会中"见过"的人，还有在虚拟约会中交谈过的人（我们没有把他们原先"见过"的人指给他们，我们让他们自己去指认"似曾相识"的对方）。第三，闪约活动结束，我们想看一下，他们从参加闪约的所有人当中选出的是哪一个，希望与对方再次见面成为现实生活中的约会伴侣。我们想看一下先前的经历，不论是虚拟约会，还是普通在线约会，哪个更可能促成实际生活中的约会。

我们发现无论男女，如果先前在虚拟约会中相遇过，在闪约中互相倾慕的可能性更大。事实上，经历过虚拟约会跃入现实生活约会的概率，大约相当于经历普通在线约会概率的两倍。

为什么虚拟约会的方式这样成功？我猜测答案在于：虚拟约会

世界的基本结构与另一种更古老的结构——人类的大脑更加相似。在我们的虚拟世界里,人们对经历和人物做出的判断与他们日常生活中所习惯的同类判断是一样的。因为这些判断过程与我们现实生活中自然处理信息的过程相同,虚拟的人际互动更有效,提供的信息也就更多。

为了阐明这一点,假想你是个单身男人,愿意找一个女人建立长期关系,你与一个叫詹尼特的女人共进晚餐。她的身材小巧,褐色的头发和眼睛,笑起来很好看,她会拉小提琴,喜欢看电影,说话语气轻柔;可能她的性格有点儿内向。你一边小口地啜着葡萄酒,一边想:"我现在喜欢她到了什么程度呢?"你甚至可能会问自己:"我将来到底是想和她建立短期、中期,还是长期关系呢?"

后来,你又和另一个叫朱莉亚的女人约会。朱莉亚和詹尼特在许多方面都不同。朱莉亚比詹尼特个子高,性格也更外向一些,她是工商管理学硕士,笑起来很爽朗,喜欢帆船运动。你能感觉出,你在两人之间更喜欢詹尼特,愿意和她多相处,不过,要说明这是为什么或者确切指出你到底喜欢她哪里又很困难。是她的体型,她的笑容,还是她的幽默感?你很难具体指出为什么喜欢詹尼特,但是你有这样一种强烈的直觉。[①]

即使詹尼特和朱莉亚都准确地把自己描述为有幽默感的人,但必须指出的是,一个人觉得可笑的事情,另一个人却未必这样认为。喜欢《活宝三人组》的人不一定也喜欢蒙提·派森,而戴维·莱特曼的支持者未必觉得《办公室》好。上述内容的支持者都有理由认为自己

---

① 如果你想亲自试验一下,不妨找几个你认识的人按照在线约会的方法做出自我描述(但不要包括有关他们身份的内容)。然后凭这些描述来判断你喜欢谁,无法忍受谁。

有"很强的"幽默感，但是，只有和其他人一起进行体验，例如，一起观看《周六夜现场》，才能在现实中或者在虚拟世界里辨别出你们的幽默感是否相同。

按照市场术语来说，人类就偏好体验性商品，同样，花椰菜或者山核桃派的化学成分并不能帮助人们更好地了解实物的味道，把人们的各种特点分解列表并不能帮助我们了解是否能和他们相处或者共同生活。问题的实质就在于，某些市场企图把人转化成各种特点组成的表格供大家搜索。诸如"眼睛：棕色"，写起来和搜索起来都很容易，但我们事实上并不会这样观察和评价自己心目中的恋爱伴侣。这也正是虚拟约会的优越之处，它使人们更易察觉微妙的差别和意义，帮助我们用日常生活中的类似形式做出判断。

最后，我们的研究结果表明，构建在线单身择偶市场应该理解人们在自然状态下能做什么，不能做什么。它对技术的使用应该采取与我们的自然长处相一致的方式，对我们先天不足的方面加以弥补和帮助。

老年人的闪约

顺便说一下，对题目之外的物件做出反应在非婚恋环境下同样有效。不久前，我和让娜·弗罗斯特试图为老年人（65岁以上）举办一些闪约活动。我们的目标是为刚搬入退休人员社区的人扩展社交范围，增进他们的幸福感和健康。[①] 我们原以为闪约活动可

---

① 要进一步了解社交生活与健康的依赖关系，请参阅艾伦·兰格《逆时针》一书。

以大获成功,但前面几次却惨淡收场。报名的人很多,但他们一旦面对面地坐在桌子旁边,就会变得迟迟无法进行交谈,大家都觉得很尴尬。

为什么会这样呢?在一般的闪约活动中,谈话内容并不算新鲜有趣("你在哪里上的学""你是干什么的"),不过人人都知道活动的基本目的——设法弄明白对方是否能成为合适的恋人。相比之下,这些老年参与者并不一定都带有这个目的。有的是想找一个伴侣,还有的只是想来交朋友。老年人的多种目的使活动的举办难度加大,场面尴尬,到头来非常不尽如人意。

认识到问题出在哪里,让娜提出下一次活动时,让每个人带一件重要的个人物件(例如,礼品或者照片)作为交谈的引子。这样一来,人们谈起来会比较有故事,而且能越谈越深入,越谈越有意思。结果,很多人交上了朋友。在这个案例中,与题目无关的物件促进了交谈,并且对达成目标起到了很好的推动作用。

非常有意思,即便是好事,人们也需要一些什么东西,不管是什么,来起个头。

为霍默·辛普森设计的网页

尽管发明了在线约会网站,我认为单身择偶市场不断出现的问题也表明行为经济学的重要性。必须说明,我对在线约会是完全支持的,我只是认为它应该采取更加人性化的方式。

考虑一下：如果人们在设计有形产品，鞋子、皮带、裤子、杯子、椅子等的时候，设计者能够把人的身体局限考虑在内，明白人类能做到什么，做不到什么，那么他们制造出来的产品在我们的日常生活中就都能被使用（当然，也会有个别例外）。

但是，人们在设计无形产品，例如医疗保险、储蓄计划、退休养老计划，甚至在线约会的时候，不知为什么就忘记了人类与生俱来的局限。或许这些设计者对于人们的能力过于乐观；他们可能把我们都假定成了《星球大战》中超级理性的斯波克博士。无形产品和服务的创造者假定我们完全"了解自己的头脑"，并且能正确计算一切，对所有可能进行比较，永远会选择最佳、最合适的行动路线。

不过，如果如同行为经济学的一般表现，特别是像我们在约会中表现的那样——我们使用和理解信息的方式存在局限，那会怎么样？如果我们不像斯波克博士，却像那个容易犯错误、缺乏远见、怀有报复心、喜怒无常、心存偏见的霍默·辛普森，那又会怎样？这种想法不那么令人振奋，不过，如果我们理解并考虑到自己的局限，把改善信息为基础的产品和服务，例如在线约会，作为起点，就能够规划出一个更加美好的世界。

因此，为完全理性的人建立在线约会网站就能够成为有趣的智力锻炼。不过，这些网站的设计者如果要创造一些环节来帮助普通且有局限的人寻找配偶，那么他们首先应该设法理解人类局限，并以此作为设计的起点。不管怎么说，如果我们那种相当简化又仓促的虚拟约会环境就能使面对面约会的概率翻一番，那也证明了同时考虑人类的能力与弱点并不是件多么困难的事情。我敢打赌，如果在线约会网站能够进行充分兼容的人性化设计，不仅会一炮走红，而且会帮助那些实实在在、有血有肉、情投意合的人早日结成连理。

从广义上来讲，我们对在线约会的仔细观察表明市场具有了不起的作用；不过要让它充分发挥潜力，我们必须采取恰当的方式，使之与人类习惯相适应，并考虑到在自然状态下凭人类的能力能做到什么，做不到什么。

"那么，在你说的那些更好的约会网站还没出现之前，单身男女们该怎么办？"

提出这个问题的是我的一个好朋友，他想帮助同办公室的一位女士萨拉。我不是个合格的媒人，不过最后，我确实认为从我们的实验里可以获得一些有用的教训。

第一，鉴于我们虚拟约会相对成功的经验，萨拉应该努力使自己在在线约会上的互动更接近现实生活中的约会。她可以与网上对象讨论她喜欢看、喜欢做的事情。第二，她可以更进一步，创建她自己的虚拟约会形式，她可以对正在交谈的网上对象提议两个人一起去（与一个真正约会相似）某一个有意思的网站。如果对方有意，她可以建议两个人一起玩网上游戏，探索神奇王国、斩杀恶龙、探讨解决方案。这些活动可以让他们更深入地了解和理解对方。更重要的是，努力与另一个单身人士一起做自己喜欢的事情，有利于找到彼此更多的共同点。

在线约会市场的失败对于其他市场的失败现象还意味着什么？从根本上来说，在线约会市场的失败在于产品设计。

请让我来解释一下。如果某一产品卖得不好，基本上是因为它没有达到预期的目标。在线约会网站尽力把人分解成一组词语描述，这样通常不会促成恋爱关系，同样，公司企业的失策就在于它们没有把我们的要求体现到它们卖给我们的产品中。拿电脑举例，我们中的多数人只想买台性能稳定、速度又快的电脑，以便帮助我们做想做的事情。我们并不很在意电脑存储器的大小，处理器或者总线速度（当然也有人真正关心这些），但是生产商就是这样描述产品的——根本不会从任何方面帮助我们了解使用这台机器时的体验。

再举一个例子，想一想网上"退休养老计算器"，据说它是为了帮助我们了解为65岁退休后要积蓄多少钱而设计的。我们在输入基本花销之后，计算器显示出我们需要积蓄的数字，比如说，我们的退休账户里需要有320万美元。不过很遗憾，我们不了解如果账户中有这些钱，我们可以过上什么样的生活，或者如果我们只有270万美元，或者140万美元（且不说只有54万美元或者20.6万美元）会过得怎样。它也不能帮助我们设想如果我们70岁时账户里剩的钱很少，但自己又活到了100岁该怎么办。计算器给我们显示的只是一个数字（一般我们理解不了），根本不能把它转变成任何直观的、可以想象的东西，这样也就无法激励我们努力多存一些钱。

同样，考虑一下保险公司是怎样用可扣减、限额，以及个人负担等术语来描述它们的产品的。如果我们患了癌症需要治疗会怎么样？如果我们还有其他人在交通事故中受了重伤，所谓的"最高赔付额"能不能具体指出我们个人要掏多少钱？保险公司还有个吹得天花乱坠的产品叫作年金，据说是为了你活到100岁，又没有存款时准备的。理论上，买了年金就意味着你一辈子都能拿到固定的工资（从本质上说，社会保险就是某种年金制度）。原则上，年金很有道理，但不幸的是，很难计算它对我们到底有多大价值。更差劲的是，销售这类产品的人在保险业大概相当于名声不佳的二手车销售经理（尽管我确信会有例外，但我至今还没遇到）。结果，多数年金不过只是敲竹杠的手段而已，这部分重要的市场，运作得根本不成功。

那么，怎样才能使市场更高效、更有作用？有个社会借贷的例子：我们假设你需要东借西凑买辆汽车。很多公司现在有了社会借贷的构想，允许家庭和朋友之间互相借贷，这样就把中间人（银行）排除在外，减少了欠债不还的现象，给借贷双方都提供了比较好的利率。经营这种信贷的公司没有风险，只是在幕后处理钱款的流动。除了银行以外，各方都是赢家。

说到底，如果市场不能满足我们的要求，我们也不是毫无办法。我们可以设法了解它为什么不能像我们预期设想的那样来帮助我们解决问题，找出办法来缓和存在的问题（自己制造虚拟约会体验，把钱借给朋友）。我们还可以设法从更广的范围解决问题，把客户的需要考虑在内，设计出新的产品。很可惜，但同时也很幸运的是，这样改良、完善产品与服务的机会比比皆是，无处不在。

第九章

感情的偏好
为什么我们选择帮助某个人,却漠视许多人的痛苦?

1987年,已经懂事的美国人中很少有人会忘记"小女孩杰西卡"的传奇故事。杰西卡是得克萨斯州米德兰市一个18个月大的小女孩。她在姨妈家的后院玩耍,不小心跌落到一口6.7米深的废井里。在漆黑一片的井底,杰西卡被卡在岩石缝里长达58.5个小时,但是无处不在、无孔不入的现场媒体报道使人们感觉这段时间好像有数周之久。事件把人们的心都连到了一起,随即赶来的钻井工人、营救人员、邻居和米德兰市的记者夜以继日地守候在废井周围,世界各地的人都在观看电视直播,关注着营救工作的每一步进展。营救人员发现小女孩的右腿死死地卡在岩石缝里,大家都跟着焦虑万分。听到工人们报告他们把小扩音器沿井壁吊到废井下面,给杰西卡播放《鹅妈妈童谣》这首儿歌(想到当时的情景,他们选得真妙),小女孩跟着扩音器播放的儿歌唱起来,世界各地的人都为之欣喜。最后,营救团队费尽九牛二虎之力在旁边打了一口平行的竖井,终于把小女孩从井里安全地救出,电视机旁与现场的所有人无不热泪盈眶,如释重负地松了一口气。

营救事件以后,麦克鲁尔一家一共收到了人们捐给小杰西卡的70万美元。《综艺》和《人物杂志》刊登了扣人心弦的故事连载。《得克萨斯报》的斯科特·肖因为拍摄营救人员怀抱中的小杰西卡的照片而获得了1988年的普利策奖。这个故事后来被改编成电影《拯救落井幼儿》，由博·布里奇斯和帕蒂·杜克主演，博比·乔治·戴恩斯和杰夫·罗奇创作的主题歌更是把杰西卡的故事变成了传唱不朽的歌谣。

当然，杰西卡和她的家人遭受了很大的痛苦。但是，为什么杰西卡得到美国有线新闻网的报道数量竟远远超过1994年的卢旺达种族大屠杀——在这一事件中，有80万人，其中包括许多儿童，在100天的时间里惨遭杀戮。为什么我们对一个得克萨斯州的小姑娘自然流露出的同情和牵挂远远超过对达尔富尔、津巴布韦和刚果被杀害、被饿死的那些人？把这个问题的范围再扩展一点儿，见到某一个人受难，我们会马上从椅子上跳起来填写支票，而面对其他更严重、牵涉更多人的悲剧，我们却往往不能闻声而起立即采取行动？

这其中的原因非常复杂，它难倒了从远古时代直到今天的许多哲学家、宗教思想家、作家和社会科学家。对于重大悲剧的普遍冷漠是由多种因素造成的。其中包括事件披露过程中信息的缺失、种族因素、地球另一端人们的痛苦对我们的冲击，事实上远不如我们的"邻居"那么直接。另一个重要的因素，似乎直接与灾难的大小有关——提出这一观念的不是别人，正是约瑟夫·斯大林，他说："一个人的死亡是个悲剧，但是100万人的死亡不过是个统计数字"。一贯与斯大林持相反观点的特里莎修女，这一次也表达了同样的情感，她说道："如果看到的是一大群人，我不会采取行动。如果看到的是一个人，我一定会采取行动。"这说明我们对某一个不幸的人会怀有无穷的怜悯之心，却普遍地（令人不安地）对许多人的痛苦漠不关心。

难道真的是悲惨事件涉及的人越多，我们的关心程度就越小吗？这种想法令人沮丧，我必须事先警告，下面的内容读起来令人不快——但是，这一现象与人类的很多其他问题一样，重要的是要了解我们的行为到底是由什么驱动的。

可识别受害者效应：你会把钱捐给谁？

为了更好地理解人们为什么对个人苦难的反应比对许多人的苦难强烈，我先带你们看一看德比·斯摩尔（宾夕法尼亚大学教授）、乔治·勒文斯坦和保罗·斯洛维奇（俄勒冈大学教授）进行的一个实验。德比、乔治和保罗付给每个参与者5美元让他们填写一些问卷。在参与者拿到这5美元以后，德比、乔治和保罗会向他们介绍因某种食品短缺而引发的有关问题，然后问他们是否愿意从这5美元里捐献出一些来帮助解决这一问题。

你可能猜到了，对于不同的人，德比等人向他们介绍食品短缺问题的方式也会不同。其中一组称作"统计数字条件"组，他们读到如下信息：

> 马拉维的食品短缺影响到了300多万儿童。在津巴布韦，降雨严重不足导致玉米产量比2000年时下降了42%，结果有大约300万津巴布韦人面临饥荒。400万安哥拉人，该国人口的1/3，已经被迫逃离家园。在埃塞俄比亚，1 100多万人急需食品援助。

接下来，参与者有机会把刚才挣到的5美元中的一部分捐献给提供食品援助的慈善组织。先别往下读，问一下你自己："如果我处在参与者的地位，我会捐吗，会捐多少？"

第二组参与者，我们把给他们设定的条件称作"可识别条件"，给他们的信息是有关洛基亚——一个面临饥饿的 7 岁的马里小女孩。参与者会看到她的照片和下面的文字（似乎来自一封求助的电子邮件）：

> 你的捐款会改变她的一生。因为你和其他捐款人的帮助，拯救儿童基金会将与洛基亚的家人和社区的人们一起，让她有饭吃，让她有书读，并给她提供基本医疗保障和卫生教育。

如同统计数字条件一组，可识别条件组的参与者也有机会把刚挣到的 5 美元中的一部分或全部捐献出来。同样，你也问一下自己，你在读了洛基亚的故事以后愿意捐出多少钱。你是愿意捐钱帮助洛基亚呢，还是更愿意把钱捐给广义上的与非洲饥饿做斗争的运动组织？

如果你像多数参与者一样，你捐给洛基亚的钱会是捐给广义的与非洲饥饿做斗争运动组织的两倍（在统计数字条件组，平均捐款为参与者答卷收入的 23%，而在可识别条件组，平均捐款为统计数字条件组的两倍多，达到参与者答卷收入的 48%）。这就是被社会科学家称作"可识别受害者效应"的本质；我们一旦看到一张面孔、一幅照片、一个人的具体情况，我们就会感同身受，随之而来的就是行动——捐款。但是，如果信息没有具体到个人细节，我们就不会有很强烈的同情心，结果就很难采取行动。

可识别受害者效应当然早就被很多慈善组织注意到了，包括拯救儿童基金会、畸形儿基金会、国际儿童基金会、美国仁慈协会等。这些组织很清楚，打开我们钱包的关键就是唤起我们的同情心，个人苦难的具体实例是点燃我们感情的最有效方式（个人具体实例→唤起感情→打开钱包）。

在我看来，美国癌症协会（ACS）在利用可识别受害者效应的潜在心理方面做出了非常成功的范例。美国癌症协会不仅懂得感情的重要性，还知道怎样调动它。美国癌症协会是怎么做的？首先，"癌症"这个词本身就比那个更科学、更能阐明病理的术语"转移性细胞异化"更能产生更有力的感情想象空间。美国癌症协会还使用了另一种修辞手法，把患过癌症的人一律加封为"存活者"，而不管这个人病情的轻重（甚至有可能某人只是寿终正寝，其体内的癌变远没有来得及发生作用）。冠以感情色彩的词汇"存活者"给这项事业增加了爆炸性的力量。我们并不会把这个词与其他疾病，例如哮喘或者骨质疏松相联系。比如说，美国肾病基金会把患过肾病的人称作"肾衰竭存活者"，难道人们不应该捐更多的钱来与这种痛苦的疾病做斗争吗？

还有，把"存活者"的头衔加到任何患过癌症的人身上，都能够让美国癌症协会与那些对于这一事业有深厚个人兴趣的人建立强大的同情网络，与那些未患癌症的人建立更多的人际交往。通过美国癌症协会举办的马拉松比赛和其他慈善活动，那些原本与这项事业没有直接联系的人也会加入捐款的行列。他们未必对癌症的研究与防治感兴趣，可能仅仅是因为他们认识了某一个"癌症存活者"，就使他们对某一个人的关心转变为了把时间和金钱贡献给美国癌症协会的行动。

密切度、生动感与"杯水车薪"效应

上述实验和故事显示，我们愿意付出金钱、时间和努力帮助可识别的受害者，而面对"统计数字"的受害者（数十万卢旺达人）却不采取行动。不过，这种行为方式的原因是什么？如同很多复杂的社会问题,这一现象也同样反映了多种心理因素的作用。在深入讨论这个问题之前,我们先动脑筋进行一项实验。[1]

假想你正在马萨诸塞州的剑桥准备参加面试,应聘梦寐以求的工作。离面试还有一个小时的时间,你决定从宾馆步行去面试地点,顺便沿途欣赏城市风光,清醒一下头脑。你在经过查尔斯河上的一座桥时,听到有人呼救。你看到河的上游几米外,有个小女孩在水中挣扎——她一边呼救,一边大口喘着气。你身穿一套崭新的西装和为面试专门准备的其他饰品,价值不菲——比如说,花了1 000美元。你的游泳技术不错,但是现在要立即跳下去救人,已经来不及脱衣服了。怎么办?十有八九你不会犹豫,会奋身跳入河中把她救上来,自己浑身湿透,新衣服在救人的过程中被扯坏,面试也耽误了。当然,你决定跳水救人说明你是位了不起的、有爱心的好人,但同时也可能部分取决于三种心理因素。[2]

第一,你需要与受害者接近——心理学家把这种因素称作"密切度"。但是,密切不仅是指空间距离的接近,还意味着一种亲近的感觉——你和亲戚、社交圈成员、你认为有共同点的人都有密切度。自然(也幸亏是),世界上多数悲惨事件无论从空间上,还是心理上都相距遥远。处于水深火热中的绝大多数人我们都不认识,因此我们对他们的同情感远不如对困境中的亲戚、朋友或者邻居的关切程度。密切度的效应非常强大,我们常常出钱帮助一个失业的邻居,而不

---

[1] 这个思考实验是根据彼得·辛格在《饥荒,富裕与道德》(1972年)一书中的例子设计的。他的新书《你能挽救的生命》对这一观点做了进一步阐述。

[2] 我现在对三种因素分别叙述,在实际生活中,这三种因素联合发生作用,究竟哪一种是主要的往往弄不清楚。

第九章　感情的偏好

去帮助另一个城镇中更需要帮助的、无家可归的人，更不大可能出钱帮助 8 000 公里外因地震而失去家园的人。

第二种因素我们叫作"生动感"。如果我对你说我不小心把刀割到自己身上，你没有亲眼看到，所以不会感受到像我一样的疼痛。如果我声泪俱下地向你做了详细描述——伤口有多深，皮肉开裂有多疼，流了多少血，你的头脑中就会浮现出一幅生动的图景，因而对我产生更深的同情。同样，你亲眼看到小女孩在冰冷的水中挣扎，听到她绝望地呼喊救命，自然会感到必须立即采取行动。

与生动相反的是模糊。如果你听说有人落水，但是并没有亲眼看到，没听到呼救，你的"感情机器"就没有啮合。就好像从太空中拍摄到的地球照片，你能看到各个大陆的形状、蔚蓝的海洋、绵延的山脉，但你看不到交通拥堵的细节、空气污染、犯罪和战争。从远处望去，一切都是那么平静、可爱，我们不觉得有必要改变任何事情。

第三种因素，心理学家称作"杯水车薪效应"，它与你是否有信心单枪匹马完全拯救受害者于水火有关。想一想某个发展中国家，有许多人死于严重的水污染。我们个人所能做的也许只是到那里帮助他们建立一套污水处理系统。但是，即使是这样的亲身参与，也只能解救少数人，另外还有数以百万计的人亟须救助。面对如此巨大的需求，我们个人的力量又如此微小，有人可能就会实行感情上的自我封闭："这有什么意义呢？"[1]

为了考虑这三种因素对你的行为所产生的可能性影响，想一想下面的几个问题应该如何回答：如果你救的那个小女孩生活在很远的国

---

[1] 这里并不是说那些贡献自己的金钱和时间帮助别人的爱心人士为数太少，而是随着可识别的受害者数目越来越多，人们感到力不从心的情绪也随之增长。

家,刚遭受了海啸袭击,你会不会付出数目不大的一笔钱(比你那套1 000美元的西装少得多),救助她并改变她的命运?你是否可能毫不犹豫地带着钱"跳下去"?或者,如果她的遭遇不那么历历在目,不那么千钧一发,你会怎么办?例如,她很可能染上疟疾,你会有同样强烈的冲动去救她吗?或者说,许许多多的儿童面临痢疾和艾滋病(事实就是如此)的危险,你又会怎样?你会因为自己无力解决而感到灰心退缩吗?你帮助这些人的决心会发生变化吗?

如果我是个赌徒,我敢和你赌一次,你救助遥远国家染病儿童的愿望要低于帮助即将死于癌症的亲戚、朋友或者邻居的冲动。(如果你认为我是故意找你的碴儿,那就实话实说,我其实也和你一样。)这不是说你铁石心肠,而是说你不过也是凡夫俗子——如果悲剧发生在远处、规模巨大、受害人太多,我们观察的角度就比较模糊。如果我们看不到具体细节,对苦难的感觉就不那么生动,也就不容易动情,因此也不太可能强迫自己立即采取行动。

假如你停下来考虑一下,全世界每天有数以百万计的人正是死于饥荒、战争,以及疾病,尽管人们事实上能够以相对较小的代价做很多事情加以改变,但由于密切度、生动感,以及杯水车薪效应的共同作用,我们多数人并没有采取足够的行动对他人进行援助。

诺贝尔经济学奖得主托马斯·谢林很好地描述了可识别的个人与统计数字之间的区别,他写道:

> 假如有个棕色头发的6岁小女孩需要几千美元进行手术,如果手术顺利的话,她可以活到圣诞节,人们捐献的钱能让邮局忙得不可开交。但是,假如报道说如果不征收销售税,马萨诸塞州

医院的设备持续老化，这很明显会增加一些本来可以避免的死亡病例，那么，不会有很多人为此掉一滴眼泪或者掏出支票簿。

理性思维让我们缺乏爱心

对于上述感情的诠释，提出了这样的问题：如果能够让人们更加理性，就像《星球大战》中的斯波克博士，那会怎样？说到底，斯波克是彻头彻尾的现实主义者：他既理性又智慧，知道拯救绝大多数人才是最理智的，而且会真正按照问题的轻重缓急来采取行动。冷眼观察问题可以让我们少花点儿钱去帮助小洛基亚，而把更多的钱投入与饥荒的斗争中吗？

假如人们处在更理性、更有计划的状态，会怎样决策？为了测试这一点，德比、乔治和保罗另外设计了一个非常有趣的实验。实验初期，他们让一部分参与者回答了下面的问题："如果某公司以 1 200 美元的单价买进了 12 台电脑，你算一下，该公司一共花了多少钱？"这是一道不算复杂的数学计算题，目的是"启动"（这是心理学的普通术语，特指让参与者进入某种特定的、暂时的思维状态）这些参与者，让他们用计划与计算的方式思考。另一组参与者则使用启动感情的问题："你听到乔治·布什的名字，会有什么样的感觉？请用一个最恰当的词描述这种感觉。"

回答了最初的问题以后，参与者分别得到有关洛基亚个人情况的信息（可识别条件），或者非洲普遍食品短缺问题的信息（统计数字条件）。然后，问这些参与者愿意捐献多少钱来支援这两项慈善事业。结果表明，那些启动感情的参与者把更多的钱捐给了作为个人的洛基亚，而捐给与普遍食品短缺问题做斗争的钱则比较少（与不使用启动的实验相同）。对参与者进行感情启动与根本不做启动的结果相同也表明，即使不进行感情启动，参与者们在做出捐款决策时也仍然会依赖他们对洛基亚的同情（这就是为什么增加感情启动根本不起作用的原因——感情本身已经成为决策过程的一部分）。

那些被启动到精于计算、斯波克式思维状态的参与者又怎么样了呢？你可能猜测计划与计算式的思维会"限定"人们对洛基亚的感情偏见，从而把大部分钱捐给数量更多的人。很遗憾，那些精于计算思维的人变得同等吝啬，对两种慈善事业做了同等的、少量的捐款。换句话说，让人们像斯波克那样思考会降低一切感情呼唤，结果是使参与者给洛基亚和普遍食品问题的捐款都更少了（从理性经济学的观点来看，当然，确实有道理。说到底，一个理性的人如果不产生有形的投资回报，绝不会把钱投到任何人的身上或者任何事情中去）。

我觉得上述结果令人沮丧，但问题还不限于此。德比、乔治和保罗原来进行的有关可识别受害者效应的实验（实验中，参与者给洛基亚捐的钱是与普遍饥荒斗争的两倍）还有第三种条件。在这种条件下，参与者们既得到了有关洛基亚的个人信息，也得到了普遍食品短缺问题的统计数字信息，但没有任何启动。

现在，猜一下参与者捐了多少钱。你认为如果他们如何同时了解到洛基亚和更普遍的食品短缺问题，会捐多少呢？他们会像仅仅知道洛基亚的情况时，捐得那么多呢，还是像只了解到普遍统计数字信息时，只捐一点儿呢，或者在两者之间？鉴于眼下这一章的内容令人沮丧，你可能已经大致猜到结果了。在混合条件下，参与者捐出了所得的29%——比统计数字条件下参与者捐的23%略高，但是比个人条件下人们捐出的48%要低得多。简言之，结果表明，让参与者既要想到计算与数字，又要受到感情召唤，实在无异于要求他们"挟泰山以超北海"。

总体来看，这些结果令人感到悲哀。被引导关怀个人时，我们会立即采取行动；如果涉及的人数众多，我们则不会。冷静计算不会增加我们对重大问题的关注，相反，它会压制我们的同情心。因此，更多的"理性思考"似乎是很好的忠告，可以改善我们的决策，可是，像斯波克博士那样的思维方式却会使我们缺乏爱心，不去做舍己为人的事。著名的医生和研究人员艾伯特·乔尔基是这样说的："如果我看到一个人在受苦受难，就会深受感动，甚至不惜牺牲自己去拯救他。如果谈论的是我们这个大城市毁灭的可能，有上亿人死亡，我所持的态度就是就事论事。我无法把一个人的苦难放大一亿倍。"

钱应该花在哪里？

这些实验似乎说明最好的做法就是，在决定帮助别人时少动脑子，只要跟着感觉走就行了。很遗憾，生活并不是那么简单。有时候，应该帮助别人时我们没有帮，但我们为受难者出头时，这样做却是不理性（起码是不恰当）的。

例如，几年前一只名叫"福吉"的两岁白色小猎犬，船员们弃船时把它丢在邮轮上，邮轮载着它在太平洋上漂泊了三个星期。尽管我相信福吉一定很可爱，不应该被饿死或淹死，但是人们可以问一下，从全局角度来看，为了救一只小猎犬用了25天的时间，花费了纳税人48 000美元——这些钱本来应该花在更需要帮助的人身上。在另一个类似事件里，想一下"埃克森·瓦尔迪兹"号油轮漏油事件。清洗和重新安置每只海鸟的费用大约是 32 000 美元，而安置每只水獭的费用大约为 80 000 美元。当然了，看到小猎犬、海鸟或者水獭受罪，我们都会难过。但是，在动物身上花这么多钱，就等于同时拿走了用于人工免疫、教育、医疗保健的资源，这样做合理吗？人们更关心个别受害者的苦难，并不是说这种倾向总能帮助我们更好地进行决策——即使我们想帮助别人或别的动物。

让我们再想一想美国癌症协会的例子。我对美国癌症协会卓有成效的工作没有异议，如果它是一家企业，我还要对它的深谋远虑、对人性的理解，以及成就表示祝贺。但是，在非营利领域里，有一种针对美国癌症协会的憎恨情绪，因为这个协会"过于成功"地赢得了公众的热烈支持，使其他类似的公益事业相形见绌，缺乏赞助（美国癌症协会作为非营利组织获得巨大成功，被冠以"全世界最富有的非营利组织"头衔，已经有多起有组织的活动抵制向其捐款）。从某种程度上说，美国癌症协会的成功是以牺牲其他公益事业为代价的。

要从广义上思考资源配置不当的问题，让我们来看一看下页这张图。它标示出对不同灾难和灾害的捐款金额（卡特里娜飓风、"9·11"恐怖袭击、东南亚海啸、结核病、艾滋病，以及疟疾），还有灾难和灾害直接影响到的人数。下图清楚地显示，在这些案例中，受害者人数越多，得到的捐款金额就越少。我们还看到，发生在美国的灾害和灾难（卡特里娜飓风和"9·11"恐怖袭击）得到的捐款比其他地方，比如东南亚海啸要多。或许更令人不安的是，疾病预防事业，例如结核病、艾滋病以及疟疾得到的捐款与这些疾病的巨大影响和严重程度远不相称。这可能是由于疾病预防是用来救助那些尚未生病的人所致。救助假设病人的假设疾病，这个目标过于抽象、过于遥远，它不足以唤起我们的同情心，也不可能打开我们的钱包。

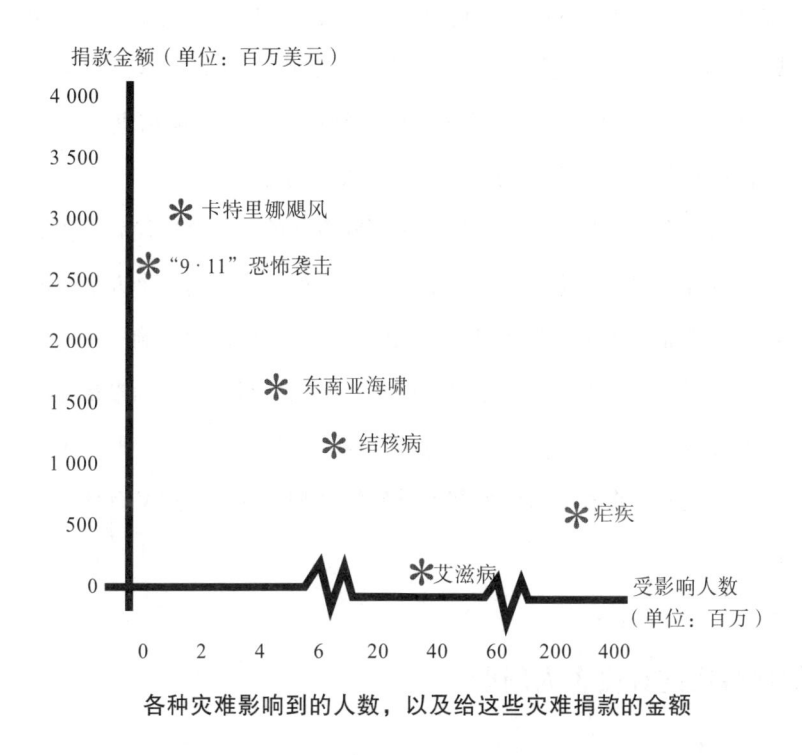

捐款金额（单位：百万美元）

受影响人数（单位：百万）	捐款金额
卡特里娜飓风	~3000
"9·11"恐怖袭击	~2500
东南亚海啸	~1500
结核病	~1000
疟疾	~500
艾滋病	~0

各种灾难影响到的人数，以及给这些灾难捐款的金额

考虑一下另外一个重要问题：二氧化碳排放和全球变暖。不论你在此问题上持什么观点，这一类问题都是最难引起人们关注的。事实上，如果我们要制造一个问题范例来鼓励人们普遍漠不关心的倾向，大概非此莫属。第一，气候变暖的效应尚未逼近生活在西方世界的人们：海平面上升和污染可能影响居住在孟加拉国的人，但还没有影响美洲和欧洲的中心地区。第二，问题没有生动感，甚至看不到——我们无法看见周围二氧化碳的排放，或者感受到气温的变化（或许，洛杉矶烟雾除外）。第三，全球变暖造成的变化相对缓慢，不具备突发性，这让人们看不到，也感觉不到问题的存在。第四，气候变化的负面效果并没有直接表现出来，它到达多数人家门口的时间还遥遥无期（或者，就像气候变化怀疑论者所认为的那样，根本就不会到来）。这一切原因使得阿尔·戈尔的《难以忽视的真相》只能借助快淹死的北极熊和其他人工合成的图片来敲开人们的感情之门。

当然，全球变暖不过是"杯水车薪效应"的一个典型代表。我们可以减少开车次数，把灯泡换成节能型的，但是，我们每个人采取的任何行动都非常渺小，无法对问题的解决产生实质性的影响——尽管我们能认识到"众人拾柴火焰高"的重大效果。诸多心理因素都在阻挡我们采取行动，我们身边的问题越来越多，越来越严重，但由于这些问题的性质，根本无法激发我们的感情和积极性——这又有什么奇怪的呢？

如何解决统计受害人问题

我问学生们怎样才能鼓励人们闻风而动、为公益事业捐款、参加抗议活动，他们中有很多人认为：提供有关形势严峻程度的"大量信息"是激发人们行动的最好方式。不过，上述实验很清楚地显示完全不是这么回事。悲哀的是，我们对于激励人类行为力量的直觉似乎有缺陷。如果按照学生的建议把悲惨事件描述成影响很多人的重大问题，很可能就不会有任何人采取行动了。事实上，我们有可能适得其反，压制人们的同情心。

第九章　感情的偏好

这就提出了一个重要问题。如果说只有那些个别的、个人化的苦难才能唤起我们采取行动，而当危机大到我们难以想象的程度时，我们却麻木不仁，又如何指望我们（或者政客们）去解决那些重大的人道主义问题呢？很显然，我们不能单纯地相信在下一次不可避免的灾难发生时，所有人都能够采取正确的行动。

如果在下一次灾难到来时，立即能有伴随着具体人物在苦海里挣扎的生动照片，那倒很不错（我知道，这里用"不错"一词不算恰当）——可能会有一个濒临死亡的孩子，或者一头北极熊因此得救。这样的照片会唤起我们的同情心，迫使我们采取行动。但更经常发生的是，照片出现得太晚（比如卢旺达大屠杀），或者只能描述统计数字一般的大幅图景，而不是可识别的具体人物在受难（想一想达尔富尔的例子）。等到这些引人同情的形象最终展示在公众面前，采取行动为时已晚。鉴于我们面对的人类所有解决重大问题的障碍，当我们面临重大苦难时，该如何挣脱绝望、无助或者漠然的感觉？

一种方法是遵从给戒毒人员的忠告：戒掉毒瘾的第一步是承认它。如果我们认识到危机的规模越大，可以使我们的关心越少而不是越多，我们就可以努力改变自己思考和处理人类问题的方式。例如，当下一次地震把一座城市夷平时，你听说已造成数千人死亡，尽力考虑得具体一些，帮助某一个人——某个梦想成为医生的小女孩，某个知恩图报并有足球天赋的小男孩灿烂的笑容，或者某个辛苦操劳的老祖母拼命要养活死去女儿的遗孤。我们用这样的方式想问题，就能唤起我们的同情心，就能决定如何行事（这就是《安妮日记》动人心弦的一个原因——对数百万死者之一的命运做出生动刻画）。你还可以在头脑中重新锁定灾难范围，用这种方法对付"杯水车薪效应"。先

213

不要考虑无数人贫困饥荒的问题，只要考虑如何让 5 个人吃得上饭。

我们还可以改变思维方式，借鉴美国癌症协会的成功经验募集资金。我们偏好密切、单一、生动事件的感情偏见可以促动我们采取广义上的行动。我们拿密切度这一心理现象举例。假如我们家里的某个人患了癌症或者多发性硬化症，就更可能激发我们去募集资金对该病进行研究。即使未曾交往，但是令人欣赏的人物也能激发密切的感觉。例如，自从 1991 年诊断为帕金森综合征以后，迈克尔·J·福克斯一直四处游说，募集资金对该病进行研究并对公众进行教育。喜欢《家庭纽带》和《回到未来》的人把福克斯的面容与事业联系起来，因此开始关心这一事业。迈克尔·J·福克斯请求人们捐款支持他设立的基金，这听起来有点儿自私——但这对于募集资金救助帕金森综合征患者，实在功不可没。

另一种选择是提出指导人们行为的规则。假如我们无法相信感情总是能推动我们做正确的事情，那我们便可以从对指导人们选择努力的行动方式的规则制定中获益，即使我们的感情尚未得到激励。例如，犹太传统习俗中有一条"规则"就是专门用来克服杯水车薪效应的。根据《犹太法典》："不论是谁，只要救人一命，就如同救了全世界。"有了这样一条教义，犹太教徒就能够克服人类人微力薄、无济于事而逡巡不前的自然倾向。还有，这条教义定义的方式（"就如同救了全世界"）使人们容易想象，即使只能救下一个人，我们实际上也等于完成了一项重大的使命。

当然，宗教教义有某种独特之处，但是，创建是非分明的道德原则，也的确能够在是非分明的人道主义原则环境中发挥作用。考虑一下卢旺达大屠杀的经过。联合国的反应过于迟缓，未能加以阻止，尽管阻止屠杀不一定需要大规模干预（联合国在该地区的指挥官罗密欧·达莱尔将军请求调动 5 000 名士兵阻止即将发生的屠杀，但是他的请求遭到了拒绝）。年复一年，我们不断听到世界各地的各种大屠杀和种族灭绝事件，却迟迟得不到救援。但是，假如联合国实行一条法律，明确规定只要达到一定数量的人的生命处于危险之中（由接近该地区的领导人做出判断，例如达莱尔将军），联合国就会立即向该地区派出军事观察员，联合国安理会应该在 48 个小时内召开会议，就下一步采取的行动做出决议。有了这种快速行动的参与，就可以拯救更多人的生命。

这也是政府和非营利性组织看待自己使命的方式。从政治角度来看，这些组织更容易帮助那些普通大众感兴趣的事业，而且它们更容易获得一定的资金支持。倒是那些从个人、社会，或者政治角度不易引起关注的事业往往得不到应得的投资。预防性医疗措施可能是最好的例子。救助那些尚未发病，甚至尚未出生的人，比不上救助具体某一只北极熊或者某个父母双亡的孤儿那么有感召力，因为未来的苦难是看不见的。如果政府与非政府组织能从那些感情尚未促使人们采取行动的领域介入，就能够起到重要作用，改正救助方面的不平衡状态，有希望减少或者消除我们面临的某些问题。

在很多方面，要想让人们对苦难做出反应，最有效的方式是通过感情的吸引力，而不是对大众需求的客观解读，这个现象令人遗憾。好的一面是，人们的同情心一旦被唤起，他们就会有非凡的爱心。一旦我们对某一个面临苦难的人产生同情，就会心甘情愿地伸出援手，绝不像经济学家预料的那样理性、自私、追求最大限度的回报。鉴于这样复杂的天赋品质，我们应该认识到人们受到天生条件的限制，对于那些重大深远、发生在遥远地方、牵涉很多我们不认识的人的事件，人们缺乏关心和处理问题的能力。认识到自己的感情有瑕疵，自己的同情心容易发生偏差，我们可能就会做出更合理的决策，而不仅仅是帮助落到井里的人。

第十章

短期情绪的长期效应
为什么我们常常感情用事？

不管怎样，情绪是转瞬即逝的。交通拥堵使人心烦，礼物让人高兴，脚趾被人踩了我们会破口大骂，但无论是心烦、高兴还是恼火，都不会持续太久。我们会心血来潮意气用事，也会对自己的行为后悔不已。假如我们由着性子给老板发出一封措辞激烈的邮件，对心爱的人说了些绝情的浑话，或者买下了超出经济能力的东西，冲动的劲头一过，我们就会为自己的做法感到懊悔（常言道，"睡完一觉再说""从一数到十""先冷静一会儿后再做决定"）。当我们的情绪，特别是愤怒占了上风时，等我们"清醒过来"，就会敲打着自己的前额问："我刚才是怎么想的？"当我们清醒、后悔，并且反思的时候，便会经常自我安慰，觉得至少我们下次不会再这样做了。

不过，我们真的能够彻底改掉头脑发热时的那些行为吗？

下面的这个故事是我本人的，我在怒气中失去了控制。我到麻省理工学院的第二年，自己不过是个小小的助理教授，负责给一个研究生班教授决策课程。这门课是制度设计与管理课的一部分，是管理学院和工程学院共同设置的双学位课程。学生们都很好学（出于各种原因），我也很乐意教他们。但是有一天，大约是学期的中间，有7个学生来找我，原因是课程安排发生了冲突。

学期中间一般不会发生课程时间重叠的现象，不过这几个学生同时还选学了一门金融学。教这门课的教授，我姑且称他为保罗，临时取消了几次正常课时，另外安排了补课时间。不巧的是，补课时间与我后半部分的课程时间重叠。学生们告诉我，他们礼貌地提醒过保罗时间上的冲突，但是他不屑置辩地让学生们自己决定轻重缓急。据说他还放出话来，很明显，金融学比那门故弄玄虚的行为学重要得多。

我当然感到气愤。我没见过保罗，我只知道他是一位非常有名的教授，还当过学院的院长。因为我的学术职称太低，没有任何抗争的余地，一下子不知如何是好。我想尽量帮助学生们，于是，决定同意他们中途离开我的课堂去上金融课，我可以用第二天上午的时间把其余的部分补讲给他们。

我们商定后的第一个星期，按照我们说好的，这7个学生中途离开我的课堂，第二天他们到我的办公室来，我把落下的课程内容再讲一遍。课程中断和额外的工作确实使我感到不快，但我知道错不在学生，我也清楚，这只是暂时的安排。第三个星期，7个学生仍然中途离开去参加金融学补课，我也让其他学生暂时休息一会儿。我记得在我去洗手间的路上，因为课程被打断而感到窝火，另一间教室的门开着，我看到那几个被迫离开的学生坐在教室里面，还看到了那个金融学教授，他的手正在空中比划着阐述某个问题。

突然，我的心里升起一股无名火。就是这个人，根本没有尊重我和我的学生的时间，由于他的目空一切，我不得不多花时间来给学生们补课，而且这些课程根本就不是我取消的。

之后，我是怎么做的？因为怒火中烧，我径直走到这位金融学教授的面前，当着全班学生的面对他说："保罗，你把自己给学生补课的时间安排到我的上课时间里，我非常不高兴。"

他好像一下子愣住了。很显然，他根本不知道我是谁，以及我说的是什么。

"我正在讲课。"他怒气冲冲地说。

"我知道。"我反驳说，"不过我想让你知道，把你的补课时间安排到我的正常课程时间，这是不应该的。"

我停了一下。他似乎还想弄清楚我到底是何方神圣。

"我就想说这么多。"我接着说，"我已经把我的感受告诉你了，我希望这件事到此为止。"我彬彬有礼地说完了最后一句，转过身，走出了那间教室。

我一离开教室，马上就意识到自己刚才好像不应该这样做，但我的感觉好多了。

那天夜里，我接到德拉赞·普雷勒克的电话，他是我们系的学术负责人，我到麻省理工学院任教主要就是因为他。德拉赞告诉我，学院的院长迪克·施马兰西给他打过电话，讲了白天的事情。院长问他有没有可能让我在全院师生面前公开道歉。"我告诉他不大可能。"德拉赞对我说，"不过你要有思想准备，院长会亲自打电话找你。"突然，童年时被叫到校长办公室的记忆一下子涌上心头，当年的情景历历在目。

一点儿不错，第二天我就接到迪克的电话，接着又面谈了一次。"保罗非常恼怒。"院长对我说，"他认为竟然有人敢走进他的课堂，当着全班学生的面质问他，他受到了侮辱。他要求你道歉。"

我把事情的原委和经过向院长做了陈述，并且承认我可能不应该一怒之下走进保罗的课堂责备他。同时，我提议保罗也应该向我道歉，因为追根溯源，是他先三次打断了我的正常教学。很快，院长就明白了我的意思,我不会说"对不起"。

我甚至尽力说明这件事的好处,我对院长说,"你是位经济学家,是否可以这样看,名声很重要,我现在就有了一种名声,别人故意踩我的脚趾而我会反击,以后就不大可能再有类似的事了。也就是说,你将来就不用再费力处理这一类的问题了,这是好事,对不对?"不过,从他的表情我看得出他并不认同我的想法。他只是要我找保罗面谈(同样,与保罗的谈话也没有令双方满意,不过保罗指出我在处理人际关系方面有问题,建议我学习一下礼仪规则)。

我讲述这样一个学术上固执己见的故事的出发点就是要承认,我本人在头脑发热时也会失态(不管你相信与否,我个人在这方面有很多例证)。更重要的是,故事显示了情绪运作的一个重要方面。当然,事后我发现,课程时间冲突时最好先给保罗打个电话商量一下,但是我没有。为什么?部分是由于我确实不知道怎么处理这种情况,同时也是因为我当时并没有很在意。除了学生们中途离开和第二天上午到我的办公室补课,我把精力都用在工作上,甚至记不得保罗,也没再去想上课时间冲突这件事。但是,当我眼看着学生们离开我的课堂,想到第二天还要额外再补课;接着,我看到学生们坐在保罗的课堂里,所有的一切酿成了一场风暴。我完全被情绪左右,做了不该做的事(我还得承认我太固执,经常不肯道歉)。

情绪与决定

总体来看,情绪似乎会消失得无影无踪。例如,你在上班路上发现有个人开车强行闯进你的车道,你很生气,不过还是深深地吸了一口气没再理他。不一会儿，你的注意力又回到了路上、收音机中的歌声，以及你那天晚上要去的饭店。在这种情况下，你有自己的一套决策方式（即下图中的"决策"），一时的怒气对你此后的其他决策没有影响。下图中情绪两边的"决策"表示情绪稍纵即逝的状态，以及你的决策方向的稳定性：

决策 ⟹ 情绪 ⟹ 决策

不过，我和爱德华多·安德雷德（加利福尼亚大学伯克利分校的教授）却想弄清楚，当引起这些情绪的经历，诸如脚趾被踩、无礼的开车人、处事不公的教授，或者其他恼人事件已经过去了很长时间以后，情绪的效应是否会影响人们未来的决策。

我们的逻辑是这样的：设想发生了让你高兴的事，因此你办起事来也想大方一点儿——比如，你喜欢的球队得了世界冠军，那天晚上你要去岳母家吃饭，在这种情绪的影响下，你会心血来潮地给岳母买束鲜花。过了一个月，球赛引发的兴奋已经消退，钱包也瘪了下来。又该去岳母家了，你想到好女婿应该怎样做，在脑子里掂量了一下，记起了上一次买花的伟大创举，于是又买了花。打那以后，你开始不断地重复这一礼节，直到最终形成习惯（总的来说，这是个不错的习惯）。即使最初导致你这一举动的原因（赢球的兴奋）不复存在，但你仍然会把过去的行为当作下一个行为的参照——好女婿应该怎样做（给岳母买花）。这样一来，你最初的情绪效应对后来一连串的决策都产生了影响。

为什么会这样？如同我们从别人那里得到启发，知道应该吃什么、穿什么一样，我们也从后视镜里观察自己。归根结底，如果说我们可能跟随不大熟悉的人（我们把这种行为称作"羊群效应"），那么对于我们无比敬重的人——我们本身，又会如何跟随呢？如果我们看到自己曾经做过的某个决定，我们就会理所当然地认为这个决定有道理（谁能说不呢），于是照此办理。我们把这一过程叫作自我羊群效应，因为它与跟随别人在形式上相似，只不过我们跟随的是自己过去的行为。[①]

我们来看一下被情绪吞噬的决定，怎样成为自我羊群效应的原始因素。假如你为一家咨询公司工作，你的任务之一是组织召开每周的员工例会。每个星期一上午，你要求每个项目负责人具体报告与前一周相比，上周的进展状况、本周的目标等。各个项目负责人汇报完毕，你根据他们的情况找出协调办法。因为每周的例会是全公司人员见面的唯一机会，它也经常成为大家相互交流和轻松幽默（或者是咨询从业者们认为的幽默）的场合。

某一个星期一的上午，你到达办公室的时间比预定的员工例会早了一个小时，于是，你开始翻阅桌子上那一大堆等着处理的信件。你打开一封信，发现本该为孩子报的舞蹈班期限已经过了。你暗自懊恼，更糟糕的是，你的妻子会抱怨你忘事（而且很长时间以来，只要你们一发生争吵，她一定会再次提及这件事），这一切使你的情绪更坏。

几分钟以后，仍然被烦躁所笼罩的你来到会议室，看到人们都兴高采烈地闲聊着。平常的你不会在意，实际上，你认为大家相互聊天会活跃办公室气氛。不过，今天可不比平常，你处在烦恼情绪的影

[①] 关于其他形式的自我羊群效应对我们的影响，请参阅《怪诞行为学：可预测的非理性》第二章。

第十章　短期情绪的长期效应

响之下，你做出了一个决定。你没有像往常一样使用几句轻松的开场白，而是板着脸说："我想强调的是提高效率的重要性，时间就是金钱。"你给大家讲了一分钟效率的重要性，大家脸上的笑容消失了。然后，会议转入别的议题。

那天晚上你回到家，发现妻子实际上很通情达理。她没有埋怨你，反正孩子们的课外活动已经太多了。你原来的担心烟消云散。

但是你还没认识到，你在有关会议上不要浪费时间的决定为你将来的行为开了先例。既然你属于自我羊群效应影响的动物（就像我们大家一样），你就会把过去的决定当作向导。于是，以后的员工例会，你将不再聊天，停止使用轻松愉快的开场白，开门见山、冷冰冰地直奔工作主题。报名过期带给你的不快已经过去很久了，但是，你的决定对于你在会议上的语调和会场气氛的影响，以及身为一个职业经理人的行为，却会产生长时间影响。

在理想的世界里，人们应该会记住，在情绪影响下所做的决定就像傻瓜一样，因此，应该认识到没有必要继续那样做。不过现实是，人类对自己过去的感情状态总是记不住（你还记得上个星期三下午3点30分时的心情吗），但是，我们却能记住自己做过的决定。由此，我们便会把同样的决定一直重复下去。从本质上看，一旦感情用事，我们就会做出短期决定，而这些决定之后又会改变我们很多的长期决定：

决定 ⟹ 情绪　　决定 ⟹ 决定

我和爱德华多把这一概念称作"情绪层叠"。我对你的情况不了解，不过，我一想到情绪已经过去很久，而决定还在它的绑架之中，

223

这个念头就会让我感到相当惊恐。能认识到我们在情绪影响之下做出的很多决定是欠考虑的，是一回事；而完全意识到这些情绪的作用会继续长期地影响我们，则是另一回事。

最后通牒游戏

为了测试"情绪层叠"这一概念，我和爱德华多要做三件大事。第一，我们必须把人们激怒或者让他们高兴。这个暂时的感情包袱将给我们实验的第二部分搭台，我们会让参与者在情绪影响下进行决策。然后等待他们的情绪逐步消失，再让参与者做出更多的决定，并且测定先前的情绪是否会对后来的选择造成影响。

我们让参与者在经济学家称作"最后通牒游戏"的实验环境中做出这些决定。游戏由两个选手进行——发送人和接收人。在大多数情况下，两个选手分开坐，并且不知道对方的身份。游戏开始，实验主持人发给发送人一些钱——比如说，20美元。然后，由发送人来决定如何在他和接收人之间分配这些钱。他怎么分都可以：发送人可以平均分配这些钱，每人各得10美元；或者自己多留一些，比如自己留12美元，给对方8美元。如果他想大方一些，可以自己留8美元，给对方12美元；如果他想自私一些，可以进行不公平分配，自己留下18美元，甚至19美元，只给对方2美元或者1美元。发送人宣布完分配决定，接收人可以接受，也可以拒绝。如果接收人接受，则两个人分别得到刚才约定的金额；但是如果接收人拒绝，那么发送人必须把钱交回给实验主持人，两个选手什么都得不到。

在描述我们这个版本的最后通牒游戏之前，我们先停一下，考虑

第十章　短期情绪的长期效应

一下如果两个选手都做了完全理性的决策会有什么结果。假设实验主持人给了发送人20美元，而你是接收人。为了更有力地证明，我们假设发送人把钱进行19∶1的分割，因此他会得到19美元，你仅得到1美元。既然你是位完全理性的人士，就可能这样想："这有什么关系？1美元就1美元，既然我不知道对手是什么人，也不可能再碰见他，我为什么要跟自己过不去？我完全可以接受他的分配，白赚1美元。"根据理性经济学的原则，你应该这样做。

当然，行为经济学的很多研究表明人们确实具有公平和正义感。人们对不公正的对待感到愤怒，结果会自己掏钱惩罚对方背信弃义的行为（参见本书第五章）。根据这些实验结果，对那些在最后通牒游戏中接到不公平分配提议的人进行观察，他们的大脑成像显示，前脑岛区被激活，而人脑的这一区位与负面感情体验有关。不仅如此，那些易于拒绝不公平分配的人，前脑岛区的活动也更为强烈。

因为我们对不公平对待的反应是本能的、可预测的，在非理性的现实世界里，发送人能够预料到接收人对这类分配提议（例如，如果你向我提议进行19∶1的分割……）的感受。说到底，我们过去都曾经遭受过不公平的对待，可以想象，假如有人提议按照19∶1的比例分配，我们会觉得受了侮辱，骂道："滚一边去，你这个浑蛋！"人们在面对不公平的分配提议时会有怎样的感受和反应，大家都有所了解，这就是为什么在最后通牒游戏中，多数人会提议按照12∶8的比例分配，而这样的提议也几乎被对方全部接受的原因。

我应该说明，关注公平的普遍规律存在一个有趣的例外。经济学家及其学生研究的是经济学，他们受到的教育是人们都按自己的私利行事。于是，当他们参加最后通牒游戏时，有经济头脑的发送人最正

225

确的做法是提议按照 19∶1 来分配，并且因为经济学教育他们坚信理性行为才是正确的，因而有经济头脑的接收人就会接受这样的提议。不过，当经济学家与没有经济头脑的接收人结对游戏时，对方拒绝了他们的提议，这就会使他们大失所望。鉴于这些区别，我可以猜测，在最后通牒游戏中，你能够决定与完全理性的经济学家该怎么玩，而与非经济学家的普通人类又该怎么玩。

在我们特别设计的游戏中，有大约 200 名参与者被告知，发送人是另一部分参与者，事实上，所有的分配比例都是 7.5∶2.5，这一不公平的分配比例是我和爱德华多决定的（我们这样做是想让所有的分配建议都一样，都不公平）。想想看，如果某个匿名参与者提议和你这样分配，你是接受，还是放弃这 2.5 美元，让对方损失 7.5 美元？在回答之前，先考虑一种可能，如果我在你的头脑里预先注入了某种心理学家所说的"偶然情绪"，你对这一分配提议的反应是否会改变。

我们假设你是"愤怒"条件那组参与者中的一个。实验开始，先给你看了电影《情系屋檐下》的一个片段，其中凯文·克莱恩扮演的建筑师为公司服务 20 年后，被浑蛋老板解雇，他无法压制心中的怒火，抓起棒球拍，把他曾为公司建造那些房子的漂亮模型砸了个稀巴烂。你情不自禁地为他感到不平。

看完这段电影片断，实验主持人让你把自己亲身经历中类似影片中的事情写成一篇短文。你可能记起了十几岁时在便利店打工，收银台里少了钱，老板不分青红皂白硬说是你偷的；或者与你的同事合谋把你的项目成果窃为己有。写完了短文（过去不幸的回忆让你咬牙切齿的效果已经达到），你走进另一个房间，有个研究生给你讲解了最后通牒游戏的规则。你坐下来等待一个匿名人发给你如何分配 10 美元的提议。几分钟后，你收到了 7.5∶2.5 的分配比例，你必须做出选择：到底是收下这 2.5 美元，还是拒绝接受，一分也拿不到？为了报复那个贪婪的发送人，最终也惩罚了自己，你感到了多大程度上的满足？

另一种情况，假想你被分在"高兴"条件那一组。这些参与者比较幸运，他们开始观看的是电视情景喜剧《六人行》的片段。在这 5 分钟的片段中，6 个朋友聚在一起，每个人都决心在新的一年里做成一件事，但可笑的是他们根本做不到（例如钱德勒·宾决心不再拿朋友开玩笑，但他一听说罗斯在和一个叫伊丽莎白·霍恩斯瓦格的女人约会时，就立刻憋不住了）。看完短片，你也写了一篇类似个人经历的短文，这倒不难，你的朋友中也同样有年年下决心，但永远做不到的人。接着，你来到另一个房间，听人讲解游戏规则，一两分钟以后，对方的提议出现了："接收人分配 2.5 美元，发送人分配 7.5 美元。"你是否接受？

这两组参与者对我们提出的分配建议的反应是怎样的？你可能猜得到，很多人拒绝接受不公平的分配办法，尽管他们自己也没有拿到应得的钱。但是，与我们实验的目标相符，我们发现，被《情系屋檐下》片段激怒的参与者拒绝不公平分配的人数比看过《六人行》的要多。

如果你把情绪影响作为一个总体来观察，我们对那些不公平分配的人实施反击就是完全有道理的。但是，我们的实验表明，报复的反应并不仅仅来自不公平的分配提议。它还与观看短片所引发的情绪余波有关。对于电影的反应完全是另一种经历，它与最后通牒游戏根本无关。但是，这些无关的情绪溅洒到了另外的领域，却起到了关键的作用。

可以这样假设，"愤怒"一组的参与者把负面情绪放错位置，他们可能是这样想的："我现在感觉很郁闷，可能都是这个倒霉的分配提议造成的，所以我不会接受它。"同样，"高兴"一组的参与者也把正面情绪放错位置，他们大概会这样想："我心情不错，可能是由于人家要和我分钱，我平白无故地捞到外快，何乐不为呢？"这样两组参与者各自沿着自己（不相干）的情绪，做出了决定。

自我羊群效应

我们的实验表明，情绪能够影响我们把潜在决定转变为实施决定（这已经不新鲜了），而且不相干的情绪也会影响决定。但我和爱德华多真正要测定的是情绪消退之后，它是否还能继续发挥影响。我们想弄明白处在高兴或愤怒状态下的参与者，在情绪"影响下"的决定是否会成为长期习惯的基础。下面才是我们实验的最重要部分。

不过，我们必须等待，也就是说，我们要等到影片片段引发的情绪消退后（我们进行检测以确认情绪消失），再向他们进一步提出不公平提议。现在，已经平静下来不为情绪影响的参与者会如何反应？尽管影片片段造成的情绪，事实上已经过去了很长时间，我们观察到决定的模式与原来情绪刚刚激发左右他们身心时的仍然相同。一开始被凯文·克莱恩的不幸遭遇激怒的人更容易拒绝对方的提议，他们继续做出同样的决定，尽管愤怒的情绪已经不复存在。同样，那些被《六人行》片段中可笑的剧情逗乐的参与者，在这种正面情绪下更容易接受对方的提议，而当这些正面情绪淡去后，他们还是会继续做出同样的决定。很明显，这些参与者还在求助于那天早些时候有关游戏的记忆（那时，他们的反应部分受到与游戏无关的情绪影响），并且还是做出了同样的决定，尽管他们已经从原来的情绪状态中走出来很久了。

我和爱德华多决定把实验向前推进一步，把参与者的角色调换过来，让他们也可以成为发送人。实验步骤是这样的：首先，我们给参与者分别播放两段影片片段，把他们导入预期的情绪。然后，我们让他们在游戏中担任接收人（在这一游戏中，他们将在影片片段情绪的影响下做出决定），接受或者拒绝不公平提议。下面让实验中断一下，让他们的情绪平静下来。最后是实验的最重要部分——让他们再进行一次最后通牒游戏，但这一次，他们充当的是发送人而不是接收人。作为发送人，他们有权向游戏另一方（接收人）做出任何一种分配建议，由对方决定是否接受，这样他们就能按照建议的比例分到钱，或者决定拒绝，一无所获。

为什么要这样调换角色？因为我们希望能从中更多地了解有关自我羊群效应与我们长期决策的奇妙作用。

我们暂时向后退一步，考虑一下自我羊群效应的两种基本运作方式：

单纯形式：自我羊群效应来自与过去行为有关的具体的记忆，可以不假思索地予以重复（"上一次艾瑞里夫妇请我吃饭，我带了瓶酒去，这次我还带瓶酒"）。这种依据过去经验做决定的决策方式是非常单纯的，照葫芦画瓢，但是，仅仅适用于和从前完全相同的场合和条件。

复合形式：考虑自我羊群效应的另一种方式是把过去的行为作为下一个行动的向导，并据此加以推广。在这种方式的自我羊群效应中，当我们采取某种行动时，便会记起过去的决定。不过，这时我们不是自动重复上一次的做法，而是把它进行广义诠释；它成为我们总体特质和偏好的坐标，并据此采取行动（"我在大街上拿钱给了乞丐，我很有爱心，所以我要去施粥棚当义工"）。在这种自我羊群效应中，我们参照过去的行为提醒自己总体上是什么样的人，然后按照同一方式去做。

现在，我们简短地考虑一下角色转换是如何让我们更好地了解这两种自我羊群效应的，单纯方式和复合方式，哪一种在实验中发挥的作用更大。假想你由接收人转变为发送人。你可能看过凯文·克莱恩扮演的可怜角色被老板视如草芥，然后一怒之下用棒球拍把建筑模型砸烂，这会促使你拒绝不公平的提议。另一种情况，你可能因为被《六人行》片段逗得暗自发笑，因此就接受了不公平的提议。不论是哪一种情况，时间已经过去，你原先因影片片段引发的生气或高兴的情绪都已经察觉不到了。但是，你的角色也变了，成了发送人（下面的情况既复杂又微妙，你要做好准备）。

如果说我们在早先的实验中发挥作用的是单纯形式的自我羊群效应，那么你早先作为接收人时的原有情绪，在当前方式的实验中就不会对你作为发送人的决策产生影响。为什么？你作为发送人，无法单纯依赖"照葫芦画瓢"的决策方式行事。说到底，你过去从来没有当过发送人，因此你在面对完全不同的新情况时，要做的也是与从前完全不同的决定。

另一方面，如果起作用的是复合形式的自我羊群效应，你处在愤怒状态下，你就可能会这样想："我原来是接收人，当时很生气，我拒绝7.5∶2.5的分配提议是因为它不公平。"（换句话说，你错误地把拒绝提议的原因归结为它本身的不公平，而不是因为你当时处在愤怒情绪下。）"现在轮到我当发送人，"你会继续想，"对方可能和我一样，也可能拒绝接受不公平的提议，那么我给他发送一个比较公平的分配提议——如果我处在他的地位也能接受的。"

与此不同，如果你当时看的是《六人行》片段，由此你接受了对方不公平的提议（同样，当你把原因归结为提议本身，而不是影片片段）。作为发送人，你可能会这样想："我接受 7.5 美元的分配提议，是因为我觉得它还可以，现在对方应该和我一样，我这样分配，他也会接受，因此我还是照 7.5∶2.5 的比例来分。"这就是复合形式自我羊群效应机制的一个例子。回忆你的行为，把它归纳到更广义的原则上，然后顺着同一条道走下去。你甚至还会以为对方会和你同样行事。

实验的结果更倾向于复合形式的自我羊群效应。最初的情绪会长时间地发生影响，即使角色调换了也是如此。"愤怒"一组的发送人往往会较多地发出更公平的分配建议，而"高兴"一组的发送人发出的提议则以不公平分配居多。

实验的结果告诉我，情绪对于决策具体影响的背后，复合形式的自我羊群效应在我们生活中起的作用可能更大。如果只是单纯形式的自我羊群效应在发生作用，那么它的影响就会仅限于我们重复做出的那一类决策。但是，复合形式自我羊群效应的影响表明，我们在短暂情绪基础上做出的决定能够影响到相关选择，以及其他的领域。也就是说，如果我们面对的是新的环境，那么做出的决策有可能就会产生自我羊群效应，就需要特别谨慎，尽量做出最好的选择。我们立即做出的决定不仅会影响当时发生的事情，还会对未来产生深远影响，关系一系列的有关决策。

不要跨越他

我们在实验中力图寻找性别方面的不同,但几乎没有发现。

这当然不是说人们在决策问题上不存在性别差异。我猜测最基本类型的决策(在我研究过的有关决策的案例中),性别的影响不大。不过,我确实认为,当我们研究的决策类型越来越复杂时,就会观察到性别的差异。

例如,我们把最后通牒游戏的实验变得更加复杂,就会发现男性和女性在对待不公平分配提议反应的方式上,存在一个有趣的差别。

假想你在游戏中是接收人,收到了一个16∶4的不公平分配提议。与其他游戏一样,你可以接受提议得到4美元;或者拒绝接受,然后一分钱也拿不到。不过,除了这两种选择外,你还可以从下面两种解决方式中选择一种:

(1)你可以选择3∶3的分配方案,就是说你们得到的比原来都少,但是发送人的损失更多(原来的分配比例是16∶4,你放弃了1美元,而对方损失了13美元)。而且,你接受了3∶3的解决办法,还可以教训对方应该公平处事。

(2)你可以接受3∶0的解决方案,就是你拿到3美元,对方受到惩罚,一分也拿不到——让对方感受一下"贪心不足蛇吞象"的后果。

我们在性别差异方面又有什么发现呢?总的来说,男人无论在愤怒,还是高兴的状态下接受不公平分配提议的比率都比女人高50%。我们在观察替代解决方案(3∶3或3∶0的两种分配比例)的情况时,事情就变得更有意思了。参与者在高兴的状态下,情况没有变化;女性接受3∶3方案的概率略高,在选择3∶0报复方案的人中,没有性别差异。但是，在那些观看过《情系屋檐下》并写过自己生活中类似经历的参与者中，情况就发生了很多变化。处于愤怒状态下，女性倾向于选择3∶3方案，而多数男性则倾向于选择3∶0的报复方案。

总的来看，这些结果显示，女性从一开始就更可能拒绝不公平的分配提议，但她们的动机比较正面。女性选择3∶3方案的比选择3∶0方案的人数多，说明女性在生气的状态下仍然非常看重平等与公正的重要性。从上面的例子，我们可以推导出，她们大致是想对对方说："双方都拿到同样多的钱，难道不是更好吗？"相比之下，盛怒之下的男性选择3∶0方案的比选择3∶3的人数多——他们想说的大概是"去你的"。

你能划独木舟吗？

我们从上述内容中学到了些什么？事实表明，情绪很容易影响决策，即使情绪与决策本身毫不相干。我们还学习到情绪的影响比它本身持续的时间长得多，并且会长期影响我们的决定。

最实际的教训是：如果我们处在情绪控制下什么都不做，就不会产生短期或长远的危害。但是，如果我们对情绪的反应是莽撞地做出决定，那么我们不仅会为随之而来的后果感到懊悔，还会创造出一种长久的决策模式，它将持续地误导我们。最后，我们学习到自我羊群效应的倾向不仅发生在我们进行同样的决策时，在做类似决策时也会发生作用。

要记住，影片片段对情绪的影响相当有限，而且是人为制造的。观看电影里愤怒的建筑师，根本无法与现实中和配偶或孩子争吵，或者老板的斥责，还有因超速被警察拦下这些事情相提并论。因此，我们感到恼火或者厌烦（或者高兴）时做出的日常决策，对我们未来的决策可能会产生更大的影响力。

我认为爱情关系最充分地展示出情绪层叠的危险（尽管教训普遍适用于各种关系）。夫妻二人试图解决问题——不论是讨论（或者争吵）金钱、孩子问题，还是晚饭吃什么，他们不仅是在讨论问题本身，他们还同时在形成一套行为功能，这套行为功能随着时间的推移逐步决定他们互动的方式。

当各种情绪，即使与讨论内容毫不相干，也会不可避免地掺杂进讨论过程，这足以改变沟通模式——不仅在短期内，即我们当时的感受，而且从长期来说也是如此。正如我们现在已经了解的，这些模式一旦形成，就难以改变。

举个例子，妻子在办公室里一整天过得都很不痛快，晚上回到家后她的情绪糟透了。家里乱七八糟，她和丈夫都感到饥肠辘辘。她一进家门，坐在电视机旁边的丈夫就迎面问道："你回家的路上就不知道顺便买点儿晚饭带回来吗？"

她几乎忍受不住了，不自觉就提高了声音。"你看，我刚开了一天会。你还记得上个星期我给你开的购物清单吗？你忘了买卫生纸，奶酪也买错了。你让我用切达干酪怎么做帕尔玛茄子？为什么你就不能出去买晚饭呢？"事态急转直下。夫妻二人越吵越厉害，直到睡觉时，两人的心情也没有好转。后来，妻子容易发火的脾气就演变成经常的行为模式（"看，你要是早 5 秒钟提醒我换道，我也不至于错过这个转弯路口"），这种状况周而复始，不断循环下去。

既然完全避免有关和无关的情绪影响是不可能的，我们是否有办法避免夫妻关系的恶化呢？最简单的一条忠告是，选择一位不会造成这样螺旋下降的伴侣。当然，你可以寻求数以百计的选配方法，从星象学到统计学，但是我认为你只需要一条河、一只独木舟、两只桨。

我每次去划独木舟，总会看到夫妻或情人因为无意中把船弄得直打转或撞到石头上而争论不休的情景。独木舟看似容易，真正划起来却不简单，因此很容易把夫妻带到战争的边缘。我和一些夫妻一起喝酒或者去他们家吃饭时，很少遇到他们发生争论，这不完全是因为人们尽量要做到举止得体。（说到底，难道两口子在划船时就不想举止得体吗？）我认为，这与人们有关平日正常活动的既成行为模式有关（当着生人在饭桌上激烈争论，在大多数家庭中都是绝对禁止的）。

但是一到了河面上，情况就大不相同了。没有现成的规则，河水流速及流向无法预测，独木舟一会儿漂流，一会儿打转，很难预见和控制（生活也是一样，充满着意外的压力和障碍）。前后之间没有明确的劳动分工（如果你想使用专用术语，那就是船首与船尾）。在这种环境下，倒是有充足的机会建立和观察新鲜的行为模式。

如果你是夫妻中的一员，你认为划船的过程中会发生些什么？只要船不听话，你们是否就会互相埋怨（"你难道就没看见那块礁石"），你们是否会一直吵得不可开交，弃船跳水，游到岸上，整整一个钟头谁也不理谁？或者，你们碰到了礁石，会不会一起找原因，弄清谁应该注意什么，同心协力继续前进？①

这就是说，在确立长期关系之前，你们应该首先寻找一种环境，

---

① 对于独木舟的测试，我还没有进行必要的、正式的实验加以验证，所以不敢说一定正确，不过，我觉得我的预测十有八九是准的（当然，我完全理解人类都有过分自信的偏见）。

235

那里没有现成的社交规则，得靠你们来探索你们在其中的共同行为（例如，我认为男女双方在决定结婚之前应该先规划他们的婚礼）。还有，应该密切注意那些可能导致关系恶化的行为方式。一旦观察到早期的警示迹象，我们就应该立即采取行动，绕开不理想的路径。

最后的一条教训是：不管是划船时还是在现实生活中，先冷静下来，再决定采取何种行动对我们才是有利的。否则，我们的决定将来一定会碰壁。最后，如果你有意和我一样计划给别人补课，一定要记住我当时是怎样做出反应的。我并不是说我以后还会这样做，不过，人一旦被情绪控制，谁能说得准呢？

第十一章

非理性的教训
为什么一切决策都需要检验？

人类都得意于这样一种想法，我们的思维是客观、理性、合乎逻辑的。我们做出的决定都基于推理，这一"事实"让我们感到自豪。我们决定投资、买房子、为孩子选学校，或者求医问药，都以为自己做出的决策是最佳的。

有时确实如此，但这同时也是认知偏见经常把我们带入歧途的原因，特别是在我们需要做出重大、困难、痛苦的抉择之时。为了展示这一点，让我先拿自己的个人经历举例，来看一看我本人在几种偏见引导下所做的重要决定——这一决定的后果至今影响着我每天的生活。

你已经知道，我在事故中受伤，身体损伤非常严重。身上多处烧焦，并且右手一部分已经烧到了骨头。我入院后的第三天，一个医生来到我的病房告诉我，我的右臂肿得厉害，体内压力太大，致使血液无法流向手部，必须立即动手术才有一线希望保住它。医生整理着器械盘，里面似乎整齐地摆放着几十把手术刀，他解释说，为了降低压力，他必须把皮肤切开进行引流手术，并且消炎。他还对我说，因为我的心肺功能都很差，在手术过程中不能使用麻醉剂。

接下来的治疗过程，没在中世纪生活过的人根本就无法想象。一个护士把我那血肉模糊的左臂连同肩膀固定住，另一个护士用全身重量压住我的右肩和右臂使它不能活动。我眼看着手术刀划开我的皮肤，从肩部慢慢向下切，缓缓地向肘部撕开。我感觉医生似乎是在用一把生锈的钝锄头把我整个人切成两半。剧烈的疼痛难以想象，我只能大口地喘着粗气。接着又是一下，这一次是从肘部开始，往下一直划到手腕。

我一边叫喊，一边求他们住手。"疼死我了！"我叫道。不管我说什么，不管我怎么苦苦哀求，他们就是不肯停下。"我真的受不了了！"我声嘶力竭，一遍又一遍地喊着。他们只是死死地把我按住，我一点儿也动弹不了。

最后，医生告诉我马上就完了，后面的手术很快就会结束。他教给我一个办法对付疼痛的折磨：数数。他让我从1数到10，越慢越好。1、2、3……我感觉时间放慢了，整个人已经被疼痛吞噬，能做的只有慢慢地往下数，4、5、6……疼痛一会儿转到上面，一会儿又到下面，他继续在我胳臂上又切又划；7、8、9……我一辈子也忘不了那种皮肉撕裂的感觉，痛彻心扉的折磨，还有那漫长的等待……不知过了多久，我终于数到了"10"！

医生收住了手术刀，护士们松开我。我感觉自己就像古代的骑士，勇敢地战胜了肢解的苦难，已经筋疲力尽了。"很好。"医生说，"我在你的手臂上切了4刀，从肩部到腕部；之后还有几处，然后就真的做完了。"

我想象中的骑士一下子瘫倒了。我已经竭尽全力地说服自己坚持挺到了最后一刻，确信从1数到10，一切就会结束。我预感到了即将到来的疼痛，几秒钟以前似乎还能对付，但此刻，我已被无边的恐惧所包围。我还能过得了这一关吗？

第十一章 非理性的教训

"求求你,你让我怎么都行。请停下!"我哀求着。但是毫无用处,他们把我按得更紧了。"等一下!等一下!"我最后一次恳求,但是医生好像没听见,继续在我的每一根手指上切割。整个过程中我倒着往回数,每次数到10,就把它喊出来。我数了一遍又一遍,直到最后,他终于停下。我的手敏感得难以置信,疼痛无休无止,不过,我意识到我还活着。我一边看着自己流血的身体,一边哭喊着,他们把我丢开走了,让我自己休息。

那时,我还不了解这次手术的重要性,也不懂让手术中的人数数为什么可以减轻疼痛。①那位医生不顾同事们的反对,冒着很大的风险想保全我的胳膊。那一天他确实让我吃尽了苦头,多年后我还记忆犹新。不过他的努力总算没有白费。

几个月以后,另外一组医生对我说,我历尽痛苦保存下来的胳臂恢复的情况不好,最好的办法是从肘部以下截肢。我对这个主意本能地加以排斥,但他们冷静、理性地把事实摆在我的面前:用一根钩子代替我的前臂和手,可以最大限度地减轻我的疼痛。这样还可以大幅度减少我的手术次数。钩子使用起来比较容易,一旦适应了,其实比我受伤的手还好用。他们还说,我也可以配假肢,戴上它不会像铁钩(霍克)船长那样邪恶,尽管这种假肢用起来并不那么方便。

要做这样的决定真是太难了。尽管我天天要忍受痛苦,行动也不方便,但我仍然难以割舍自己的手臂。我根本无法想象失去它我该怎么生活,也无法接受我会习惯于使用一根钩子,或者一条与皮肤颜色相近的塑料假肢生活。最后,我决定还是要保留那可怜的、尽管作用

---

① 多年后我在运动员中进行了实验,发现数数可以增加忍耐力,倒着数作用更大。

239

有限、徒有虚名的手臂，凑合着能干什么就尽量干什么吧。

20多年来，我发表了许多书面材料，绝大多数是学术论文，但是我的身体不允许我长时间打字。我可能一天只能打满一页纸，尽量用短句回复几封电子邮件，要是工作量再大一点儿，我的手就会疼，而且要持续好几个小时甚至好几天。我的手指无法抬起或者伸直；要是用力伸，感觉就像骨节脱臼一般。从正面理解，我学会了高度依赖能干的助手和适当借助于声音识别软件，还逐步了解到，起码从某种程度上，怎样与日常疼痛做斗争。

站在目前的立场，我很难说保留手臂是个正确的决定。鉴于它有限的功能和它一直带给我的疼痛（时至今日仍然如此），而且我现在对决策瑕疵问题也有了更深的了解，我怀疑保留手臂这件事，从成本—效益的意义上来说是个错误。我们来看一下影响我做决策的因素。首先，我不愿意接受医生的建议，是因为两种有关的心理因素，我们称之为"禀赋效应"和"损失厌恶感"。在这两种心理因素的影响下，我们一般会过高估价自己所拥有的东西，把失去它看作损失。损失在心理上是痛苦的，因此，我们需要有许多额外的激励才愿意放弃某些东西。禀赋效应使我对手臂的价值估价过高，因为它属于我，我对它有依恋，而损失厌恶感又使我难以放弃，即使放弃它是有道理的。

第二种非理性影响被称作"保持现状偏见"。一般来说，我们愿意保持事物现状；做出改变既困难又痛苦，我们宁愿如果不改变就尽量不变。在我的这个具体例子里，我宁可听之任之（部分原因是我害怕决定一旦做出后悔莫及），凑合着保留手臂，不管它损伤得有多严重。

第三种影响与人类怪癖和决定的不可逆转有关。事实表明，进行一般选择已经够困难了，不可逆转的选择就更加困难。我们为了买房子或者选择职业长时间地绞尽脑汁，因为我们对未来知之不多，难以决断。不过，要是我们知道决定一旦做出，就木已成舟，你再也不能换房子或者改变职业，你会怎么办？如果一旦做出选择，你必须终生接受，并承担由此产生的后果，这样的选择令人望而生畏。对我来说，一旦决定做截肢手术，就会永远失去手臂，一想到这一点，我就踌躇犹豫，难下决心。

最后，我想到失去前臂和右手的长远影响，我不敢肯定自己能不能最终适应这一变化。如果用钩子或者假肢，会有什么样的感觉？人们会怎样看我？如果我想和别人握手怎么办？做笔记或者与爱人亲热呢？

你看，假如我是个完全理性、精于计算的人，对自己的手臂没有一丝情感依恋，就不会为禀赋效应、损失厌恶感、保持现状偏见与不可逆转的决定苦恼。我就会准确地预料到装了假肢后我的未来会怎样，因此对自己前景的看法就会与医生们的不约而同。假如我真的那么理性，我就会理所当然地听从他们的忠告，并且最终也会适应新装的假肢（如同我们第六章里讨论的那样）。但是我并非那么理性，我坚持保留手臂——结果是做了更多的手术，带来了更多的不便，经受了更多的痛苦。

这一切听起来就像故事里的老生常谈："要是我早知道会这样，那该多好啊！"很明显你会这样问我：如果你认识到当时的决定是错的，现在为什么不把它截掉呢？

同样，这里也存在几个非理性的理由。第一，只要一想到回到医院治疗或者做手术我就直打怵。实际上，直到今天，我到医院去探视病人，只要闻到那里的气味就会唤起我的回忆，精神上又背上了沉重

241

的负担（你可能猜到了，我最怕的事情就是长期住院）。第二，尽管我能够理解和分析自己的某些决策偏见，但我仍然处在它们的影响之下。它们对我的影响从来就没有完全消失过（你要是想争取更好的决策，必须牢记这一点）。第三，多年来我花费了大量的时间和精力使双手尽量恢复正常，每天忍受疼痛，想尽办法克服种种局限，我已经深深地陷入"沉没成本误区"。回顾所有的努力，我不愿意让这一切付诸东流，便下决心继续下去。

第四，受伤后经过了20多年，我已经逐步把自己的决定合理化了。正如我所注意到的，人是无比奇异的自我合理化机器，从我的案例中，我可以讲出无数个故事来证明自己的决定是正确的。例如，在有人碰到我的右臂时，我会感到奇痒无比，仅凭这一点我就可以说服自己，这种独一无二的敏锐感觉，足以让我在触觉领域享有独特的体验。

最后一点，保留手臂还有一个理性的理由：多年以来很多事物都发生了改变，包括我本人。青少年时期，在事故发生以前，我面前可选择的道路很多。因为受伤，我多少会根据自己的局限和能力选择与之适应的婚恋和职业道路，并且摸索出相应的生活方式。如果18岁的时候我决定截肢并且安装手钩，我所承受的局限和能力就和现在大不相同。例如，我可能学会使用显微镜，因此我可能成为生物学家。但是现在，人近中年，我在现有生活的规划方面已经做出了相应投入，再进行大的变动是非常困难的。

我的经验教训是什么？做出利益攸关、改变生活的真正重大决定是非常困难的，因为我们都容易受到形形色色、难以克服的一系列决策偏见的影响。这些偏见比我们知道的多得多，光顾我们的机会也比我们能够意识到的多得多。

专家与政策的非理性

在前面的各章里，我们看到了非理性在我们生活的不同领域是如何发挥作用的：习惯、择偶、工作积极性、捐款方式、对物品和思想的依恋、适应能力，以及报复欲望。我认为可以把人们形形色色的非理性行为总结为两大教训和一个结论。

（1）我们拥有多种非理性倾向；

（2）我们经常意识不到这些非理性因素是如何影响我们的，也就是说，我们并不完全了解行为的原动力。

因此，我们，我是指你、我、公司，以及政策制定者，需要对自己的直觉保持怀疑的态度。如果只是按照直觉和常规想法做，或者按照习惯处理——"我们一直就是这样的"，我们就还会继续犯错误，结果就是把大量的时间、劳动、感情、金钱扔回了原来（经常是错误）的那个不知名的世界里。如果我们学会质疑自己，挑战自己的信念，就可能真正地发现我们什么时候会出错，错在哪里，并且改善我们的爱情、生活、工作、创新、管理和治理的方式。

那么，我们怎样对直觉进行测试呢？这里有个历史悠久、久经考验的方法——它的根源可以追溯到《圣经》描述的时代，我是从艾尔·罗斯的实验经济学课堂上学到的。在《圣经·士师记》的第六章，我们可以找到一个叫基甸的人与上帝的一段简短对话。基甸是个不会轻信他人的家伙，他无法确定和他谈话的到底是上帝，还是自己头脑里臆想出来的声音。于是，他请求上帝在一团羊毛上洒了一点儿水："你若照着所说的话，借我手拯救以色列人，我就把一团羊毛放在禾场上。若单是羊毛上有露水,别的地方都是干的,我就知道你必照着所说的话,借我手拯救以色列人。"

基甸提出的是一种测试:如果和他谈话的真的是上帝,他就能把羊毛弄湿,同时让禾场其余的地方保持干燥。后来怎么样了?次日早晨,基甸起来,将羊毛挤一挤,结果从羊毛中拧出满盆的露水来。不过基甸是个聪明的实验者。他无法断定这一切是不是巧合,这种露水是不是常有的事,以及是不是只要把羊毛留在禾场上过夜就都会这样。基甸需要的是对照的条件。于是他请求上帝恩准他再试一次,不过这一次,他使用了另一种实验方式。基甸又对神说:"求你不要向我发怒,我再说这一次:让我用羊毛再试一次。但愿羊毛是干的,别的地方都有露水。"结果,基甸的对照实验方式又成功了。看啊,禾场上到处都有露水,只有羊毛是干的。基甸得到了他需要的所有证据,他也学到了非常重要的实验方法。

与基甸的实验相比,考虑一下数千年来的医学实践历史。医学一直是依靠传承智慧发展的职业;在远古时代,早期的行医人依靠的是他们的直觉,再加上年代久远、世代相传的智慧。这些早期的医生把他们积累下的知识传给了后世。从来没有人教导医生怀疑自己的直觉或者让他们进行实验;他们主要依赖自己的师傅。一旦出徒,他们对自己的知识就有了至高无上的信心(现在,还有很多人在继续这样做)。同样的事情,他们做了一次又一次,即使他们看到有些证据表明这样做可能存在问题。[1]

---

[1] 我并不是说多年来医疗从业者没有了不起的成就——他们确实发明了卓有成效的治疗方法。我要说的是,有些长期使用的治疗方法没有经过充分实验检验,不仅缺乏疗效,而且危险。

第十一章 非理性的教训

传承医学智慧走入歧途的案例也不是没有，我们拿水蛭治疗来说明。几千年来，水蛭被用来放血——人们相信，这种做法可以帮助四大体液（血、痰、黑胆汁和黄胆汁）恢复平衡。因此，这种软的扁平形状的血吸虫被当作包医百病的万能良药，从头痛到肥胖，从痔疮到喉炎，从视力紊乱到精神失常。19世纪，水蛭发展成日进斗金的大生意。拿破仑战争时期，法国进口的这种特异生物数以亿计。事实上，由于医用水蛭供不应求，水蛭几近绝种。

我们假想你是一名19世纪的法国医生，刚开始行医，你"知道"水蛭有疗效，因为，这种疗法几个世纪以来一直在用，而且"很有效"。你对自己所学知识的信心从另一名医生那里得到加强，他"了解"水蛭疗法有效——他的了解或者来自自己的经验，或者来自传承的智慧。这时，你接待了第一个病人，假设这位患者膝盖疼痛。你把一条黏糊糊的水蛭覆盖在他的大腿膝盖上方，给膝盖降低压力。水蛭给病人吸出了血，减轻了膝关节上部的压力（或者你这样认为）。吸血完毕，你让病人回家，告诉他休息一周。如果他不再来找你，你就断定水蛭疗法是成功的。

不过很遗憾，你们那时还不能受益于现代的科学技术，你不可能了解病症的罪魁祸首是软骨撕裂。休息的作用，医生对患者的关注程度在患者精神方面所产生的影响，以及其他形式的安慰疗法可能起到的某些作用（有关安慰疗法，我在《怪诞行为学：可预测的非理性》一书中做过专门论述），也都没有进行过实验。当然了，医生都不是坏人；正相反，他们既善良，又有爱心。他们中多数人投身这一事业就是为了人们的健康和幸福。令人啼笑皆非的是，他们的善良，还有尽力帮助每一个病人的愿望，使他们难以牺牲某些病人的利益和健康，在他们身上进行实验。

　　还是拿你举例，假如你是一位 19 世纪的医生，你会相信水蛭疗法有效，你会进行实验来测试一下你的信念吗？这样的实验会以多少人的痛苦为代价？为了使实验严密、可对比，必须把相当一部分病人从水蛭疗法转换为对照疗法（比如说，用一些与水蛭相似的虫子，咬人时会和水蛭一样疼，但是不会吸血），你会这样做吗？什么样的医生才会把病人弄去做对照治疗，剥夺他们享受真正有效治疗的机会？什么样的医生才会设计出所谓的对照疗法，让病人同样受罪，却得不到受罪后可能换来的痊愈效果？而他这样做，仅仅是为了验证这种疗法是否真的像他认为的那样有效？

　　我想说的是：让普通人（即使他们经过医学专业训练）来承担实验的成本是不近人情的，特别是当他们发自本能地感觉他们的做法或建议是有益的之时。这也就是要有美国食品药物管理局介入的原因。美国食品药物管理局要求必须有证据证明医疗和药物安全，并且有效，才能进行临床实验。尽管工作烦琐、昂贵、复杂，美国食品药物管理局仍然是有权要求有关医药组织进行实验的唯一国家机关。多亏了这些实验，现在我们了解到某些儿童咳嗽药疗效不佳，而风险很高，手术治疗背痛在很大程度上不起作用，心血管修复和支架置入手术并不能延长病人的生命，抑制素确实可以降低胆固醇，但不能防止心脏病。我们越来越多地认识到许多治疗方法并不像人们所希望的那样有效。毫无疑问，人们对美国食品药物管理局可能有，也确实存在抱怨。但是多种积累起来的证据表明，它的存在利大于弊。

　　实验是判别正确与错误的最好方法，但人们对它的重要性似乎还有争议。我还没见到任何人想废除科学实验，提倡主要依赖本能的感觉和直觉。但是让我感到惊讶的是实验的重要性还没有被广泛接受——特别是在做事关工商业务或公共政策的重大决策之时。坦率地说，工商人士和政客们总是能大言不惭地做出种种假定，他们对自己的直觉似乎充满自信，经常令我莫名惊诧，感叹不已。

但是，政客和工商人士也都是人，和我们大家一样也存在决策偏见，他们面对的决策与医生治病一样容易出现判断错误。因此，显而易见，在工商和政治领域难道不是同样亟须系统实验吗？理所当然，如果我要挑选公司进行投资，它的各项基本假定都必须经得起系统测试。想象一下，一个公司，它的领导人能真正了解顾客的愤怒，懂得真诚道歉能够减少摩擦（就像我们在第五章中所看到的），会给公司增加多少盈利。如果公司的高层经理们懂得工作自豪感的重要（就像我们在第二章中所看到的），他们雇员的生产力会有多大的提高。想象一下，如果公司不再给高管们支付过高的奖金，认真考虑薪酬与业绩的关系（如同我们在第一章中所看到的），公司的运作效率又会有多大的改善（且不说人力资本的重大收获）。

遇事多进行实验的方法，对政府的政策制定同样适用。政府在解决问题时总喜欢使用覆盖一切的政策，从银行救助到家庭节能计划，从农业综合企业到教育，都没有经过实验的测试。挽救摇摇欲坠的经济，7 000亿美元的银行救助方案是最好的办法吗？用金钱鼓励学生考高分、提高出勤率，以及在课堂上好好表现是激励他们学习的正确方法吗？规定在菜单上标明卡路里数就能够帮助人们做出更健康的选择吗？（迄今为止，数据显示它不能。）

这些问题还没有明确的答案。如果我们认识到，尽管对自己的判断有充分的信心，直觉毕竟是直觉，这样岂不更好？我们如果想改善公共政策和制度，就需要采集更多人们在实际行为方面经过验证的数据，不是吗？我觉得，与其在功效不明的项目上动辄花费数十亿美元，不如先进行一些小规模的实验，有时间的话，再做些大一点儿的实验，这样做才更为明智。

正如歇洛克·福尔摩斯经常指出的："没有数据就形成理论是极大的错误。"

说到这里，我希望大家都明白，如果把人类放到一个谱表上，一端是超级理性的斯波克博士，另一端是经常犯错误的霍默·辛普森，尽管不愿意承认，我们还是靠辛普森更近一些。事实如此，我认为克服认知局限义不容辞。正如我们使用安全带预防事故伤害，多穿衣服防寒一样，在思维和推理的能力上，我们需要清楚自己的局限——特别是在做重大决策的时候，无论作为个人、公司，还是政府官员，发现错误并且找到各种克服它们的途径，最好的办法之一就是进行实验，采集并且仔细研究各种数据，对比实验条件下和对照条件下的不同结果，然后找出原因所在。如同富兰克林·德拉诺·罗斯福曾经说过的："除非我误解了它的性格，否则我们的国家就需要，并且要求大胆而持久的实验。有了办法就拿来试验，这是常识，失败了就坦率承认，再尝试其他办法。但是无论如何，必须不断尝试。"

我希望你喜欢这本书，同时热切地希望你能够怀疑自己的直觉，自己开展实验，力求更好地做出决策。提出问题、不断探索、刨根问底。对自己的、公司的、雇员的、其他公司的、政府部门的、政客和政府的行为都问个为什么。如果这样做了，我们就都可以发现克服自己某些局限的方法，社会科学的伟大希望也就在这里。

致 谢

在学术生涯中,无比美妙的一大乐事就是每个研究项目都要挑选合作伙伴,在此过程中,我做出了世上最佳的选择,并引以为豪。多年以来,我非常荣幸地与一些超群绝伦的科研工作者和朋友一起工作,他们的工作热情、坚强毅力、创新精神,还有他们的深情厚谊和慷慨大度,都令我深深感激,铭记在心。书中收入的研究成果在很大程度上是他们艰苦努力的结晶,当然,描述中如有舛误和遗漏,一概由我本人负责。

除了要对我的各位合作者表达直接的感谢之外,我还要感谢更广范围内的心理学、经济学、工商管理学学院的科研人员群体,能使自己从事的研究,成为他们整体事业的一部分是我的殊荣。社会科学是一个令人振奋的领域,新思想、新观念不断产生,数据不断汇集,理论不断得到修正(其中某些尤其如此)。这些成就是许多精英人士艰苦奋斗的成果,他们热情洋溢地推进和加深对人类本性的理解。我天天都能从我的科研同行们那里学到新东西,对照他们,我痛感自己知识的匮乏。

在写作过程中,现实迫使我认识到自己的写作水平是多么不尽如人意,艾琳·阿林厄姆帮助我写作,布朗温·弗莱尔帮助我调节视力,克莱尔·瓦克泰尔(他的幽默感在编辑人员中是少有的)对全书进行统筹规划,我在此向他们表示深切谢意。艾琳·格吕奈森、阿尼娅·亚库贝克、亚雷德·沃尔夫、卡利·克拉克还有丽贝卡·瓦贝尔给我提出了很好的意见和建议。约翰·哈格蒂和麦金尼公司的朋友给了我宝贵无比、富有创意的指导,勒文–格林伯格文学代理公司的团队更是有求必应。我还要特别感谢梅根·哈格蒂——没有她的帮助,我都不知道该如何度过这繁忙的每一天。

最后,我要表达对我的爱妻苏米天长地久的感激之情。我过去总是认为自己很容易相处,但是冬去春来,岁月荏苒,我渐渐认识到和我朝夕相处有多么困难,相比之下,能够今生今世与你相守,我是多么幸福。苏米,我今天晚上回家后一定把灯泡换上。不过真的,我可能回去太晚,那就明天再换吧。要不,就这样吧,我周末一定换,我向你保证。

你的非理性的,

丹·艾瑞里